Einaudi Tascabili. Poesia
500

Dello stesso autore negli Einaudi Tascabili

Il carcere
Il compagno
La casa in collina
Racconti
Il diavolo sulle colline

Cesare Pavese
Le poesie

A cura di Mariarosa Masoero

Introduzione di Marziano Guglielminetti

Einaudi

ISBN 88-06-14781-1

Introduzione

1. Ha ricordato Italo Calvino che «la fascetta, dettata dallo stesso Pavese» per la «nuova edizione aumentata» di *Lavorare stanca* (Einaudi, Torino 1943), recava queste parole: «*Una delle voci piú isolate della poesia contemporanea*»[1]. L'isolamento, nei riguardi della contemporanea lirica ermetica e relativa critica, è facilmente accertabile; e non va affatto lamentato, essendo garanzia di originalità e di autenticità. Ma la sofferta e lunga vicenda editoriale di *Lavorare stanca*, che uscí la prima volta nel '36, a Firenze, presso le edizioni di «Solaria», dopo aver subito l'intervento della censura fascista, suggerisce un'altra forma d'isolamento. Esemplare la sorte di Osip Mandel'stam, arrestato nel '34 per aver composto versi satirici su Stalin, spedito in residenza coatta e di qui nel lager di Vladivostok, dove muore alla fine del '38 («causa del decesso: paralisi cardiaca»). Ha sostanza assai differente da quella di Pavese, che mai avrebbe cosí affrontato i persecutori: «Privandomi del mare, dello spazio per la corsa e il volo, | dando alla mia orma il supporto di una terra forzata, | cosa avete ottenuto? Calcolo brillante: | non siete riusciti a estirpare le labbra che si muovono»[2]. E differente, come stiamo per vedere, è la reazione della dittatura fascista, che affida Pavese poeta ai censori, e Pavese responsabile di una rivista ritenuta anti-fascista ai poliziotti. E il confino non è un lager, e la Calabria non è la Siberia; ma, alla fin fine, come non accorgersi che i poeti stavano perdendo cittadinanza, libertà, negli Anni Trenta?

Pavese poeta esce dal circolo ristretto dei lettori amici e compagni di scuola (Mario Sturani, con cui discorre di stilnovismo e di D'Annunzio: quasi una «tenzone», la loro corrispondenza;

[1] *Note generali* al volume delle *Poesie edite e inedite*, Einaudi, Torino 1962, p. 216.

[2] *Poesie*, a cura di S. VITALE, Garzanti, Milano 1972, p. 133.

Tullio Pinelli ed altri) all'età di ventiquattr'anni. Non è un'uscita molto incoraggiante. Leo Ferrero, antifascista, nipote di Cesare Lombroso, esule a Parigi, scrive il 9 luglio del '32 ad Alberto Carocci, direttore della fiorentina «Solaria», per tanti versi continuatrice del «Baretti», la rivista letteraria fondata a Torino alla fine del '24 da Piero Gobetti e proseguita oltre la sua morte, avvenuta a Parigi il 16 febbraio del '26: «Caro Alberto, ti mando queste 'poesie' che mi sono mandate da quel Leone Ginzburg di Torino che scrisse sui russi nel Baretti. Sono, dice, di un noto critico piemontese che non dice il suo nome. Rispondigli quello che vuoi; per me, è indifferente». Se Ferrero si tira via, Ginzburg persiste; ed il 3 settembre si rivolge direttamente a Carocci, rivelando non il nome di Pavese, ma i titoli delle poesie mandate ed il desiderio di vederle stampate: «Egregio Signore, avevo mandato a Leo Ferrero tre poesie d'un mio amico – *I mari del Sud*, *Antenati*, *Il vino triste* – sperando che *Solaria* le potesse pubblicare. Tempo fa Ferrero mi scrisse che quelle poesie, che piacevano a lui e a me, non avevano incontrato, nella redazione della rivista; sicché era difficile che fossero stampate». Ma quel che non fu possibile su rivista, sappiamo, ebbe esito felice in volume: *I mari del Sud*, anzi, ed *Antenati* inaugurano il volume edito nel '36. I quattro anni trascorsi videro sempre Ginzburg proteggere le poesie dell'amico, soprattutto dal punto di vista letterario, subito essendosi accorto che «a quei linguai» non poteva «andar giú il... langherese» del suo amico (18 agosto '32). Piú tardi cercherà di mettere a profitto l'avere precocemente individuato la ragione di gusto fatta valere nella redazione di «Solaria» contro la poesia di Pavese: «Io sono convinto – scrive a Carocci il 10 marzo del '34 – che il libro, cosí poco ungarettiano, andrebbe: è proprio obbligatorio piegarsi alle esigenze del cosidetto *fiuto* di chi non se ne intende?»

Carocci era personalmente preoccupato di non vendere copie di *Lavorare stanca*, chiedeva di collaborare con cartoline di sottoscrizione inviate ad amici e parenti dell'autore, ma è pur vero che il libro si allontanava molto dal gusto poetico dominante, ungarettiano per l'appunto[3]. Che la ben nota adesione di Ungaretti al fascismo, culminata con la dedica a Mussolini di una poesia dell'*Allegria di naufragi* (1919) e contraccambiata con la presen-

[3] A. ANDREOLI, per altro verso, ha scovato un Pavese ben dentro «nella selva ermetica» a partire dal '35, muovendo dalla constatazione dell'«immediata presenza torinese» di Ungaretti, fra il '30 ed il '35, sulla «Gazzetta del Popolo», un «quotidiano che Pavese legge tutti i giorni» (*Il mestiere della letteratura. Saggio sulla poesia di Pavese*, Pacini, Pisa 1977, pp. 57-96).

tazione di *Il Porto Sepolto* (1923), giocasse una qualche parte nella promozione di *Lavorare stanca* presso l'antifascista Ginzburg (il '32 è l'anno in cui conosce a Parigi Salvemini e Carlo Rosselli, ed entra a far parte del gruppo clandestino «Giustizia e Libertà»), non penso si possa al momento documentare. Sta di fatto che il 13 marzo del '34 Ginzburg con Augusto Monti, Carlo Levi ed altri viene arrestato, perché facenti parte di «un gruppetto di ebrei antifascisti al soldo dei fuorusciti»[4]. Pavese lo sostituisce nella direzione della «Cultura», la rivista di Cesare De Lollis, rilevata da Einaudi, e per la quale entrambi hanno collaborato, con particolare riguardo per le letterature straniere. Il poeta e l'editore si conoscevano sin dagli anni del liceo, il D'Azeglio, dove era stato loro maestro, in anni diversi, Augusto Monti.

Pavese informa Carocci dell'arresto, in cifra scherzosa («l'amico si trova in una situazione consimile a quella di Benv. Cellini nel cap. 101 del I libro»). È il 18 marzo; il 30 luglio il libro è pronto per la lettura ultima, ma resta da capire come possa salvaguardarsi la sua peculiarità non fascista: «Caro Carocci, ecco finalmente il ms. riordinato e tutto. Il titolo, come vedi, ha da essere *Lavorare Stanca*, motto dell'autore, e, mi pare, nuovo come titolo di versi, in Italia. L'ordine delle poesie è supergiú cronologico, tranne qualche spostamento per chiarire certi filoni d'ispirazione. C'è *Legna verde*, *Rivolta* e *Una generazione* (specialmente questa) che non so quanto siano opportune: se tu nella tua esperienza temessi il peggio, avvertimi e vedremo di condannarle, col cuore sanguinante». In effetti, proprio in questi mesi Carocci aveva informato Gadda dell'esistenza di una «circolare ministeriale che fa obbligo della revisione prefettizia per i libri (romanzi, racconti, economia politica, storia)». Nel *Castello di Udine*, il libro sotto esame, erano dispiaciuti «un ravvicinamento fra la donna e il verro» e una citazione dei «coglioni»; piú in generale era stato tacciato di «pornografia» un altro libro memorabile, *Il garofano rosso* di Vittorini. Nulla avevano a che fare, questi due libri, con la poesia, e assai poco con la politica; i loro autori non erano certo oppositori del regime, e meno che mai cospiratori antifascisti, anzi. Quando finalmente arrivano le bozze, riviste in prefettura da tal Malavasi, se pur Carocci ha ricor-

[4] Cosí in un comunicato stampa dell'agenzia Stefani, riportato nella *Cronologia* di C. GINZBURG per l'edizione degli *Scritti* del padre Leone, intr. di N. BOBBIO, Einaudi, Torino 1964, p. XXXV. A Ginzburg critico letterario ho dedicato un saggio raccolto nel volume misc. *L'itinerario di Leone Ginzburg*, a cura di N. TRANFAGLIA, prefazione di N. BOBBIO, Bollati Boringhieri, Torino 1996, pp. 40-67.

dato anni dopo a Calvino un giudizio rivelatore di quel funzionario sul poeta Pavese: «ma questo è un comunista», solo *Una generazione* delle tre sospettabili veniva censurata; altre sei, e specialmente *Il dio-caprone*, dovevano ritenersi immorali: «Mi attendevo l'onore della censura politica, e quelli me la fanno puritana», scrive Pavese a Carocci l'11 marzo del '35. In particolare, continuando sul tono ironico, osserva che «ci voleva tutto l'insatirimento di un censore per vedere nel drizzarsi della bestia un simbolo dell'erezione», e fa presente che «il caprone-toro simbolo del Piemonte, l'ha detto anche il Capo del Governo»[5].

2. Stando cosí le cose, essendo ed essendosi praticamente Pavese sottratto dal ruolo di un Mandel'stam, di un oppositore in versi del regime fascista, non stupisce che, quando viene a sua volta arrestato il 15 maggio del '35, come aderente al rinnovato gruppo di «Giustizia e Libertà» (lo dirige Vittorio Foa, e ne fanno parte Giulio Einaudi, Levi ancora e Massimo Mila), ed in particolare come direttore pro-tempore della «Cultura», appaia come tutti gli altri, al capo della polizia Arturo Bocchini: uno dei «relitti del vecchio mondo letterario, demo-liberale, distrutto dal fascismo»[6]. Confinato a Brancaleone, in Calabria, il poeta Pavese non è impedito di aggiungere poesie là composte e là risolte, non recando traccia di esilio politico; non solo, ma quando esce il volume (gennaio del '36), persino *Una generazione* riemerge, solo allontanata dalla posizione di privilegio prevista: l'ultima, «perché conclude il libro», come aveva accennato Pavese a Carocci

[5] All'infuori della lettera di L. Ginzburg del 18 agosto del '32, ancora inedita e conservata nell'Archivio Pavese ospitato presso il «Centro Guido Gozzano - Cesare Pavese» dell'Università di Torino, tutte le altre si leggono nelle *Lettere a Solaria*, a cura di G. MANACORDA, Editori Riuniti, Roma 1979, pp. 380, 381, 489, 494, 521, 508, 568-569. Per la cit. da Calvino, cfr. la nota 1 cit., p. 215.

[6] Cfr. l'art. di D. ZUCÀRO, *Carcere e confino. Tre memoriali inediti di Cesare Pavese*, in «Il Ponte», 1974, p. 533; l'anno prima, pur dopo l'arresto di Ginzburg, in «una nota informativa ministeriale del 7 giugno 1934», riguardante «La Cultura», si leggeva che «direttore di detta rivista è il Prof. Pavese Cesare, giovane di vivo ingegno e molto apprezzato fra gli studiosi di lingue e di letteratura» (*ivi*, p. 531). Riguardo alla direzione della «Cultura», è da leggere, con le dovute cautele, il verbale del successivo interrogatorio di Pavese, 23 maggio, presentato da G. De Luna sulla «Stampa» del 17 settembre 1990; è stato pure messo in relazione al taccuino di cui alla successiva nota 22. Sempre con le dovute cautele è da leggersi, in seguito, la lettera del 15 gennaio 1936, in cui Pavese chiede la grazia a Mussolini dal confino di Brancaleone, di cui subito appresso (cfr. «Panorama», 31 maggio 1977, intervista di S. Malatesta a G. Neri). Pavese non poteva certo sottrarsi alle consuetudini umilianti imposte dal regime fascista ai suoi oppositori intellettuali, per diminuire la durata della condanna inflitta loro. Poetare alla maniera sua comportava anche questo prezzo.

nella lettera riferita dell'11 marzo. Riemerge e perde la sua forza, quindi, la possibilità di orientare anche i lettori preparati: come quel tal Cassano, vecchio antifascista, cugino di Barbara Allason e paremiologo valdostano, che, ricevuto il libro, per poco non buttò via il bambino con la presunta acqua sporca, considerando il giovane e malcapitato Pavese responsabile comunque di una «Città futura» materialista e razionale, dannabile per lui[7]. E d'altro lato, Augusto Monti, che al paremiologo aveva presentato *Lavorare stanca*, parlava soprattutto della centralità di Torino nel libro («viali, corsi, barriere, prati, sponde di Po, strade in salita fra siepe e muro»)[8], ma non degli operai che vi apparivano, quelli di *Una generazione*, sopraffatti dai fascisti e dalle loro squadracce nel '22, stando ad un suggerimento di Lajolo recepito da Calvino[9]. Ma non per questo *Lavorare stanca*, libro di chiara matrice non fascista, diventa per ciò stesso un libro di poesia politica alternativa.

Lí neppure si misura appieno la sua estraneità ad Ungaretti ed alla lirica ermetica, la quale piuttosto sta nell'essersi Pavese scelto modelli completamente estranei alla formazione ed al successo della poesia pura di stampo francese, in cui Ungaretti si era esplicitamente ravvisato. Né Mallarmé né Valéry rientrano fra le sue letture, e dei 'maledetti' (Verlaine e Rimbaud) frequenta realmente solo il capostipite, Baudelaire, come ha ben dimostrato Luciano Pertile[10]. Ma in poesia non è piú tempo di «perte d'auréole», per dirla con Benjamin[11]; se mai, come ha suggerito Massimo Mila, ad avvincerlo è l'architettura delle *Fleurs du mal*, oggetto di un'analisi magistrale di Luigi Foscolo Benedetto, rivela-

[7] *Lettere 1924-1944*, a cura di L. MONDO, Einaudi, Torino 1966, p. 523. La replica di Pavese è ora ironica, ora coraggiosa, del tipo: «il timbro morale del mio libro è piuttosto di *perversione* che non di *sanità*»; oppure: «torno intanto a ringraziarla per la sua schiettezza e umanità (*humanae litterae*)» (pp. 522, 523).

[8] La lettera di Monti, del 21 gennaio del '35, è pubblicata da A. DUGHERA, *Tra le carte di Pavese*, Bulzoni, Roma 1992, pp. 82-83. Ivi anche due saggi sulla poesia di Pavese, in particolare sul lessico e sui *Mari del Sud*.

[9] *Poesie edite e inedite* cit., p. 240, con rinvio alla p. 38 della monografia *Il «vizio assurdo»* del Lajolo, Milano 1960.

[10] *Pavese lettore di Baudelaire*, in «Revue de littérature comparée», 1970, pp. 333-55. Il rapporto è istituito e risolto entro *Il mestiere di vivere*, e contiene solo un cenno al *Mestiere di poeta*, di cui appresso. Cfr. la successiva nota 12.

[11] Rinvio ad *Angelus novus*, trad. di R. SOLMI, Einaudi, Torino 1962, pp. 124-126; ivi anche considerazioni sull'«impotenza-che-è alla base della *via crucis* della sessualità virile» e sulla «prostituzione» in rapporto, nella «grande città», con «la massa», da tenere presenti, in generale ed in particolare, per il diario e per i versi di Pavese (pp. 128, 133, 138).

ta a Pavese da Ferdinando Neri[12]. L'estraneità parziale alla lirica d'oltralpe va ristretta qui, avendo un altro francesista torinese, Lionello Sozzi, verificato quanto Pavese debba, col progredire degli anni però, l'affermarsi della sua concezione mitica a Mircea Eliade[13]. È largamente scontato invece far di Pavese uno scrittore di esclusiva formazione anglo-americana; in specie, stabilire un rapporto vitale fra Pavese e Whitman, fra *Lavorare stanca* e le *Leaves of grass*, a partire dalla tesi di laurea su questo poeta discussa proprio con Ferdinando Neri, e poi rimaneggiata sulla «Cultura»[14]. Se mai ha giocato in Pavese la volontà di scrivere il suo poema sull'uomo moderno, pari a quello di Whitman, di sicuro l'esito è abbastanza diverso, innanzitutto per una ragione ideologica forte: il rovesciamento della democrazia liberale, patito dall'Italia fascista, alterò simile progetto in maniera irredimibile; e l'ottimismo di fondo si fece paura. L'avere, poi, Pavese cavato dal verso di Whitman il modello per il suo[15] esclude la presenza, dominante invece, di una componente classica, sulla quale ci si trova piú facilmente d'accordo. Il verso lungo di Pavese, conquistato, come lui stesso racconta introducendo la seconda edizione di *Lavorare stanca*, sin da *I mari del Sud*, risulta difatti di natura anapestica[16]; di certo, comunque, sembra fatto

[12] Mila vi fa cenno, prefacendo le *Poesie* di Pavese, Einaudi, Torino 1962, p. x. L'articolo di Benedetto era apparso nel 1912 presso la «Zeitschrift für französische Sprache und Literatur», come risulta dal ritratto di R. MASSANO, *Un critico torinese europeo: Luigi Foscolo Benedetto*, in «Studi piemontesi», 1996, pp. 177-78.

[13] Cfr. *Pavese, Eliade e l'attimo estatico*, «Bollettino del Centro Studi Cesare Pavese», S. Stefano Belbo 1993, I, pp. 70-82. Ivi anche osservazioni su Bergson e Stendhal.

[14] Cfr. l'articolo di M. Tondo citato in bibliografia alla p. LXIX.

[15] È la tesi avanzata in un contributo di L. MONDO, *Fra Gozzano e Whitman: le origini di Pavese*, dove si dimostra certa e si ritiene valida la conoscenza del «libretto» di P. JANNACCONE, futuro economista, *La poesia di Walt Whitman e l'evoluzione delle forme metriche*, Roux e Frassati, Torino 1898; rimando in specie alle pp. 17-20 del numero unico su Pavese di «Sigma», 1964, 3/4 (ed. Silva, Genova). Per Gozzano, che non vedo tra gli antecedenti della poesia di Pavese, malgrado qualche consonanza occasionale (*L'analfabeta* della *Via del rifugio* non conta, comunque, nella formazione dei *Mari del Sud*), rinvio al contributo successivo di A. M. MUTTERLE, *Da Gozzano a Pavese*, negli atti del convegno di S. Salvatore Monferrato *Cesare Pavese, oggi*, Celid, Torino 1989, pp. 159-69. In precedenza dello stesso: *Appunti sulla lingua di Pavese lirico*, nel vol. misc. *Ricerche sulla lingua poetica contemporanea*, Liviana, Padova 1972, pp. 261-313.

[16] Cosí M. MARTELLI, in *La metrica italiana. Teoria e storia*, Le Lettere, Firenze 1993, pp. 286-87. E prima ancora si cfr. C. DI GIROLAMO, *Teoria e prassi della versificazione*, Il Mulino, Bologna 1983, pp. 183-91, con importanti indicazioni sugli sviluppi di questo verso. Lí pure si discute un mio intervento leggibile sul numero di «Sigma» di cui alla nota 15, *Racconto e canto nella metrica di Pavese*.

apposta per allontanarsi definitivamente dall'endecasillabo, «difeso» e ricuperato da Ungaretti alle soglie del e dentro il *Sentimento del tempo*, dal '27 al '32[17].

Anche per questa via l'«impurità» appare la chiave di lettura migliore di *Lavorare stanca*, tanto piú che consente di entrare nella sua rappresentazione non selezionata della realtà, ma fortemente contrastante: città e campagna innanzitutto, vecchi e giovani, uomini e donne, albe e notti, terra e sangue, e via di seguito. Rimane, di puro, la strenua insistenza su un vocabolario alla fin fine accentrato e ripetitivo, dove le parole fondamentali, alcune sono già state segnalate, non si urtano, come pur potrebbero, con i pochi ed ostentati prestiti dialettali: «cicca», «gorbetta», «grappino», «napoli», «piola», «tampa»[18]. Di conseguenza, trascorrendo da un componimento all'altro, specialmente nel *Lavorare stanca* solariano, che non ha ancora partizioni interne, come accadrà in quello einaudiano, si ha l'impressione di passare attraverso le stazioni di un itinerario paesistico ed esistenziale sostanzialmente uno e denso, non disarticolabile, al limite non imprevedibile, dove mutazioni, rotture, fughe in avanti, ripensamenti non si danno: l'impressione che solo una struttura compatta può dare, compatta come si addice ad un canzoniere ben formato, come quello di Baudelaire.

L'io visibile dell'autore conserva, comunque, una sua distinguibilità, pur cercando di mimetizzarsi. Cosí nell'emblematico *Ritratto d'autore*, dedicato «a Leone», con tutto quello che comportava la figura di Ginzburg, si determina però nel confronto con personaggi topici del libro (il vecchio mendicante, ad esempio, oppure il meno frequente ragazzo con «gambe d'anguilla, testa riccia, pelle dura»); e si risolve quasi per intero all'interno del desiderio sessuale. Il quale è particolarmente esplorato, e distinto, in due liriche che intrattengono qualche rapporto con lo splendido *Gelsomino notturno* di Pascoli. In *Mania di solitudine* Pavese non

[17] Cfr. *Saggi e interventi*, a cura di M. DIACONO e L. REBAY, Mondadori, Milano 1974, pp. 154-69. «Trattasi dell'endecasillabo di Tasso e Leopardi, nella prospettiva che questo verso è l'ordine poetico naturale delle parole italiane»: un ordine al quale Pavese si rifiuta dopo *I mari del Sud*, diversamente da quanto poteva ancora accadere nelle varianti delle prime stesure. E si ritorni alla nota 3.

[18] Cfr. G. L. BECCARIA, *Il lessico, ovvero «la questione della lingua» in Cesare Pavese*, in «Sigma», cit., p. 87. Ivi è anche registrato l'uso dialettale dei verbi «andare» e «fare», di «restarci» nel senso di «morire», e del dimostrativo «sto» (aferesi di «questo»). Ulteriori controlli sono ora possibili grazie alle *Concordanze*, di cui alla nota 45. Il Mutterle annovera anche «molte espressioni suggerite all'autore dalla lingua quotidiana e parlata» (*Appunti* cit., pp. 272-73).

varca la linea pascoliana di esclusione dai «bisbigli» e dagli «odori» che accompagnano, nella casa altrui, la «felicità nuova» della procreazione. «Non importa la notte, – dichiara Pavese in prima persona; e soggiunge: – Il quadrato di cielo | mi susurra di tutti i fragori, e una stella minuta | si dibatte nel vuoto, lontana dai cibi, | dalle case, diversa. Non basta a se stessa, | e ha bisogno di troppe compagne. Qui, al buio, da solo, il mio corpo è tranquillo e si sente padrone». *Piaceri notturni* permane su questa linea, ma la esplora nell'augurata direzione opposta del raggiungimento della «casa», della «camera», della «donna che dorme» (e qui viene alla mente *La sera del dí di festa*), del «tepore di lei»: «Torneremo stanotte alla donna che dorme, | con le dita gelate a cercare il suo corpo, | e un calore ci scuoterà il sangue, un calore di terra | annerita di umori: un respiro di vita». Il petrarchesco (e petrarchista) accordo discorde 'fuoco-ghiaccio' rivive qui in termini che Pavese scarnificherà, ma non lascerà piú, come vedremo.

Esiste, però, un io secondo in *Lavorare stanca*, ed è quello del narratore di vicende piú o meno riportabili all'esperienza dell'io che si maschera e che cerca amore. Pavese medesimo, nel *Mestiere di poeta*, la prosa che doveva accompagnare il lettore del suo libro (viene rinviata in ultimo, e la si leggerà nel '43), indica in *I mari del Sud*, dove l'io si fa narratore delle avventure di un cugino langarolo, il testo dal quale si diparte «il ritmo interiore della sua fantasia», che è sí la sua metrica, ma anche qualcosa di piú, com'egli stesso avverte e, nello stesso tempo, quasi esorcizza: è il suo «primo tentativo di poesia-racconto... in quanto oggettivo sviluppo di casi, sobriamente e... fantasticamente esposto». Nei *Mari del Sud* si assiste dapprima ad una sorta di trasferimento dell'io escluso ed amoroso nella vicenda gioiosa e piena del cugino, un tempo pescatore di perle nel Pacifico, ed ora rientrato nel paese nativo, per impiantarvi una «pila per dar la benzina» e «togliere tutte le bestie alla valle | e obbligare la gente a comprargli i motori». Gioca la memoria di piú d'uno scrittore americano, in questa rievocazione (fra i tradotti da Pavese, il Melville di *Moby Dick*, 1932, ma anche potranno valere un Dos Passos o uno Steinbeck), non però sino al punto di lasciare il narratore del tutto al riparo da coinvolgimenti personali. La funzione assegnatasi di cantore mino-epico non tiene sino alla fine: «Ma quando gli dico | ch'egli è tra i fortunati che han visto l'aurora | sulle isole piú belle della terra, | al ricordo sorride e risponde che il sole | si levava che il giorno era vecchio per loro». Respirano, in qualche modo, l'aura dei *Mari del Sud* gli immediatamente successivi *Antenati* e *Gente spaesata*; piú oltre, *Atlantic Oil* e *Mediterranea*.

In un articolo del '31 sulla «Cultura», dedicato ad Anderson, con Lewis e, piú tardi, Faulkner e Stein, un altro tra gli autori americani tradotti e prefati, Pavese sottolineava che, se «tutto il mondo moderno è un contrasto di città e di campagna», diversamente era successo in Italia: il medesimo «problema», che ha dato «potenza vitale alla giovane America», da noi «non ha dato... che una caricatura letteraria: stracittà e strapaese»[19]. Una «caricatura» che il fascismo non combatté frontalmente, si badi bene, e dalla quale forse è bene partire, per non perdere un altro possibile contatto di *Lavorare stanca* del '36 con la situazione culturale e politica in corso. Astenendosi dai propositi rurali e dai toni beceri rivendicati dallo «strapaesano» (allora) Maccari, in nome di una «tradizione» sostanzialmente provinciale, e non partecipando per converso al-l'europeismo, pur meglio attrezzato, del «Novecento» di Bontempelli (non fu trascurato Joyce), Pavese restituisce di Torino e delle Langhe, della sua città e della sua campagna, un'immagine tutt'altro che antitetica. La tendenza comune è la fissazione di luoghi e persone in linee e gesti grevi, quasi ossessivi, come fossero parti di una concezione materica delle cose (troppo poco sappiamo dei gusti pittorici di Pavese, e pur tanto spontaneo riesce chiamargli accanto la pittura pastosa e disperata di quegli anni, piú sulla scorta del Picasso del «periodo blu» che dell'espressionismo tedesco, azzardando meno il nome di Scipione e piú quello di Carlo Levi). Il racconto si muove con fatica in simile condensazione, e non a caso il parlato, il dialogo, si contraggono in sé.

Si potrebbe far credere che la Torino di *Lavorare stanca* conservi figure dell'abiezione sociale della Parigi baudelairiana, ma è piú utile ritenere che Pavese riserva ai racconti in prosa di quegli anni una piú dettagliata descrizione di lavoratori e tecnici selezionati dal progresso meccanico[20]. Non è la città della

[19] *Saggi letterari*, Einaudi, Torino 1968, p. 38. Cfr. A. ASOR ROSA, *Scrittori e popolo*, Einaudi, Torino 1988, pp. 80 sgg.

[20] Rinvio alla *Trilogia delle macchine*, edita da M. MASOERO in *Lotte di giovani e altri racconti (1925-1930)*, Einaudi, Torino 1993, pp. 85-129, e da me introdotta nella successiva trad. francese, Mille et une nuit, Paris 1993, pp. 53-60. Nel febbraio del '32 è terminato *Ciàu Masino*, vita parallela di due protagonisti omonimi, ma di diversa estrazione, proletario l'uno, intellettuale l'altro, entrambi dialettofoni. Si trovano, nell'interno, a mo' quasi di intermezzi, *I mari del Sud*, piú *Le maestrine*, *Il vino triste*, *Antenati* e *Donne perdute*. È il segno sí della futura vocazione narrativa di Pavese, ma anche di un momento di scarsa fiducia nella sua attuale vocazione lirica. Poco dopo, si è visto, Ginzburg, Ferrero e Carocci decidono per lui, e per il meglio, secondo le rispettive personalità.

Fiat, insomma, quella lirica; e basta leggere *Esterno* (un ragazzo lascia la fabbrica, in un'alba che appare sinistra e bestiale), per convincersene. È la città delle prostitute, questo sí; una delle quali, Deola, «passa il mattino seduta al caffè», dopo la notte trascorsa in «pensione», a ricevere clienti (*Pensieri di Deola*), mentre Gella, «sotto gli alberi della stazione», quando «si accendono i lumi», vagheggia il ritorno in campagna, là dove vive la madre, a raccogliere l'erba dei prati, «col grembiale rigonfio», quasi fosse incinta, a «indurirsi» come le capre (*Gente che non capisce*). Senza nome è la protagonista di *Due sigarette*, avvicinata con la richiesta di «un cerino» in uno dei «corsi che si aprono lucidi al vento», e rivelatasi, per una «sciarpa-che-veniva da Rio» (regalo di «un suo marinaio», che «viaggiava su sporchi vapori | e puliva le macchine»), non estranea al fascino dei *Mari del Sud*. Ancora una prostituta si descrive in *Cattive compagnie*, tra un uomo che fuma la pipa (istintiva la memoria di Cézanne) ed un idiota. Figura complementare è quella dell'ubriaco (*Disciplina antica*, *Indisciplina*), cui si aggiungono prigionieri liberati dal carcere, non necessariamente politici (*Canzone di strada*), ed un contadino sceso in città a vendere polli (*Il tempo passa*). Tra di loro si colloca il pezzente morto per strada di *Rivolta*, lirica nella quale l'esclusione di ogni significato politico ottiene l'effetto sorprendente di estendere sui vivi un'immagine di morte ben piú radicale. È come un grande effetto cinematografico, ma degli anni del muto, quello ora raggiunto da Pavese: «Quando dormono, sembrano il morto: se c'è anche una donna | è piú grave il sentore, ma paiono morti. | Ogni corpo si stringe stravolto al suo letto | come al rosso selciato; la lunga fatica | fin dall'alba, val bene una breve agonia. | Su ogni corpo coagula un sudicio buio. | Solamente, quel morto è disteso alle stelle». Non meraviglia che in *Tradimento* (approfitto di una poesia dell'io primo) Pavese trasferisca fuori Torino la ricerca di un luogo dove il protagonista e la donna possano scendere dalla barca ed appartarsi, e lui inseguire lei, fattasi da ninfa delle acque ninfa dei boschi. Il «sentore» di morte qui non pervade il contatto fisico.

Si trascorre, cosí, alla campagna, che non è necessariamente tutta nella geografia umana ed economica della Langa. Stando a *Il dio-caprone*, per ora sacrificato in ultimo alla censura, Pavese intendeva risalire alla tradizione arcaica, che faceva della campagna il luogo dei fauni e dei satiri, e degli accoppiamenti brutali e ferini. Piú dell'Ohio di Anderson, forse, ha contato la Versilia di D'Annunzio: nel caso specifico quello della *Morte del cer-*

vo[21] nell'*Alcyone*. Il «sangue piú rosso del fuoco», che domina l'immaginazione del caprone, delle capre da lui sventrate e succhiate dalla biscia, dei cani e della cagna che prolungano la loro furia, dei ragazzi e delle ragazze in qualche modo partecipi: quel sangue, insomma, sposandosi con la terra, qui ed altrove, e per tanti anni ancora, come vedremo, ha qualcosa di barbarico. Il rischio ultimo è quello di confondersi nella tutta germanica nozione di «Blut und Boden», allora, per dirla con Camporesi, divenuta «parola d'ordine»[22]. Nulla a che vedere con la cultura antifascista torinese, inutile dirlo, ed in questo frangente occorre ribadirlo. Tanto piú che i componimenti di *Lavorare stanca*, annettibili a questa sezione di *Lavorare stanca*, non lo consentirebbero facilmente. Quel che resta degli animali e del paesaggio del *Dio-caprone*, nella chiusa di *Casa in costruzione*, non può propriamente dirsi area di cruenti rituali, e parimenti succede in *Avventure*; in *Atavismo* tocca sí al cavallo assumere su di sé alcune delle caratteristiche sessuali del caprone, ma non certo quella ricercata. Tutt'altra cosa è *Luna d'agosto*, poco meno della pirandelliana scoperta (*Ciàula scopre la luna*), in un «campo» illuminato, sí dell'astro, ma in specie di un cadavere il cui «occhio di sangue | pare ammicchi a qualcuno e gli segni una strada»; difat-

[21] È convinzione di G. BÁRBERI SQUAROTTI, *Lettura di «Lavorare stanca»*, negli atti del convegno *Il mestiere di scrivere. Cesare Pavese trent'anni dopo*, Quaderni del Centro Studi Cesare Pavese, S. Stefano Belbo 1982, pp. 47-48 (è pure citato *L'otre*).

[22] *Il sugo della vita. Simbolismo e magia del sangue*, Garzanti, Milano 1997, p. 19. In un taccuino del '43, fotocopiato da L. Mondo, e reso noto sulla «Stampa» dell'8 agosto 1990, si legge: «Dignità vuol dire essere se stessi. Ma quando succede che si cambia idea? S'indaghi bene, e si vedrà che non si cambia idea, ma che sotto sotto si aveva già presentito il pensiero nuovo. Che certe tue idee del passato non fossero quel che sembravano ti risulta dal fatto che allora credevi di averle ma non te ne interessavi (il tuo *disinteresse* per la politica, famoso!) Ora che nelle tragedie hai visto piú a fondo, diresti ancora che non capisci la politica? Semplicemente ora hai scoperto dentro – sotto la spinta del disgusto – il *vero* interesse che non è piú le tue sciocche futili chiacchiere ma il destino di un popolo di cui fai parte. *Boden und Blut* – si dice cosí? Questa gente ha saputo trovare la vera espressione. Perché nel '40 ti sei messo a studiare il tedesco? Quella voglia che ti pareva soltanto commerciale, era l'impulso del subcosciente a entrare in una nuova realtà. Un destino. *Amor fati*». Un riferimento diretto al *Dio-caprone*, a stampa proprio in quest'anno, è affidato alla sola responsabilità del lettore; quanto all'attribuzione al «destino» o «fato» dell'interesse per la Germania, si legga nel medesimo taccuino: «Tutte queste storie di atrocità naz. che spaventano i borghesi, che cosa sono di diverso dalle storie sulla rivoluzione franc., che pure ebbe la ragione dalla sua? Se anche fossero vere, la storia non va coi guanti. Forse il vero difetto di noi italiani è che non sappiamo essere atroci». Chi ha pratica delle scritture dell'io, non cerca al di fuori di esse, nella psiche o nella storia, giustificazioni o condanne per simili discese nel profondo.

ti, è una delle poesie di Brancaleone. Immune dal sangue, infine, è la serie dei sei *Paesaggi* campestri, dove si stagliano, sullo sfondo di colline e vigneti, personaggi langaroli tipici. Qui collocherei pure *Grappa a settembre*, *Città in campagna*, *Il tempo passa*.

La ricercata compattezza di *Lavorare stanca* (il titolo, suggerisce Calvino, in parte dipende da Whitman, in parte da Monti)[23] ha portato Pavese ad escludere altre poesie-racconto comprese fra il '30 ed il '34, facilmente riportabili a quelle precedenti (prostitute, ubriachi, vecchi, ragazze di campagna ne sono protagonisti); e soprattutto lo ha portato a sacrificare, anche nel *Mestiere di poeta*, la produzione anteriore ai *Mari del Sud*, limitandola a quella «sotadica»[24], laddove esistono, tra le carte manoscritte, raccolte unitarie, con titoli di qualche ambizione (*Le febbri di decadenza*, ad esempio, *Blues della grande città*). Le ragioni della messa sotto silenzio sono metriche innanzitutto: limitata la rima ad esercitazioni scolastiche di poco rilievo (sonetti e terzine), in attesa del verso lungo, prevale, in questa sorta di preistoria, il verso libero, praticato con evidente difficoltà. La tematica è quasi esclusivamente cittadina; solo in un testo del '28 si stagliano le «grandi colline calcinate dal sole» delle Langhe. Pur cominciando a profilarsi la maschera consentanea del vecchio straccione, «disteso sulla grata | di una cantina», in una «notte nebbiosa d'inverno» (e la ragione sta nel fatto che entrambi, lui e il giovane poeta, «nel sogno e nella morte | ... | poss*ono* trovare *se* stessi»), per il momento è la ballerina l'autentica proiezione del poeta, sotto il segno piú lieve e consolante della danza. La ballerina di qual-

[23] Con riferimento al *Mestiere di vivere* del 10 novembre del '35, di cui appresso (p. 17 dell'ed. GUGLIELMINETTI-NAY, Einaudi, Torino 1990), Calvino ricorda che Augusto Monti, nel romanzo *I sansôssi* (1929), «contrapponeva (sentendo il fascino dell'una e dell'altra) la virtú del piemontese... fatta di spensieratezza e giovanile incoscienza – «sans souci», ovvero spensierato – alla virtú del piemontese sodo e stoico e laborioso e taciturno. Anche il primo Pavese (o forse tutto Pavese) si muove tra quei due termini; non si dimentichi che uno dei suoi primi autori è Walt Whitman, esaltatore insieme del lavoro e della vita vagabonda. Il titolo *Lavorare stanca* sarà appunto la versione pavesiana dell'antitesi di Augusto Monti (e di Whitman), ma senza gaiezza, con lo struggimento di chi non si integra: ragazzo nel mondo degli adulti, senza mestiere nel mondo di chi lavora, senza donna nel mondo dell'amore e delle famiglie, senza armi nel mondo delle lotte politiche cruente e dei doveri civili» (*Poesie edite e inedite* cit., p. 218). Dove è evidente la forte sintonia dello «scoiattolo della penna» con chi cosí l'aveva definito, recensendo sull'«Unità» del 26 ottobre '47 *Il sentiero dei nidi di ragno* (cfr. *Saggi letterari* cit., p. 245).

[24] Se ne fa cenno, in questa sede, a p. LIII; cfr. anche *Il mestiere di vivere* cit., p. 14. Il riferimento è ai versi di Sotade di Creta (IV-III sec. a. C.), versi che, letti al contrario, davano un senso osceno.

che «balera» torinese, naturalmente, le cui «belle gambe nervose» non sono certo quelle della Rubinstein dannunziana, ma neppure quelle di una «signorina» alla Boccasile. Dietro si scorge la città moderna, un po' meno cupa e proletaria di quella già descritta, «stracittadina» a suo modo (compaiono i grattacieli, si ode un saxofono): il poeta dovrebbe farsi subitamente e facilmente «maledetto», ed è cosí per la gran parte, sebbene gli giri per la mente la tutto romantica e shelleyana controfigura tragica di Prometeo[25]. Ma non è certo preso a prestito dalla letteratura quel colpo di «rivoltella» che marca una delle prove di suicidio tentata ora (4 gennaio 1927), e poi su altre pagine di Pavese, prima di quella ultima, portata realmente a termine.

3. Rientrando dalla preistoria alla storia della poesia di Pavese, occorre subito prendere atto del distacco da *Lavorare stanca* del '36 maturato nel diario di un altro «mestiere», quello di «vivere». *Il mestiere di vivere*, per l'appunto, è fatto iniziare da Pavese il 6 ottobre del '35; il 16 settembre del '35, approfittando del ritardo della stampa dei versi, aveva aggiunto «otto poesie, frutto di questi ultimi tempi di calma»[26], due sul rapporto giovane vecchio (*Ulisse*, *Atavismo*), una su un giovane caduto da un tetto e le cinque da Brancaleone, già accennate. Lo scarto di pochi giorni pare sufficiente, per iniziare una sorta di ritorno all'indietro, che non solo quasi induce a siglare geograficamente la propria ispirazione (corre «il sospetto che il mio sia un *Piedmontese* Revival»), ma che arriva sino al punto di restituire qualche significato alle poesie di prima, del '30: quelle di una «sbrodolata e napoletana ingenuità». In realtà, pur guardando ancora al modello delle *Fleurs du mal* (chiama *Epaves* le quattro liriche cen-

[25] Alludo alla poesia giovanile *O Titano fallito*, commentata crocianamente da Mila in una lettera del 10 febbraio del '29, leggibile in *Lotte di giovani* cit., p. 221 e qui citata a p. 232. Per il rinvio a Shelley, ed alla versione in prosa del dramma *Prometheus unbound*, rinvio alla recente e bella edizione offertane da M. PIETRALUNGA, *Prometeo slegato. Traduzione di Cesare Pavese*, Einaudi, Torino 1997 (nella stessa «Collezione di Poesia» erano apparsi nell'81 *La Teogonia di Esiodo e tre Inni omerici nelle traduzioni di Cesare Pavese*, a cura di A. DUGHERA). L'ipotesi del Pietralunga, che non si sia di fronte ad un esclusivo esercizio letterario e linguistico, quanto alla presa di coscienza, attraverso Shelley (e Carducci, suo celebratore lirico), dell'impossibilità attuale di una poesia di grandi ideali, comporta due importanti tentativi: 1) di autodefinizione storica della propria crisi esistenziale giovanile («sono uno dei tanti figli infraciditi dell'Ottocento», lettera a T. Pinelli del 12 ottobre del '26, in *Lettere 1924-1944* cit., p. 40); 2) di «trasferire i valori di Shelley su uno sfondo moderno», quello rappresentato da Whitman, di cui alle note 15 e 23.

[26] Cfr. *Lettere a Solaria* cit., p. 592 (destinatario è il Carocci, ovviamente).

surate ed alcune altre composte dopo *Lavorare stanca*)[27], Pavese si lascia tentare da modelli di ben altra tecnica poetica (Shakespeare, Omero), chiaramente fuori misura, e nel contempo si fa piú attento alla possibilità di una «nuova poesia», di certo meno lontana dalla «poesia pura», grazie anche al profilarsi di un costante rapporto con Leopardi[28]. Discorre, cosí, di nuove «realtà spirituali», di «rivoluzione» persino, ma per distaccarsene, se si tratta di rivoluzioni politiche («violente»); e nel contempo avvia e giustifica il passaggio al racconto ed al romanzo in prosa, assecondando un consiglio che non proveniva solo da chi non lo sopportava. Arriva ad affermare: «ho saccheggiato la vena»[29]; ed in effetti le tre poesie di Brancaleone scartate, del settembre-ottobre del '35 (*Altri tempi*, *Poetica*, *Alter ego*), che riprensentano figure maschili di deiezione, sembrano davvero il frutto di un'ispirazione che sta consumandosi.

E tuttavia, quando Pavese perviene alla decisione di rimaneggiare *Lavorare stanca*, sottraendo, aggiungendo e ripartendo (Calvino riporta un appunto perentorio, al riguardo, dell'8 aprile del '40)[30], ha a disposizione altro materiale successivamente accumulatosi. Curiosamente sono proprio le poesie non utilizzate per la nuova edizione, che uscirà, si è già anticipato, nel '43 da Einaudi, a farci capire la possibilità di una poesia lirica che si nutre di ricordi e di riapparizioni di presenze corporee, e che per ciò stesso si sottrae alle dimensioni del paesaggio rurale e cittadino, quale si è poco prima delineato. Sono, queste, le cosiddette «poesie del disamore», un titolo forse occasionale, ma nel complesso utile per raggruppare testimoni di una maniera destinata a proseguire anche oltre *Lavorare stanca*[31]. *Ritorno di Deola*, in

[27] Il titolo di «relitti» fu dato dall'editore di Baudelaire nel 1866 a quei «morceaux poétiques pour la plupart condamnés ou inédits, auxquels M. Charles Baudelaire n'a pas cru devoir faire place dans l'édition définitive des *Fleurs du mal*» (*Oeuvres complètes*, Gallimard, Paris 1961, p. 131). La nota sul diario risale al 16 febbraio del '36, troppo distante dall'ed. del '43, per consentire al primo progetto d'imitazione baudelairiana la conformità al modello; comunque vi saranno ospitate tutte le liriche censurate, meno *Pensieri di Dina* (cfr. p. 67).

[28] Le indicazioni piú sicure, al riguardo, sono nel volume di M. RUSI, *Le malvage analisi. Sulla memoria leopardiana di Cesare Pavese*, Longo, Ravenna 1988.

[29] *Il mestiere di vivere* cit., pp. 11, 33, 7, 13, 12.

[30] «È questa la forma definitiva che dovrà avere *Lavorare stanca* se mai sarà pubblicato una seconda volta. Ciascuno dei titoli dei gruppi andrà scritto in occhiello. 8 aprile '40» (*Poesie edite e inedite* cit., p. 216; cfr. qui p. XXX). Pensiamo, io e Mariarosa Masoero, di avere con qualche ragione disatteso questa volontà d'autore, per altro ricostruibile all'interno del presente volume.

[31] Secondo Calvino, Pavese alluderebbe a queste poesie il 30 dicembre del '37, in questa tipica nota del diario, nota del bilancio di un anno: «Ritrovato assur-

questa mini-raccolta, ha quasi il sapore di una palinodia, nei confronti dei precedenti *Pensieri di Deola*; ma alcune delle altre (*Estate*, *Sogno*, *Risveglio*, *Due*) scoprono, con tenerezza e con angoscia, sensazioni d'amore, di un tempo non attuale; e viene da pensare, in opposizione, al duro trattamento riservato nel diario a chi, di ritorno da Brancaleone, lo aveva abbandonato[32]. Se cosí fosse, la poesia non aggraverebbe, ma lenirebbe, com'è nella sua natura, da Petrarca a Leopardi almeno, la ferita della rottura. L'autenticità di questa ispirazione, per altro verso, una volta presa la decisione di rimanere all'interno di *Lavorare stanca*, non vi avrebbe trovato lo spazio dovutole. Le partizioni proposte per riorganizzare la nuova edizione confermano l'impossibilità di ospitarvi una sezione come quella appena descritta. Hanno titoli che chiamano in causa, esplicitamente, liriche considerate emblematiche, capaci di attrarre a sé grappoli di altre: *Antenati*, *Dopo*, *Città in campagna*, *Maternità*, *Legna verde*, *Paternità*. Ripercorsa da Calvino sin dal '33, la lunga vicenda delle partizioni del canzoniere manifesta una volontà costruttiva di origine baudelairiana, ma non altrettanto perspicua (mancano, si fa per dire, i «tableaux turinois»; e sarebbero riusciti ambiziosa emulazione di quelli «parisiens» delle *Fleurs du mal*). Se si pensa ad alcune delle alternative: *Sesso e Passione*, ad esempio, *Fuga e Politica*, ma anche *Fantasie gnomiche o solitarie* o *di rimpianto*, e *Figure femminili*[33], c'è da compiacersi, quasi, che alla fine siano emersi titoli interni al libro, sostanzialmente enigmatici, o comunque non altrettanto grossolani o appiccicaticci o banali, come quelli messi in alternativa.

Nel nuovo equilibrio, che si crea nel secondo *Lavorare stanca*, non tutte le poesie, precedentemente accolte, risultano mantenute. Vengono meno *Canzone di strada*, *Ozio*, *Proprietari*, *Tradimento*, *Cattive compagnie*, *Disciplina antica*, e riappaiono invece le censurate: *Il dio-caprone* addirittura, con *Paternità* e *Balletto*, segno evidente che la censura fascista non funziona piú. Fra le aggiunte si può distinguere un primo gruppo di sei che appartiene agli anni della prima raccolta: e tra queste sono ancora «rac-

damente un amore che ha del domani; ritoccato il fondo del nostro cuore vivo; risfiorato la poesia-sfogo e vinto, e creato la *Vecchia U.*» (cit., p. 70; la convinzione di Calvino si legge alle pp. 220-21 della sua ed., piú volte cit.). Se ben vedo, quindi, si tratterebbe di un ritorno all'indietro, ma sino a quando? Non certo sino a prima dei *Mari del Sud*.

[32] Mi riferisco anche alle parti misogine soppresse nella prima es. del *Mestiere di vivere*, quella del '52, e restituite nella seconda, cit., pp. LXVIII-LXIX.

[33] Cfr., in questa sede, p. XXXIX che rimanda alle pp. 217-19 dell'ed. Calvino cit.

conti» torinesi «naturalistici» *Fumatori di carta*, che ha per protagonista un suonatore di clarinetto, già operaio comunista, *Crepuscolo di sabbiatori* ed *Agonia*. I «villani» di *Gente che c'è stata*, ai quali il sole ha bruciato la prima fioritura del grano, rientrano di buon grado nella sezione langarola, di cui costituiscono uno dei migliori esiti figurativi. La collina e la donna tornano a congiungersi in *Incontro* e *Dopo*, ma questa volta sembra già contare l'«esigenza di una poesia non riducibile a racconto». Pavese ne discorre nella seconda prosa aggiunta a *Il mestiere di poeta* (piú una post-fazione che una pre-fazione), pur sapendo che si tratta di qualcosa di «gratuito», per il momento: sarà, per dirla con altre parole autoriali, il «lievito di domani».

Un altro gruppo di poesie, aggiunte nel '43, risale al confino di Brancaleone. *Parole del politico* e *Semplicità* commentano piú che probabili situazioni vissute dal poeta confinato: si fa menzione di «ritorno», di «prigione»; e gli sfondi sono quelli del «mercato di pesce» e dell'«osteria»[34]. *Un ricordo*, *L'istinto*, *Tolleranza*, senza trasformarsi in pretesto di denuncia morale e sociale, non nascondono il confronto erotico e mercenario che lega, nel paese del Sud, l'uomo anziano alla prostituta. Approfondendo ancora questa attenzione, evitando quindi d'istituire un facile rapporto con le protagoniste di simili poesie torinesi, Calvino ha rilevato che in *Mito* e *Paternità*, specie nella seconda, si mettono in poesia «due motivi sempre presenti nella concezione mitologico-agricola che Pavese ha di quasi tutti gli aspetti della vita: il senso della donna-terra che trasmette la vita; e il senso di sterilità dell'uomo solo, escluso dal ciclo naturale della procreazione»[35]. E si ritorna allora alla presenza del «sangue», di cui si è appena detto. A sé, quasi un'allegoria personale sottratta alla categoria del «racconto», si pone *Lo steddazzu*, la calabrese stella del mattino. Pavese perviene leopardianamente, perché astrale e marina sempre, alla percezione del «nulla». Il giudizio sullo *Steddazzu*, nella cosiddetta post-fazione: «la novità era solo apparente», è da valutarsi in quella sorta di delusione che l'autore deve avere provato, rimaneggiando il primo *Lavorare stanca*,

[34] Nasce qui il racconto lungo dedicato, tra il '38 ed il '39, all'esperienza del confino, *Il carcere*, prima *Memorie di due stagioni*, su cui informano piú luoghi del *Mestiere di vivere*, *ad vocem* nell'indice dell'ed. cit.

[35] *Poesie edite e inedite* cit., p. 246. Ha cercato di ricostruire la presenza a Brancaleone di Pavese, attraverso la testimonianza di chi lo conobbe, G. CARTERI, *Fiori d'agave. Atmosfere e miti del Sud nell'opera di Cesare Pavese*, Rubettino, Messina 1993, su cui si veda la rec. di G. Ioli, nel numero dei quaderni del Centro Studi Cesare Pavese che s'intitola *Sulle colline libere*, 1995, pp. 117-19.

nel non riuscire ad organizzare «un nuovo canzoniere», magari partendo di qui.

La stessa cosa accade con i componimenti dell'«inverno 1937-1938», accomunati sotto l'etichetta di «rabbia sessuale». Sarà pur vero che i «ritratti di donne» della *Vecchia ubriaca*, della *Moglie del barcaiolo* (e della *Puttana contadina*) «a parte la novità tutta esteriore del sogno – le prime due –, ... non giungono nemmeno al nebuloso ideale dell'immagine-racconto già avanzato nel 1934». Ma se si toglie a questi componimenti la camicia di Nesso rappresentata dall'auto-interpretazione, se ci si libera anche da certa brutalità suscitata dai loro titoli, resta l'intenzione di costruire «racconti» solo in apparenza «naturalistici»; in realtà, come può capitare a un grande narratore americano frequentato da Pavese, Faulkner[36], si dispongono a scomporre il personaggio, a sorvegliarne le spaccature esistenziali profonde. Nulla, o quasi, di simile concedono *Il figlio della vedova* ed *Il carrettiere*. Con *La voce*, annessa da Pavese fra quelle della «rabbia sessuale» (se proprio si vuole classificarla, mi chiedo piuttosto se non sia da porsi accanto alle «poesie del disamore»), appaiono piú delineate ed essenziali del solito le linee di uno spazio interno (la «camera sola», la «breve» o «chiara finestra» che «s'apre immobile all'aria che tace»). Ed è spazio destinato, di lí a poco, sí a una declinazione leopardiana (*La notte* è un'autentica «ricordanza» piemontese), ma anche, nel *Paradiso sui tetti*, a concentrarsi tutto in sé, a lasciar scaturire da sé, spazio, il fascino della morte. L'avvio è al futuro: «Sarà un giorno tranquillo, di luce fredda | come il sole che nasce o che muore, e il vetro | chiuderà l'aria sudicia fuori del cielo»; ed è tra i memorabili della lirica novecentesca: pura, sia pure! Ipotetico mi pare il richiamo, con le dovute cautele, al modulo biblico dell'avvento del tempo o del giorno della giustizia divina: Alfieri, maestro riconosciuto della tradizione piemontese per indicazione stessa di Pavese[37], lo aveva congelato in

[36] Mi è guida, in questo troppo rapido accenno, il fondamentale saggio di C. GORLIER, *Tre riscontri sul mestiere del tradurre*, a proposito del *Borgo (The Hamlet)* di Faulkner, edito nel '42 da Mondadori e riproposto per altro nel 1980, saggio da leggersi nel numero piú volte cit. di «Sigma», pp. 80-85. Il breve articolo del '34 sulla «Cultura», *Faulkner, cattivo allievo di Anderson*, in margine a *Santuario*, rivela fin dal titolo qualche difficoltà nel riconoscere criticamente l'originalità dello scrittore americano; cfr. però *Il mestiere di vivere* cit., pp. 114 e 185.

[37] Nell'art. su Anderson di cui alla nota 19, dove si afferma: «Dall'Alfieri in giú, tutti gli scrittori italiani che si sforzano, talvolta e anzi spesso inconsciamente, di giungere a una piú profonda unità nazionale, penetrano sempre piú il loro carattere regionale, la loro *vera* natura; giungendo cosí alla creazione di una coscienza umana e di un linguaggio ricchi di tutto il sangue della provincia e di

ben altro contesto. Ora si antivede non un «rex tremendae maiestatis», ma «un chiarore tranquillo, quasi una luce»; i ricordi, che altrove hanno dato tormento, essi sí, saranno domati col fuoco: «... saranno dei grumi d'ombra | appiattati cosí come vecchia brace | nel camino». Oltre parrebbe difficile andare; ma le tre liriche per Ferdinanda Pivano sempre del '40 (*Mattino*, *Estate*, *Notturno*, cui aggiungerei *Paesaggio VIII*) ripropongono come vitale una nuova forma d'innamoramento[38], ed indicano questa quale possibile area lirica nuova, o meglio materia del tanto voluto «nuovo canzoniere».

4. L'ipotesi sarebbe subito verificabile, ma è meglio allontanarla di quel tanto che consente, nell'ambito di questa introduzione, di verificare un'altra cosa: l'impatto di *Lavorare stanca* '43 con la critica anti-fascista che comincia ad affermarsi, la sola in grado d'intendere l'origine del libro. La cosa non fu possibile a Mario Alicata nel '43, anno in cui letteratura e politica sono ancora disgiunte[39], ma nel successivo '44 sí. Il testimone è d'eccezione: Gianfranco Contini, ormai rifugiato in Svizzera dopo l'esperienza della Repubblica dell'Ossola. In «Libera Stampa» del 30 giugno del '44 Contini amplia il discorso aperto l'anno prima su «Letteratura», discorso tutto incentrato su *Paesi tuoi*, l'opera che nel '42 inizia la lunga e piú fortunata parabola narrativa. Riprende tra le mani l'edizione di «Solaria», e non nasconde qualche disagio ad annettere quel primo *Lavorare stanca*, quel volume «di formato piú ampio», dalla «copertina giallo-mattone», agli «altri della classica collezione giallo-crema che da Saba a Gadda, da Loria a Quarantotti Gambini e Bonsanti, mise in circolazione tanto materiale fantastico tra i piú validi». Per Contini Pavese, come Ginzburg aveva visto subito, non poteva ambientarsi «nella geografia editoriale» di Firenze, perché, quasi per definizione, era «solidale dei gobettiani piemontesi». Di conseguen-

tutta la dignità di una vita rinnovata» (pp. 35-36). Regione e sangue formano una sorta di endiadi, insomma, anche nel linguaggio critico (cfr. nota 22, p. 11).

[38] Le lettere contemporanee alla Pivano, riportate alle pp. dell'ed. cit. 568-75, 583-87 (l'ultima è già del '41), contengono di entrambi dure analisi psicanalitiche, che lasciano intendere, per quanto concerne Pavese, la sua tendenza a trasformare in «*carne di poesia*» la «passione».

[39] «Risultati poetici davvero non felici, in quelle larghe lasse metriche della sua gioventú», ebbe a scrivere M. Alicata nel '41 per *Lavorare stanca*, preferendo gli allora appena usciti *Paesi tuoi*; ed ancora, con inguaribile vezzo 'fiorentino', se non manzoniano: «a lui non toscano non può soccorrere la felice e spontanea identità fra lingua parlata e lingua scritta» (*Scritti letterari*, Il Saggiatore, Milano 1968, pp. 84-85).

za, non poteva che «occupare un posto marginale» tra i solariani che avevano «concentrato elegantemente il monopolio della giovane avanguardia»: marginalità «nel metro, ad esempio, ... una specie di esametro con spezzatura», ma anche nella «prosaicità dell'impostazione, ... puntata su un effetto globale di massima». La conclusione è piú perplessa, o se si preferisce, meno perentoria di quanto ci si potrebbe aspettare: «Poesia pura, questa non è di sicuro, ma è tutt'altro che sicuro che non sia poi nemmeno poesia»[40].

A liberazione d'Italia ormai avvenuta, sulla «Nuova Europa» del 26 agosto del '45, il quasi mirabile periodico azionista, diretto da Salvatorelli, interviene Carlo Dionisotti, anche lui da annoverarsi per ragioni di stile, e un po' meno di età, tra i «solidali di Gobetti». Dionisotti diffida dell'ultima poesia italiana, e trova nella «prosa», largamente intesa («da Verga a Svevo, da Croce a Gobetti»), la linfa di una reazione al fascismo che la lirica, neppure quella ermetica si può supporre, non dà: per dirla metaforicamente, «nella sala semivuota, voci esili, sole, continuavano le prove di un canto assurdo, dispettoso di sé e di tutto». Di qui la non implicita riduzione di questo poetare ad un esercizio tollerato dal regime: «il fascismo si era convinto da un pezzo che non sull'adesione, impossibile, dell'arte e delle lettere poteva contare, ma sulla loro solitudine virginea, proprio sulla impermeabilità di un individualismo esasperato e disperato alle parole che toccano o sommuovono le masse». Non era facile, a ben vedere, sottrarre del tutto Pavese a quella impermeabilità, ma Dionisotti lo tenta, dopo avere parzialmente corretto la schematica riduzione che lo collocava con Gobetti, fuori di Solaria: perché Pavese aveva avuto a che fare, piuttosto, col «gruppo chiuso e compatto che a Torino aveva raccolto a suo modo dopo il '30 l'eredità gobettiana e in Leone Ginzburg aveva avuto la sua guida e in Einaudi il suo editore». In quest'ambito con Pavese «è rotto l'incanto della poesia monodica, della cosiddetta lirica»; non solo, ma «alle parole che sono cautamente parlate da uomini senza un proprio nome sulla terra è ridato un ritmo di epopea e di leggenda», grazie a quel «verso lungo da tredici a sedici sil-

[40] La rec. si colloca agevolmente nelle *Pagine Ticinesi di Gianfranco Contini*, riunite a cura di R. BROGGINI, Salvioni, Bellinzona 1986, pp. 122-27; era già comparsa, con altri assaggi pavesiani non specifici (*Frammenti di un bilancio Quarantadue, Parere su un decennio, Introduction à l'étude de la littérature italienne contemporaine, Lettre d'Italie (1945)*, in *Altri esercizî (1942-1971)*, Einaudi, Torino 1972, pp. 169-72.

labe, con una censura mediana appena sensibile», verso che «esclude ogni compromesso colla musica e col canto, ogni accelerazione ed enfasi declamatoria»[41].

Pavese non aveva concluso la sua esperienza lirica con *Lavorare stanca*. «Faremo altre poesie», aveva promesso nella post-fazione, ponendo due «premesse» del testo a venire: «1) la sua costruzione sarà analoga a quella di ogni singolo pezzo poetico; 2) non sarà riassumibile in racconto naturalistico». Ne consegue la dissoluzione del canzoniere sinora perseguito: «al canzoniere sarà inutile pensare»; quanto alla nuova «realtà» da figurare, «non – sarà – naturalistica ma simbolica», sulla scorta di Dante (non il Dante di Eliot, poeta e critico poco amato da Pavese)[42]. Solo Contini, a dire il vero, ha preso per buona questa indicazione un tantino imbarazzante, suggerendo arditamente per il successivo libro, narrativo e lirico, *Feria d'agosto*, la mediazione della *Vita nuova*[43]. Comunque è una direzione non imbroccata nelle successive poesie di Pavese, che, si diceva, si muovono piuttosto dalle scartate «poesie del disamore» e da quelle per la Pivano. A rispetto delle quali, per altro, si assiste subito alla formazione di una metrica diversa, prediligendo ora Pavese versi di misura inferiore a quella dell'endecasillabo. Non per questo egli lascia del tutto il verso lungo, dal quale cava i segmenti che lo componevano, lasciando a chi legge l'eventualità di pronunciarli ancora congiunti. Suonano cosí le nove poesie per Bianca Garufi, composte tra il 27 ottobre e il 3 dicembre del '45, riunite la prima volta su rivista nel '47 col titolo di *La terra e la morte*[44]. Aggiuntevi le «due poesie a T.», rimaste manoscritte e vergate l'anno appresso in un tempo ristretto, si segnalano tutte insieme per il duplice fenomeno del dissolvimento della città, e della rarefazione della campagna, fatto salvo un incipit *clamoroso*, che rende vissuto e drammatico un elemento, il sangue, prima valutato con esclusivo riferimento ad una sola cultura e ad una sola politica delle due in conflitto durante la guerra: «Tu non sai le colline | dove si è sparso il sangue...» Questo, se si tiene conto dell'imminente romanzo sulla lotta fratricida combattuta nella sua ter-

[41] La rec. di Dionisotti non è stata per ora raccolta in volume; colgo l'occasione, per rammentare di lui il lucido intervento sul taccuino di cui alla nota 22, su «Belfagor», 1991, pp. 1-10.

[42] Rimando al mio art. *Pavese: l'ultimo dei classici*, la redazione definitiva del quale si trova nella miscellanea di studi offerta ad A. Greco, *Mito e letteratura*, Bonacci, Roma 1993, pp. 347-49.

[43] Cfr. *Altri esercizî* cit., p. 287.

[44] Cfr. in questa sede p. 119.

ra (*La casa in collina*), è il sangue «civile»; e come tale, per riprendere una famosa nozione tragica, suscita piú pietà che orrore. Prevale, per il resto, in tutto il nuovo gruppo di versi l'identificazione della «terra» nel «tu» femminile, con tutto quel che comporta di mitico, tenendo pure conto che sono gli anni dei *Dialoghi con Leucò*. La memoria del lettore, oggi confortata dalla *Concordanza delle poesie di Cesare Pavese*, allestite da Giuseppe Savoca ed Antonio Sichera, garantisce che il lessico di *La terra e la morte* è reperibile nei suoi termini-cardine (innanzitutto, col «sangue», la «morte») in *Lavorare stanca*[45]. Per uscire da quest'ambito, propongo, non a casaccio, il *Cantico dei cantici* e *Il porto sepolto*: gli «aromata» dell'uno (e l'olio, e la vigna, e qualcos'altro ancora), i «sassi», la «pietra» e lo «stagno di buio» dell'altro, avvertendo nel secondo caso che non si tratta affatto dell'Ungaretti di *Sentimento del tempo*, il testo base dell'ungarettismo ufficiale.

La terza volta che compaiono le nove liriche d'amore, appena commentate, è nel volume postumo *Verrà la morte e avrà i tuoi occhi*, stampato presso Einaudi nel '51; il titolo propriamente appartiene alle dieci nuove, scritte tra l'11 marzo e l'11 aprile del '50 per l'attrice americana Constance Dowling. Alcuni titoli in inglese, e soprattutto la redazione, sempre in inglese, della prima e dell'ultima (entrambe sono state voltate in italiano da Calvino)[46] accentuano il carattere di omaggio personale di questo terzo volume poetico pavesiano, il piú esile ed anche il piú triste. Non penso tanto al componimento eponimo, quindi, ma proprio all'ultimo: *Last blues, to be read some day*. È un congedo da non ricondursi ai «blues della grande città» concepiti prima di *Lavorare stanca*, quando il rapporto con l'America era sostanzialmente vitale, in specie dal punto di vista linguistico[47]; e non toccava, come adesso «some one-who-was hurt | long time ago», e nep-

[45] Ho potuto consultare in bozze le *Concordanze* citate, Olschki, Firenze 1997, e mi riservo di colmare altrove, col loro aiuto, il suggerimento ora formulato. Nella *Guida alla consultazione*, firmata dal Sichera, sottolineo il costante riportarsi a Whitman (cfr. note 15 e 25).

[46] *Poesie edite e inedite* cit., pp. 252 e 254; in questa sede, p. XLII.

[47] Mi riferisco alle lettere scambiate dal '29 al '33 con Antonio Chiuminatto, di padre americano, diplomato in violino al Conservatorio Verdi di Torino, e poi professore al Conservatorio di Chicago, come informa L. Mondo in una nota alla prima lettera in inglese speditagli da Pavese, il 29 novembre del '29, dove lo ringrazia per avergli impartito le prime lezioni di «slang» e gli chiede di mandargli libri di letteratura americana contemporanea, oltreché un dizionario del «modern American language» (*Lettere 1924-1944* cit., pp. 156-60).

pure «some one-who-was died | long time ago»[48]. L'altra poesia inglese, la prima, quella che restringe subito il circolo dei lettori, *To C. from C.*, riscatta un po' di vita per via di metafora, la già esperita metafora 'fuoco-gelo' che da Petrarca a Shakespeare almeno ha attraversato tutta la lirica occidentale. Favorita dalla neve incontrata in un soggiorno a Cervinia[49], Constance si trasfigura in daina dalle membra bianche, che cosí traduce Calvino «white-limbed doe», e tuttavia «ardente» è la sua risata (o almeno tale appare a Calvino, quando traduce nell'ultimo verso l'epiteto «glowing laughter»). Ma è anche vero che il movimento di Constance, la sua quotidiana grazia volteggiante, nasce da quello delle ballerine vagheggiate prima dei *Mari del Sud*: «the gliding grace | of all your days». E suo anche, per trascorrere alle liriche italiane, torna ad essere, in *The cats will know*, un «viso di primavera» che appartiene a quel «prima» di cui sopra. Un circolo improvvisato quest'ultimo, che collega con tenuissimi fili l'ultima poesia di Pavese a quella, si è detto, della fase preistorica? Sí, molto probabilmente, ma la posta in gioco, purificarsi, farsi accettare da chi lo aveva respinto, non poteva certo darsi al di fuori della propria esperienza, *Lavorare stanca* escluso, va da

[48] Opina L. Mondo che la lettera alla Dowling del 17 aprile accompagnasse questa lirica, ed in effetti vi ricorre l'epiteto poetico di Constance, di cui subito dopo («viso di primavera»). Ma vi si fa pur cenno di una copia spedita in America della *Luna e i falò*, libro che si ammette scritto prima di incontrare la destinataria, «and yet somehow I felt in it you where to came» (eppure in qualche modo sentivo in questo libro che stavi per venire). È pure riportata la minuta di una dedica del medesimo romanzo sul retro della minuta della poesia in questione (*Lettere 1945-1950*, Einaudi, Torino 1966, pp. 505-7).

Alla data del 14 luglio sono registrati nel *Mestiere di vivere* i vv. 5-10 della medesima, con una premessa sul suicidio che ne allarga il significato al di là del dolore personale: «Lo stoicismo è il suicidio. Del resto sui fronti la gente ha ricominciato a morire. Se mai ci sarà un mondo pacifico, felice, che cosa si penserà di queste cose? Forse quello che noi pensiamo dei cannibali, dei sacrifici aztechi, dei processi delle streghe». Il 16 agosto, però, due frammenti rimaneggiati di *The cats will know* («anche tu sei la primavera», «'inquieta angosciosa, che sorride da sola'»), appartengono ad altra donna: «'un fiore della dolcissima valle del Po', direbbe chi so io» (cit., pp. 397-99). L'ipotesi che questa donna sia la non piú ignota, oggi, ragazza in vacanza a Bocca di Magra, della quale si fa cenno nelle *Lettere 1945-1950* (cit., pp. 557-60, 563). È da verificare su un articolo di Maria Corti, articolo d'imminente pubblicazione nella rivista «Autografo».

[49] Alla data del 6 marzo si legge nel *Mestiere di vivere*: «(Cervinia) Stamattina alle 5 o 6. Poi la stella diana, larga e stillante sulle montagne di neve. L'orgasmo, il batticuore, l'insonnia. Connie è stata dolce e remissiva, ma insomma staccata e ferma. Il cuore mi ha saltato tutto il giorno e non smette ancora» (ed. cit., p. 391). È da notare il ricupero sostanziale dello *Steddazzu*, pur marino, pur non amoroso.

sé. Non a caso, del resto, altri componimenti (*In the morning you always come back*, «Hai un sangue, un respiro», *You, wind of March*, «I mattini passano chiari») tengono fede ai risultati già raggiunti in *La terra e la morte*: alla sua metrica nuova, alla sua passionale identificazione e trasformazione della donna amata in uno o piú elementi della natura. La profezia della fine in *Verrà la morte e avrà i tuoi occhi*, sebbene tutto biblico e fin medievale suoni l'avvio eponimo, sebbene abbia di Montale la chiusa («Scenderemo nel gorgo muti» proviene dal finale di un «mottetto» delle *Occasioni*. «Molti anni, e uno piú duro sopra il lago»), riesce alla fine conforme agli esiti piú alti, in questa direzione, di *Lavorare stanca*: la modalità «come vedere nello specchio | riemergere un viso morto» era già nel *Paradiso sui tetti*. Ed anche il seguito del leopardiano vocativo «O cara speranza, | quel giorno sapremo anche noi | che sei la vita e sei il nulla», conduce al «nulla» declinato nello *Steddazzu*. Purificarsi, certo, ma non smarrirsi del tutto, per farsi epigono di una maniera mai propria; se si vuole, l'isolamento di Pavese poeta rimane la sua cifra costante.

MARZIANO GUGLIELMINETTI

Nota ai testi

La presente edizione delle poesie di Pavese pone le premesse per una futura edizione critica, e comunque rappresenta un passo in avanti rispetto alle precedenti. Si comincia, com'è ovvio, da *Lavorare stanca*, proposto nel testo della *princeps* (Solaria, 1936) per le ragioni poetiche e politiche sostenute nell'*Introduzione* (cfr. la nota 30), ragioni per altro filologicamente anticipate da Marco Leva (*Sul primo «Lavorare stanca»*, in *Studi di letteratura italiana offerti a Dante Isella*, Bibliopolis, Napoli 1983, pp. 525-51; diversa l'ipotesi formulata in precedenza da Lanfranco Caretti, *Per un' edizione delle poesie di Pavese*, in «L'approdo letterario», n. s., XIV (44), ottobre-dicembre 1968, pp. 127-30, ora in *Sul Novecento*, Nistri-Lischi, Pisa 1976, pp. 190-97). Della successiva edizione (Einaudi, 1943) si dànno subito, in apposita sezione, i componimenti aggiunti.

Seguono le due raccolte a stampa *La terra e la morte* e *Verrà la morte e avrà i tuoi occhi*.

Di tutte le poesie, comprese negli anni di *Lavorare stanca* (1931-35, I ed.; autunno 1935-40, II ed.) e scartate dall'autore (le quattro confluite in *Ciau Masino*, le *Poesie del disamore*, altre sparse), si offre la trascrizione a partire da p. 299. Nella sezione *Prima di «Lavorare stanca»* trovano posto le poesie anteriori al 1930 (data dei *Mari del Sud*): non tutte in questo caso, ma tutte quelle da Pavese organizzate sotto forma di canzonieri.

I manoscritti.

I manoscritti sono custoditi nell'Archivio Pavese presso il Centro di studi di Letteratura italiana in Piemonte «Guido Gozzano - Cesare Pavese» della Facoltà di Lettere dell'Università degli studi di Torino, fondato dal prof. Giovanni Getto. Essi provengono dalla famiglia (le nipoti Cesarina Sini e Maria Luisa Sini Cossa) e dalla casa editrice Einaudi; sono siglati, rispettivamente, *AP* e *FE*.

1. La situazione delle carte relative a *Lavorare stanca*, allo stato attuale delle cose, risulta essere la seguente: per l'edizione Solaria del 1936 *AP* conserva le bozze nella forma sottoposta alla censura, *APIII-3*, un esemplare postillato della stampa, *APIII-4* (mancano le pp. 89-104), e carte sparse in *APIII-47* e *APIII-48* (*I mari del Sud*), *APX73* (*Canzone di strada*, *Due sigarette*, *Mania di solitudine*, *Atlantic Oil*), *APX74-5* (*Cattive compagnie*); *FE*, invece, fascicoli manoscritti e dattiloscritti (*FE5A-B-C*). Per l'edizione Einaudi del 1943 *AP* contiene il materiale preparatorio, parte autografo, parte dattiloscritto, preceduto dall'appunto autografo «È questa la forma definitiva che dovrà avere *Lavorare Stanca* se mai sarà pubblicato una seconda volta. | Ciascuno dei titoli dei gruppi, andrà scritto in occhiello. | 8 apr. '40», corredato da cinque diversi indici (tre di pugno dell'autore e due dattiloscritti, con correzioni) e dai due scritti teorici, *Il mestiere di poeta* (l'autografo è in *APIII-6*) e *A proposito di certe poesie non ancora scritte* (*APIII-4*), un fascicolo dattiloscritto (*APIII-5*; frontespizio: «CESARE PAVESE | Lavorare stanca | Seconda edizione aumentata»), un testimone di *Fumatori di carta* e un'*errata corrige* (*APX73*); *FE*, a sua volta, custodisce manoscritti, dattiloscritti e fogli di bozze dell'edizione 1936 (*FE5A*, sporadicamente *FE5B* e *C*, *FE10B*).

Il Fondo Einaudi, inoltre, conserva per *Ciau Masino* alcuni abbozzi (*FE3-18*) e la bella copia (*FE4*); per le poesie dal confino (4 agosto 1935 - 15 marzo 1936), invece, la stesura di quattordici componimenti su sedici in un notes con la copertina grigia mancante del piatto posteriore (*FE5A-LXIII*), trascritto diplomaticamente da A. ANDREOLI, *Il mestiere della letteratura* cit., pp. 127-65).

Da segnalare anche i dattiloscritti, con interventi a penna nera e a lapis, di cinque poesie «mandate» da Pavese all'amico Mario Sturani, a Parigi, nel giugno del 1932 (si trovano presso il destinatario): I MARI DEL SUD, ANTENATI, FUMATORI DI CARTA, IL VINO TRISTE, PENSIERI DI DEOLA.

Delle cosiddette *Poesie del disamore* possediamo il fascicolo dattiloscritto e i manoscritti (*APIII-7* e *FE5A*; *Il vino triste* è anche in *FE5C* e in *FE4*, *Estate* in *APIII-4* e *APX73*, solo titolo), di *La terra e la morte* mancano i dattiloscritti a suo tempo visti da Calvino (*APIII-8*; la mancanza è segnalata da un foglio premesso compilato da Marco Leva), di *Verrà la morte* si conservano il dattiloscritto, con interventi autografi (*APIII-8*), e alcuni manoscritti (*ivi* e *FE6*).

Le poesie estravaganti degli anni 1931-40, manoscritte e/o dattiloscritte, sono collocate nel già citato *APIII-7* (le due poesie a T. del 1946, invece, si trovano in *APIII-8*; testimoni sparsi di altre in *APX73*, *APX74-5*) e in *FE5A-B-C*.

2. In *AP* tutte le carte del periodo giovanile sono riunite nella sezione *APX*, che risulta cosí costituita: 69 fascicoli di carte sciolte (*APX1-APX69*), 4 quaderni (*APX70-APX73*), materiali eterogenei (*APX74-1/5*), e alcuni taccuini, per lo piú ricevuti in omaggio dal cognato Guglielmo Sini, impiegato presso l'Unione Italiana Cementi: *APX75-1/5*, *APX76-1/6*, *APX77-1/5*, *APX78-1/8* (non contengono poesie), *APX79-1/8*.

In *FE* gli scritti giovanili sono confluiti nelle sezioni *FE1*, *FE2* (prose scolastiche), *FE3*, *FE21* (varie e traduzioni da W. Whitman e da J. Burckhardt) e *FE22* (varie e frammenti). I due archivi sono complementari. In *APX* il materiale documenta spesso prime stesure, provvisorie e travagliate, con varianti alternative e sostitutive, fitte cassature, rifacimenti parziali o totali (fa eccezione *APX70*, un quaderno contenente numerose poesie degli anni 1923-24 in veste pressoché definitiva); *FE1*, *FE2* e *FE21* presentano analoghe caratteristiche, mentre *FE3*, suddiviso nelle sezioni 1-18, raggruppa, in un disegno organico, molte poesie attestate in prima stesura da *APX*: *FE3-1*, fascicolo manoscritto intitolato *Sfoghi* con poesie degli anni 1923-26; *FE3-3* e *FE3-8*, fascicoli dattiloscritti con poesie degli anni 1925-27 il primo, intitolato *Rinascita*, e 1928 il secondo, intitolato [*Le febbri di decadenza*]; *FE3-12*, fascicolo manoscritto intitolato *Blues della grande città*, con poesie degli anni 1928-29.

Da ricordare, anche, gli autografi di otto poesie inseriti in sette lettere conservate presso il destinatario, l'amico-pittore Mario Sturani (sigla *FS*). Una copia dattiloscritta di *FS*, su velina, si trova tra le carte del Fondo Sini con la segnatura *APIX-2*: fedele alla consegna pavesiana di non fare «troppi pettegolezzi», Mario Sturani declinò, in un primo tempo, l'invito di Davide Lajolo a collaborare al volume su Cesare mettendo a disposizione i documenti in suo possesso («di un fratello, era solito dire, non si va a parlare in pubblico»); in seguito, a lavoro avanzato e quasi concluso, Lajolo si rivolse nuovamente a Mario e forse proprio in quell'occasione lo stesso Mario copiò frettolosamente i testi in questione e li mise a disposizione di Lajolo.

La sigla *FT* individua gli autografi di otto poesie inviate da Cesare Pavese a Giuditta Ciliberti Tallone, chiamata Ponina, tra la fine del 1928 e quella del 1929, attualmente conservate presso la Biblioteca Comunale di Como, unitamente ad alcune lettere con relative buste; le carte sono contenute in una cartellina di cartoncino marrone scuro recante l'indicazione della collocazione archivistica: MS 8. 3-5.

FP, *FP1*, *FP2* e *FP3* siglano la stesura autografa rispettivamente di ventun poesie (la raccolta *Rose gialle in una coppa nera*), quattro, dieci e sette poesie, di proprietà di Tullio Pinelli. Si tratta di copie a inchiostro azzurrino, scritte solo sul *recto*, ottenute dallo stesso Pavese con un procedimento allora molto in uso: «si chiamava poligrafo e consisteva in uno strato di una speciale gelatina gommosa sulla quale si premeva la pagina da riprodurre, scritta con apposito inchiostro rosso o azzurro. La scrittura rimaneva impressa, in negativo, sulla gelatina, sulla quale poi si applicavano i fogli bianchi delle copie desiderate» (Tullio Pinelli).

Lavorare stanca.

Il XIV gennaio MCMXXXVI è «finito di stampare», per le Edizioni di Solaria a cura di Alberto Carocci, «nella Tipografia Fratelli Parenti di G., via XX Settembre 28, Firenze», la prima edizione di *Lavorare stanca*. Il volumetto (cm. 22 x 16), «quarantesimo» delle suddette edizioni, prevede 180 esemplari numerati, «dei quali i primi 30 su carta doppio Guinea», e una tiratura «fuori serie riservata alla vendita». Esso è frutto di una lunga ed estenuante trattativa con il direttore di «Solaria», Alberto Carocci; avviata da Leone Ginzburg, proseguita dallo stesso Pavese dopo l'arresto dell'amico-intermediario (15 marzo 1934), essa porta alle prime bozze nel dicembre 1934, seguite da quelle impaginate nel febbraio 1935 (cfr. *Introduzione*, pp. VII-VIII). Sottoposte all'Ufficio Censura della Prefettura fiorentina nel successivo mese di marzo, dopo alterne vicende esse vengono depurate, per «motivi morali», di quattro poesie: *Pensieri di Dina*, *Il dio-caprone*, *Balletto*, *Paternità*. Pavese, amareggiato in modo particolare dall'eliminazione della seconda, chiede all'editore una «tiratura personale» di venti copie, «per rilegarle a mano e regalarle agli intimi» (lettera alla sorella Maria, [Torino, Carceri Nuove], 25 maggio 1935). Nell'autunno del 1935, ormai confinato a Brancaleone Calabro, provvede alla sistemazione definitiva del volume con i necessari aggiustamenti in prossimità delle quattro poesie soppresse e l'aggiunta in fondo di otto nuove poesie: *Ulisse*, *Atavismo*, *Avventure*, *Donne appassionate*, *Luna d'agosto*, *Terre bruciate*, *Poggio Reale* e *Paesaggio* [VI]. Proprio su queste insiste il giudizio a caldo dell'amico-rivale Mario Sturani: «Ho ricevuto il libro con le nuove poesie superiori ad ogni elogio. Delle ultime dò il primo premio al paesaggio. Perdio: Quest'è il giorno che salgono le nebbie dal fiume della bella città è la piú bella poesia che io abbia mai letta. Secondo premio a "Donne appassionate" e a "Poggio reale". Mi piacciono moltissimo. Terzo premio a Ulisse. Il libro è molto bello anche come presentazione e veste tipografica e sono proprio contento che si sia finalmente pubblicato. Credo veramente che sia la cosa piú bella e notevole di questi ultimi anni di letteratura. Me lo sono riletto tutto 2 volte e questo in me tu sai che cosa vuol dire. Anche a mia Moglie piace moltissimo, a lei piace piú che tutto "Proprietari". | A me delle già conosciute si capisce mi piacciono moltissimo: I mari del Sud, Antenati, Pensieri di Deola, Due sigarette, Il tempo passa (bellissima), Casa in costruzione, La cena triste, I due uomini fumano a riva, La donna che nuota ecc. | E già: mi fa malinconia solamente il pensare che mentre tu tiri fuori poesie una piú bella dell'altra, composte, piene di immagini e pensieri ed azione io sono oramai degli anni che non produco piú un cazzo di niente né poesie né quadri» (lettera del 24 gennaio [1936] edita da M. GUGLIELMINETTI, *Una poetica «tenzone»: Mario Sturani e Cesare Pavese*, in AA. VV., *Mario Sturani (1906 1978)*, a cura di M. M. Lamberti, Allemandi, Torino 1990, p. 193).

Sulla complessa e intricata storia interna del testo e sulle sue vicissitudini esterne gettano luce le carte. Il primo documento utile, segnalato a suo tempo da Italo Calvino (*Note generali* cit., pp. 217-18) e pubblicato da Marco Leva (*Sul primo «Lavorare stanca»* cit., p. 537), è un indice autografo, a inchiostro nero, sul *verso* di una minuta di *Città in campagna* (1933); le venti poesie, precedute dal titolo, sono ordinate in cinque gruppi: «Campagna», «Campagna-città», «Fiume», «Calma stoica lavoro», «Sanssôssi» (*FE5A-XXII*, c. 4*v*).

I relativi dattiloscritti (si notano l'aggiunta di *Incontro* prima di *Fumatori di carta* e la caduta del *Dio-caprone*) sono contenuti in *FE5C*, *V-XXII* e *XXX-XXXII*. «Allo stesso indice fa capo un'altra serie di carte, oggi sparse in vari fascicoli, ma accomunate da un identico carattere e da una medesima numerazione a *verso* (a lapis nero per i primi diciassette testimoni, poi a matita rossa). Anche qui c'è in sovrappiú *Incontro* (e perciò da *Fumatori di carta* in poi la numerazione è aumentata di uno rispetto all'indice) e la caduta del *Dio-caprone*» (Leva, p. 544).

Segue un indice autografo a lapis sul *verso* di un dattiloscritto di *Crepuscolo di sabbiatori*, poi interamente cassato a matita nera (*FE5B-VIIIbis*, già studiato da Leva, pp. 538-39). Successivi e intricati strati correttori (a lapis, a inchiostro nero, a matita rossoblu) suggeriscono tre diversi ordinamenti della raccolta (trentaquattro, trentasei e quarantun poesie, suddivise, nel secondo e nel terzo, in tre temi: “senza donne”, “donne sane”, “donne erotiche”).

Una copia di bozze anteriori alla censura, appartenuta cioè a quella «diecina o piú» chiesta all’editore in data 25 maggio 1935 e destinata agli amici (sicuramente Mario Sturani, Massimo Mila, Augusto Monti, Battistina Pizzardo, ecc.; un esemplare fu risistemato e inviato a Carocci, un altro fu smembrato e inserito nel fascicolo preparatorio alla seconda edizione, *APIII-4*), riproduce il terzo ordinamento di *FE5B-VIIIbis*, con una successione diversa dei componimenti, soprattutto nella seconda parte. Questo l’indice:

I MARI DEL SUD (*a Monti*)	[1-5]	CATTIVE COMPAGNIE	[48-49]
ANTENATI	[6-8]	PIACERI NOTTURNI	[50-51]
PAESAGGIO [I] (*al Pollo*)	[9-10]	BALLETTO	[52-53]
GENTE SPAESATA	[11-12]	PATERNITÀ	[54-55]
PENSIERI DI DEOLA	[13-14]	DISCIPLINA ANTICA	[56-57]
CANZONE DI STRADA	[15-16]	INDISCIPLINA	[58-59]
DUE SIGARETTE	[17-18]	PAESAGGIO [V]	[60-61]
OZIO	[19-21]	DISCIPLINA	[62-63]
PROPRIETARI	[22-23]	LEGNA VERDE	[64-65]
PAESAGGIO [II]	[24-25]	RIVOLTA	[66-67]
UNA STAGIONE	[26-27]	RITRATTO D’AUTORE (*a Leone*)	[68-69]
PENSIERI DI DINA	[28-29]	MEDITERRANEA	[70-71]
TRADIMENTO	[30-31]	LA CENA TRISTE	[72-73]
MANIA DI SOLITUDINE	[32-33]	PAESAGGIO [IV]	[74-75]
IL DIO-CAPRONE	[34-36]	UNA GENERAZIONE	[76-77]
IL TEMPO PASSA	[37-38]	PAESAGGIO [III]	[78-79]
ATLANTIC OIL	[39-40]	GRAPPA A SETTEMBRE	[80-81]
CITTÀ IN CAMPAGNA	[41-42]	LAVORARE STANCA	[82-83]
GENTE CHE NON CAPISCE	[43-44]	MATERNITÀ	[84-85]
CASA IN COSTRUZIONE	[45-47]	CIVILTÀ ANTICA	[86-87]
		ESTERNO	[88-89]

I fogli, stampati solo sul *recto* e privi di numerazione, originariamente pinzati insieme da due grossi punti metallici nel margine superiore (i primi otto e gli ultimi ventiquattro ora staccati), sono contenuti in una specie di rudimentale copertina (un foglio spesso piegato in due) con la seguente indicazione: «Bozze ‘Lavorare stanca’ | per Solaria».

Di queste poesie si conservano abbozzi, minute, belle copie manoscritte e/o dattiloscritte, bozze di stampa, materiali che consentono di datarle: 1930: *I mari del Sud*; 1932: *Antenati*, *Pensieri di Deola*, *Ozio*, *Tradimento*; 1933: *Paesaggio* [I], *Gente spaesata*, *Canzone di strada*, *Due sigarette*, *Proprietari*, *Paesaggio* [II], *Una stagione*, *Mania di solitudine*, *Atlantic Oil*, *Città in campagna*, *Gente che non capisce*, *Casa in costruzione*, *Cattive compagnie*, *Piaceri notturni*, *Disciplina antica*, *Indisciplina*; 1934: *Paesaggio* [III], *Il tempo passa*, *Grappa a settembre*, *Civiltà antica (Atavismo)*, *Paesaggio* [V], *Disciplina*, *Legna verde*, *Rivolta*, *Esterno*, *Lavorare stanca* [II], *Ritratto d'autore*, *Mediterranea*, *La cena triste*, *Paesaggio* [IV], *Maternità*, *Una generazione*; 1935: *Ulisse*, *Atavismo (Civiltà antica)*, *Avventure*, *Donne appassionate*, *Luna d'agosto*, *Terre bruciate*, *Poggio Reale*, *Paesaggio* [VI].

È inoltre possibile ricostruire primi titoli, poi rifiutati (già in Calvino con alcune omissioni), e dediche: *Paesaggio* [I] (La voce di Dio, All'aria aperta, L'eremita, I due eremiti, Gli eremiti, La collina dell'eremita, Collina ai miei paesi, Egloga dei miei paesi); *Gente spaesata* (Piemontesi, Ritorno a casa); *Ozio* (La fabbrica chiusa); *Paesaggio* [II] (Invidia); *Paesaggio* [III] (L'uomo bianco, Un uomo bianco, Il bianco, Un bianco); *Tradimento* (Gelosia); *Gente che non capisce* (Ritorni); *Civiltà antica* (Atavismo); *Paesaggio* [V], in una minuta è presente il numero romano; *Ritratto d'autore* (Due vagabondi, L'azzurro d'estate); *Mediterranea* (Non ci si capisce, Terre lontane, Razza mediterranea, Mediterranei); *La cena triste* (Gente affamata, Gente che ha fame); *Maternità* (Nudismo); *Atavismo* (Pensieri d'una volta, Civiltà antica, Ritorno dal mare, Dopo il mare); *Avventure* (Risveglio, Avventura); *Donne appassionate* (Donne d'una volta); *Terre bruciate* (Terra d'esilio). Fra le censurate, *Pensieri di Dina* s'intitolava inizialmente Mattinata e *Paternità* Fantasia paterna.

Di alcune poesie Pavese discorre nelle lettere (*Poggio Reale* è «la prima che compone a memoria e quindi *gli* pare lodevole», 29 maggio 1935; *Una generazione* proprio non gli piace, 14 giugno 1935; *Legna verde* anticipa, «con la massima fedeltà», «i sentimenti di un uomo in prigione», 8 luglio 1935; ad *Atavismo* tiene piú che «alla *sua* libertà (si dice per scherzo)», 15 luglio 1935; *Dopo* è «la *sua* sola compagnia» a Brancaleone, 19 agosto 1935, ma non entra a far parte della raccolta: «il gusto di leggere Dopo non ve lo levate, perché nel volume non c'è», 16 dicembre 1935), su altre interviene, negli anni 1935-38, nel *Mestiere di vivere* a discutere i risultati poetici raggiunti e a proporne dei nuovi (il 24 novembre e il 5 dicembre 1935 sull'«angoscia umana», il 16 dicembre dello stesso anno sui «nuclei» tematici, il 12 e il 20 novembre 1937 sull'immagine-racconto; si rinvia all'indice dell'ed. cit.) e nel *Mestiere di poeta* (cfr. qui p. 105).

Proprio nei mesi in cui il libro conosce gli ultimi ritocchi editoriali (inverno 1935), Pavese scrive nuove poesie, non «l'opera del futuro», ma «un libretto di *Epaves*» (16 febbraio 1936). Accanto a riflessioni sul proprio modo di far poesia (si vedano le pagine del diario relative all'inverno 1935) e scoramenti sui risultati raggiunti («Mi ha aperto gli occhi la rilettura delle poesie del '27. Ritrovare in quella sbrodolata e napoletana ingenuità, gli stessi pensieri e le stesse parole di questo mese scorso mi ha atterrato. Nove anni sono passati ed io rispondo ancora tanto infantilmente alla vita?», 20 aprile 1936; e poi: «Hai sfogliato Lavorare stanca e ti ha avvilito: composizione larga, assenza di ogni momento intenso che giustificherebbe la "poesia". Le famose immagini che sarebbero la struttura stessa fantastica del racconto non le hai vedute: valeva la pena spenderci dai 24 anni ai 30? Al tuo posto, io mi vergognerei», 16 maggio 1938), affiorano parole di speranza e di ottimismo: «risfiorato la poesia-sfogo e vinto, e creato la *Vecchia ubriaca*», 30 dicembre 1937; «La poesiola [*Il carrettiere*] è poca, ma forse promette avvenire», 1° gennaio 1940. E cosí agli inizi dell'anno testé evocato si assiste al tentativo di sistemazione delle poesie «sciolte», «estravaganti», prodotte fino ad allora. Il nodo da sciogliere circa la presunta novità di queste «sbandate poesie» è se esse «rientr*ino*» ancora in *Lavorare stanca* o «presagisc*ano* il futuro», se, insomma, siano «la conclusione di un vecchio gruppo» o l'inizio di un «nuovo canzoniere» (*A proposito di certe poesie non ancora scritte*, qui p. 115).

Ripreso in mano il libro e rimaneggiatone l'ordine in vista del recupero di tre delle quattro poesie censurate nel 1935 (*Il dio-caprone*, *Balletto*, *Paternità*), Pavese si avvede che «le nuove vi hanno trovato posto agevolmente e sembrano comporre un tutto»: «Inverno 1935-36, la liquidazione del confino: *Mito*, *Semplicità*, *Lo steddazzu*; inverno 1937-38, la rabbia sessuale: *La vecchia ubriaca*, *La voce*, *La puttana contadina*, *La moglie del barcaiolo*. È chiaro che questi due momenti sono già in Lavorare stanca, e il primo mazzo si riconnette a *Terre bruciate* e *Poggio Reale*; il secondo a *Maternità* e *La cena triste*» (p. 116).

La «nuova edizione aumentata», per l'editore Einaudi, sollecitata fin dal giugno 1941 («Spettabile Casa Einaudi, | sono a offrirvi con questa mia la pubblicazione di un libro di versi che ha già avuto, in prima edizione presso i fratelli Parenti di Firenze, un certo insuccesso... Si tratta del volume Lavorare Stanca nuovamente arricchito di poesie inedite e di appendici in prosa sulla poetica dell'autore. Egli si dichiara disposto a fornirvi il ms. esente da spese postali e ad inserirvi forse nuove poesie durante la composizione»), è «finita di stampare il 23 ottobre 1943 nella Tipografia di Giovanni Capella in Ciriè». Contiene settanta poesie degli anni 1930-40, suddivise in gruppi tematici e prive di qualsiasi preoccupazione cronologica; di esse trentanove provengono dalla prima edizione (rifiutate: *Canzone di strada*, *Ozio*, *Proprietari*, *Tradimento*, *Cattive compagnie*, *Disciplina antica*), tre dalle censurate nelle bozze di Solaria 1936 (resta fuori *Pensieri di Dina*), ventotto sono nuove. In appendice trovano posto due testi teorici, *Il mestiere di poeta* (1934) e *A proposito di certe poesie non ancora scritte* (1940), sul cui inserimento Massimo Mila si era espresso negativamente: «nutro solo qualche dubbio sull'opportunità dei due poscritti critici. Non che non mi piacciano, in sé; ma è il fatto di comunicare al pubblico i risultati dei propri esami di coscienza stilistici, che mi lascia incerto» (17 luglio 1943). I componimenti omonimi, *Paesaggio*, sono contraddistinti da numeri romani progressivi; *Civiltà antica* e *Atavismo* si scambiano il titolo. Nell'indice, tra parentesi tonde, l'anno di composizione delle poesie, non sempre coincidente con quello attestato dalle carte:

CITTÀ IN CAMPAGNA:
Il tempo passa (1934) p. 65
Gente che non capisce (1933) p. 67
Casa in costruzione (1933) p. 69
Città in campagna (1933) p. 71
Atavismo (1934) p. 73
Avventure (1935) p. 75
Civiltà antica (1935) p. 77
Ulisse (1935) p. 79
Disciplina (1934) p. 81
Paesaggio V (1934) p. 83
Indisciplina (1933) p. 85
Ritratto d'autore (1934) p. 87
Grappa a settembre (1934) p. 89
Balletto (1933) p. 91
Paternità (1933) p. 93
Atlantic Oil (1933) p. 95
Crepuscolo di sabbiatori (1933) p. 97
Il carrettiere (1939) p. 99
Lavorare stanca (1934) p. 101

MATERNITÀ:
Una stagione (1933) p. 105
Piaceri notturni (1933) p. 107
La cena triste (1934) p. 109
Paesaggio IV (1934) p. 111
Un ricordo (nov. 1935) p. 113
La voce (1938) p. 115
Maternità (1934) p. 117
La moglie del barcaiolo (1938) p. 119
La vecchia ubriaca (1937) p. 121
Paesaggio VIII (1940) p. 123

LEGNA VERDE:
Esterno (1934) p. 127
Fumatori di carta (1932) p. 129
Una generazione (1934) p. 132
Rivolta (1934) p. 134
Legna verde (1934) p. 136
Poggio Reale (1935) p. 138
Parole del politico (ott. 1935) p. 140

PATERNITÀ:
Mediterranea (1934) p. 143
Paesaggio VI (1935) p. 145
Mito (ott. 1935) p. 147
Il paradiso sui tetti (1940) p. 149
Semplicità (dic. 1935) p. 150
L'istinto (febb. 1936) p. 152
Paternità (dic. 1935) p. 154
Lo steddazzu (genn. 1936) p. 156

APPENDICE:
Il mestiere di poeta (1934) p. 161
A proposito di certe poesie non ancora scritte (1940) p. 170

Le otto poesie scritte a Brancaleone Calabro, *Tolleranza*, *Un ricordo*, *Parole del politico*, *Mito*, *Semplicità*, *L'istinto*, *Paternità*, *Lo steddazzu*, che andavano ad aggiungersi alle cinque già edite nella *princeps*, *Luna d'agosto*, *Donne appassionate*, *Terre bruciate*, *Poggio Reale* e *Paesaggio VI*, recano anche l'indicazione del mese, ricavabile da un indice autografo, a inchiostro nero e a lapis, presente nel quaderno del confino (A. ANDREOLI, *Il mestiere della letteratura* cit., p. 127).

Alla fase preparatoria del volume, infine, appartiene un conciero custodito in *APX73*.

La precisa volontà pavesiana di classificare e ordinare in gruppi le poesie scritte, già operante in precedenza (cfr. pp. XXXIII-XXXIV), prende forma e si chiarisce in modo progressivo e caparbio; prova ne sono alcuni indici conservati tra le carte (*FE11B-xx*, sessantun poesie; *APIII-4, 1*, cinquantanove poesie; *APIII-4, 24*, cinquantanove poesie; *APIII-5, 2*, sessantatre poesie; *APIII-4, 23*, sessantasei poesie). Calvino cita anche e discute una «prima ripartizione in sette temi», «assai confusa» ma illuminante, documentata dall'indice postillato di una copia dell'edizione Solaria, non conservata presso il Centro «Guido Gozzano - Cesare Pavese» (*Note generali*, pp. 218-19).

Nell'approntare il materiale utile per l'edizione Einaudi 1943 Pavese interviene su bozze e pagine di *Lavorare stanca* 1936, correggendo i refusi e introducendo alcune varianti: *I mari del Sud*, v. 15 (me *per* me,), v. 31 (augurî *per* auguri), v. 55 (tra *per* fra), v. 87 (appena; *per* appena:), v. 94 (*Cetaceo per* Cetaceo,); *Antenati*, v. 2 (dei *per* gran), v. 39 (ombre *per* schiavi), v. 43 (miei; *per* miei,), v. 47 (donne, *per* donne *e* la *per* alla); *Paesaggio I, numero romano aggiunto*, v. 6 (restato *per* restato,), v. 30 (sono *per* son), v. 34 (e *per* o), v. 35 (al *per* nel); *Gente spaesata*, v. 12 (vanno; *per* vanno, *e* parlare *per* parlo parlare); *Paesaggio II, numero romano aggiunto*; *Luna d'agosto*, v. 24 (fruscío *per* fruscio); *Paesaggio III, numero romano aggiunto*, v. 18 (il *per* un); *Mania di solitudine*, v. 1 (cena alla *per* cena seduto alla), v. 2 (vede *per* guarda), v. 11 (tra *per* fra), v. 14 (fiumi, *per* fiumi), v. 17 *non rientrato*, v. 19 (cosa *per* cosa, *e* buio *per* buio,), v. 25 *non rientrato*; *Donne appassionate*, v. 8 (quant'è *per* quand'è); *Pensieri di Deola*, v. 13 (intontita ma fresca *per* intontita, ma fresca,), v. 21 *non rientrato*; *Due sigarette*, *manca lo spazio tra i vv. 5-6 e 26-27*, v. 19 (d'averla *per* di averla); *Gente che non capisce*, v. 13 (e *seconda occorrenza per* e, *e* treno *per* treno,); *Casa in costruzione*, v. 13 (di *per* del), v. 21 (biscie *per* bisce), v. 40 (nella pozza *per* in un pozzo), v. 41 (perfino *per* persino), v. 45 (traversa *per* attraversa); *Città in campagna*, v. 4 (danno *per* dànno), v. 7 (nuvole: *per* nuvole;), v. 22 (sto *per* 'sto), vv. 24-25 (bianche.| Il ragazzo alza gli occhi alle nuvole orribili. *per* bianche | e ogni tanto qualcuno si siede nei viali a far niente.); *Atavismo per Civiltà antica*, v. 6 (città *per* città,), v. 21 (mostrarsi. *per* mostrarsi | anche sotto le strisce del cielo. Le case, che guardano, | avviliscono meno che il prato deserto.), v. 27 (dànno *per* danno), v. 30 (affogare *per* affogarsi), v. 31 (uomo *per* un uomo); *Avventure*, v. 7 (gnaulío *per* gnaulio), v. 14 (rosse-: *per* rosse-), v. 17 (il suo *per* 'sto); *Civiltà antica per Atavismo*, v. 9 (guarda *per* guarda,), v. 16 (esitando *per* esitante); *Ulisse*, v. 4 (guancia *per* spalla), v. 13 (pioggie *per* piogge); *Disciplina*, *spazio tra i vv.* 6-7, v. 7 *non rientrato*, v. 19 (nulla *per* nulla,); *Paesaggio V*, *numero romano aggiunto*; *Indisciplina*, v. 11 (imprecando *per* bestemmiando), v. 19 (striscie *per* strisce); *Ritratto d'autore*, v. 15 (basta *per* puzza), v. 19 *non rientrato*, v. 20 (nuda *per* nuda,); *Atlantic Oil*, v. 3 (casa; *per* casa:), v. 26 (guardarli, *per* guardarli soltanto,), v. 33 *non rientrato*; *Lavorare stanca*, v. 7 (d'inutili *per* di inutili), v. 13 (discorsi *per* discorsi,); *Una stagione*, v. 25 *non rientrato*; *La cena triste*, v. 15 (accadere, *per* accadere *e* alba, *per* alba); *Paesaggio IV*, *numero romano aggiunto*; *Maternità*, v. 2 (se *per* sé), v. 8 (né *per* o), v. 25 (figli *per* figli,); *Esterno*, v. 28 (dentro un *per* lungo un); *Una generazione*, v. 18 (pensavano al buio dei prati *per* a quel tempo giravano in strada), v. 19 (Perfino *per* Persino), v. 26 *non rientrato*; *Rivolta*, *capoversi non rientrati*, v. 23 (Sto *per* 'Sto); *Legna verde*, *dedica aggiunta*, *capoversi non rientrati*, v. 12 (talvolta *per* ogni giorno); *Poggio Reale*, v. 4 (mormorío *per* mormorio), v. 17 (brusío *per* brusio), v. 19 (dovrebbe *per* potrebbe); *Mediterranea*, v. 1 (*non rientrato e* amico *per* amico,); *Paesaggio VI*, *numero romano aggiunto*, v. 2 (in mezzo *per* in mezzi *sic*), v. 20 (o d'un *per* od un).

Numerose le proposte alternative di titoli e dediche: *Gente che c'è stata (*Gente che ha >fatta< fatto la guerra, Altro Paesaggio*)*; *Incontro* (Amore); *Rivelazione* (La donna); *Mattino* (Ritratto a F.); *Estate*, dedica: a F.; *Notturno* (Notturno a Fernanda, Notturno a F.); *Agonia*, ded. alla Gazzella; *Paternità* (Fantasia paterna); *Crepuscolo di sabbiatori* (Sabbiatori al crepuscolo); *Il carrettiere* (Il giovane carrettiere); *La moglie del barcaiolo* (La donna del barcaiolo); *La vecchia ubriaca* (La vecchia d'estate, La vecchia ubriaca; ded.: a T.V.); *Parole del politico* (Il racconto del viaggiatore, Il racconto dell'amico, Parole dell'amico, Racconto dell'amico, Racconto del politico); *Mito* (Creazione, Teogonia); *Il paradiso sui tetti* (L'ultima stanza, L'ultima soffitta); *Paternità* (L'amore triste).

L'edizione Einaudi 1943, ristampata da Massimo Mila nel volume *Poesie* del 1961 (non dà conto delle sei poesie rifiutate dalla prima edizione, né dei *Pensieri di Dina*, censurata nelle bozze Solaria), inserita da Italo Calvino nel suo ordinamento cronologico delle *Poesie edite e inedite* (1962), occupa il primo volume delle *Opere di Cesare Pavese* uscite nel 1968.

La terra e la morte.

A Roma, tra il 27 ottobre e il 3 dicembre 1945, Pavese scrisse nove poesie per una donna (Bianca Garufi), sottoposte in modo consueto al parere degli amici (si veda il commento inedito di Natalia Ginzburg: «le poesie che mi hai mandato sono veramente molto belle, soprattutto quella della secchia nel pozzo, e poi anche quella della fronte bassa è molto bella», 15 gennaio 1946; allude alla quarta e alla settima); offerte senza esito a Silvio Micheli («Senti, ti andrebbero per "Darsena Nuova" delle poesie, diversissime da Lavorare stanca (in settenari), e quasi dannunziane?», lettera da Roma, senza data, ma fine 1945), esse videro la luce a Padova, in una «Rivista d'Umanità Lettere ed Arti» diretta da Antonio Barolini («Redattore responsabile: Elio Chinol»), «Le Tre Venezie», con il titolo *La terra e la morte* (XXI, 4-5-6, aprile-maggio-giugno 1947, pp. 127-30, su due colonne).

Due di esse, *Terra rossa e terra nera* e *Tu non sai le colline*, furono dall'autore destinate al catalogo della *Mostra di disegni del pittore Ernesto Treccani* (Galleria di pittura, Milano, via Guido d'Arezzo, 1, Bollettino numero 3, febbraio 1949, *FE19*; varianti nella prima: v. 13, occhi- *per* occhi; e v. 14, giovane- *per* giovane,).

Il «poemetto», che «fu l'esplosione di energie creative bloccate da anni ('41-'45), non saziate dai 'pezzetti' di *Feria d'agosto* ed eccitate dalle scoperte di questo diarietto, dalla tensione degli anni di guerra e di campagna (Crea!) che ti ridiedero una verginità passionale (attraverso la religione, il distacco, la virilità) e colsero l'occasione mista di donna, Roma, politica e turgore Leucò» (dal diario, 17 dicembre 1949), fu inserito da Giacinto Spagnoletti nella sua *Antologia della poesia italiana (1909-1949)*, Guanda, Modena 1950, pp. 266-72 (finita di stampare «il 15 giugno 1950»), con varianti: *Terra rossa e terra nera*, vv. 22-23 (come la terra, frantoio *per* come la terra, buia | come la terra, frantoio); *Hai viso di pietra scolpita*, v. 5 (respingi *per* ripudi); *Di salmastro e di terra*, v. 25 (la terra *per* terra *e* chiusa: *per* chiusa;); *E allora noi vili*, v. 8 (strappammo *per* tendemmo), v. 9 (dalla *per* alla). Alle pp. 263-65 una breve introduzione, preceduta da notizie biobibliografiche sommarie e talora imprecise (l'edizione einaudiana di *Lavorare stanca* è datata 1946); sulla scorta di notizie dirette, dell'autore si dice: «È nato a S. Stefano Belbo il 9 settembre 1908 e vive a Torino. 'Fa il correttore di bozze e il revisore di traduzioni, – secondo quanto ci informa, – ha tradotto in passato, non ha mai amato collaborare a periodici'. Aggiunge: 'È stato al confino nel 1935 e per bontà del governo ha cosí conosciuto la Calabria, fu amico di Giaime Pintor e di Leone Ginzburg caduti nel 1943, odia su tutte le cose al mondo la Spagna di Franco...' Lavora da molti anni presso un editore torinese. Nel 1948 ha ottenuto il premio Salento per un'opera narrativa» (p. 263).

Verrà la morte e avrà i tuoi occhi.

Nel 1951 le poesie del gruppo precedente furono raccolte da Massimo Mila e Italo Calvino nel libretto postumo *Verrà la morte e avrà i tuoi occhi*, unitamente ad altre dieci inedite (otto in italiano e due in inglese), che diedero il titolo al volume (collana «I poeti», 46 pp.), e a *La casa*, del 1940, reperita tra le stesse carte. La scheda bibliografica (n. 10, febbraio 1951) recita: «È questo il primo libro postumo di Cesare Pavese: un libro di versi... il libro raccoglie ... tutte le poesie che Pavese ha scritto dopo *Lavorare stanca*. Sono tutte liriche d'amore, d'una vena nuova nell'opera di Pavese: un canto che scorre lieve tra una nostalgia di gioia e una stretta di dolore».

Scritte a Torino nella primavera del 1950 (11 marzo - 11 aprile) per l'attrice americana Constance Dowling, furono «trovate alla morte di Pavese in una cartella nella scrivania del suo ufficio nella casa editrice Einaudi» (undici carte dattiloscritte, con correzioni a inchiostro nero e con l'aggiunta, dello stesso inchiostro e a lapis, di titoli e date autografi, e due manoscritte della poesia *Hai un sangue, un respiro*, tutte racchiuse in una cartellina color panna con la scritta autografa, a matita blu, «Originali *cass.* | La terra e la morte | – | Verrà la morte», segn. od. *APIII-8*; precede un foglio con la descrizione del materiale e la segnalazione della mancanza, rispetto alle notizie di Calvino, di «f. di *Verrà la morte e avrà i tuoi occhi* [oggi in *FE20-VI*] | f. di *Last blues, to be read some day* [oggi, *FE23* e *FE6*] | 9 poesie di *La terra e la morte* [dattiloscritti]»).

Alle poesie poste in apertura e in chiusura della raccolta Pavese si riferisce nelle lettere a Constance Dowling del 19 marzo e, soprattutto, del 17 aprile [1950]: «Dearest, | I am no more in a mood to write poems. They came with you and go with you. This one was written some afternoons ago, during the long hours in the hotel I was waiting and hesitating to call you up. Forgive its sadness, but I was *also* sad with you. | You see, I began with an English poem and end with another. In them is the whole range of what I experienced in this month – l'orrore e la meraviglia of it» («Carissima, non sono piú in animo di scrivere poesie. Le poesie sono venute con te e se ne vanno con te. Questa l'ho scritta qualche pomeriggio fa, durante le lunghe ore all'Hotel in cui aspettavo, esitando, di chiamarti. Perdonane la tristezza, ma con te ero *anche* triste. Vedi, ho cominciato con una poesia in inglese e finisco con un'altra. C'è in esse tutta l'ampiezza di quel che ho sperimentato in questo mese – *l'orrore e la meraviglia*», trad. di I. Calvino). Dei componimenti in inglese, *To C. from C.* e *Last blues, to be read some day*, sempre Calvino offre una «traduzione letterale, per quel tanto che è possibile, valendo qui piú la musica che il significato dei versi»: «Tu, | screziato sorriso | su nevi gelate - | vento di marzo, | balletto di rami | spuntati sulla neve, | gemendo e ardendo | i tuoi piccoli 'oh!' - | daina dalle membra bianche, | graziosa, | potessi io sapere | ancora | la grazia volteggiante | di tutti i tuoi giorni, | la trina di spuma | di tutte le tue vie - | domani è gelato | giú nella pianura - | tu, screziato sorriso, | tu, risata ardente»; «Era solo un flirt | tu certo lo sapevi - | qualcuno fu ferito | tanto tempo fa. | È tutto lo stesso. | Il tempo è passato - | un giorno venisti | un giorno morirai. | Qualcuno è morto | tanto tempo fa - | qualcuno che tentò | ma non seppe».

Le due raccolte, ripubblicate da Massimo Mila nel 1961 con *Lavorare stanca* 1943 (*Poesie* cit., pp. 147-58 e 161-74) e da Italo Calvino nel volume, ordinato cronologicamente, *Poesie edite e inedite* cit., pp. 164-75 e 178-90, nelle *Opere di Cesare Pavese* del 1968 andarono ad occupare l'undicesimo volume con le cosiddette *Poesie del disamore* e con altre varie degli anni 1931-40 (tutte fatte conoscere per la prima volta da Calvino).

Criteri di edizione.

Tutti i componimenti sono stati controllati sugli originali.

Nel testo della *princeps* di *Lavorare stanca* si sono corretti, sulla scorta delle indicazioni fornite dallo stesso Pavese nelle lettere del 25 gennaio [1936] alla sorella Maria e del 28 gennaio [1936] ad Alberto Carocci, i refusi presenti soprattutto nella seconda parte, quella non rivista in bozze dall'autore. A corredo indispensabile dell'edizione Solaria si sono restituite le quattro poesie censurate (*Pensieri di Dina*, *Il dio-caprone*, *Balletto*, *Paternità*, le ultime tre poi recuperate nel 1943). Seguono le ventotto poesie inserite *ex novo* nell'edizione Einaudi 1943 (trentuno con le tre censurate).

Nel caso di *La terra e la morte*, poesie parimenti licenziate da Pavese, si è fornito il testo apparso su rivista.

La raccolta *Verrà la morte e avrà i tuoi occhi*, benché postuma, segue l'ordine che l'autore aveva indicato nelle carte prima di morire, in vista della sua pubblicazione. Il testo è quello stabilito da Massimo Mila e Italo Calvino, rivisto sugli originali.

Prima di «Lavorare stanca» (1923-1930).

In una lettera scherzosa del 19 febbraio 1930 Mario Sturani ed Enzo Monferini augurano all'amico Cesare, malato di angina, una buona morte e promettono di curare la pubblicazione delle poesie giovanili in cambio di un'adeguata eredità: «Coraggio, ormai sei maggiorenne e puoi liberamente disporre nel tuo testamento. Cerca di essere equo e di non commettere ingiustizie che pregiudicherebbero la tua santa memoria. Ricordati soprattutto che Sturani ed io siamo sempre stati i tuoi piú affezionati e fedeli amici. Non lasciare *nulla* agli altri soci del Rattazzi che hanno detto sempre male delle tue poesie, come se proprio non valessero nulla. Ti avvisiamo anzi che se tu ce ne lascerai il manoscritto, unito, naturalmente, ai fondi necessari, noi non mancheremo a farlo stampare preceduto da una benevole, anzi indulgente introduzione» (lettera conservata presso il Centro «Guido Gozzano - Cesare Pavese», *ad vocem*, pubblicata da chi scrive in *Approssimazioni successive. Materiali per l'edizione delle poesie giovanili*, in AA.VV., *Sulle colline libere* cit., p. 65).

Pavese scoraggia l'idea e ne spiega il motivo: «Per le mie poesie, poi non è il caso. Posseggo del resto un mio discreto pubblico e non mi occorre piú ora di farle leggere a un qualunque cretino pur di vedergliene la reazione sulla faccia» (lettera del 20 febbraio 1930).

A quell'altezza l'esercizio lirico, portato avanti da anni attraverso un rigoroso lavoro di scelta e di organizzazione del materiale prodotto, alla ricerca di un primo canzoniere-poema, si rivela autosufficiente e si giustifica in sé e per sé come serio e proficuo tirocinio poetico.

Nella prefazione alle *Poesie* Massimo Mila aveva suggerito l'idea di considerare *I mari del Sud* non già come un «punto di partenza», che in seguito Pavese «si lascia alle spalle per inoltrarsi entro piú segrete rive», bensí come un «punto d'arrivo». «La precedono, – proseguiva Mila, – decine, forse centinaia di poesie ripudiate, che Pavese leggeva agli amici nello studio dell'amico pittore (Mario Sturani), nei cheti caffè di via Po, nelle osterie in collina, senza mai riuscire a persuadere interamente né loro né se stesso. Non salivano, quelle poesie, oltre lo stadio della confessione: erano spasmodici sfoghi individuali, le 'poesie del tormento', come le chiamavamo scherzosamente» (*Poesie* cit., p. VII).

Sulla preistoria di Pavese poeta aveva gettato luce Davide Lajolo, pubblicando, dagli autografi in possesso del destinatario, otto poesie contenute in sette lettere a Mario Sturani: «Grazie o mio amico! Tu, col tuo fervore», in risposta a una lettera del 4 novembre 1924; «M'atterrisce il pensiero che io pure», «Mi strugge l'anima perdutamente», «Logoro, disilluso, disperato» del 1925; «Andare per le vie solitarie», «Senza una donna da serrarmi al cuore» del 1926; «Sono andato una sera di dicembre», GIARDINI, (poi PROFUMI) del 1927 (*Il vizio assurdo. Storia di Cesare Pavese*, Il Saggiatore, Milano 1960, pp. 59-60, 85, 64-65, 65, 65-66, 67, 75-76, 86-88; di tutte si conservano copie seriori). Subito dopo Lorenzo Mondo, frugando tra le carte degli anni 1922-1930, aveva segnalato, citato e/o parzialmente trascritto altri componimenti: un poemetto in terzine dantesche di ascendenza salgariana, il carme ad Urania, le poesie «Oh ballerine dalle coscie nude» e «Le tue mani pallide» del 1926, i versi giocosi contro l'amico Sturani del novembre 1927, la collana di sonetti appartenenti alla *Pornoteca* (il primo, per intero), la trilogia *Le febbri luminose* e le lasse prosastiche di *Frasi all'innamorata* (*Fra Gozzano e Whitman: le origini di Pavese* cit., pp. 123-53). Da piú parti, di tanto in tanto, ne venivano offerte altre anticipazioni. È il caso delle otto poesie di Pavese a Giuditta (Ponina) Ciliberti Tallone, pubblicate da Enrico Emanuelli: «Un poeta è passato» del 1928, «Luci mute ingioiellano la notte», «Pover'anima stanca e imbellettata», «Sotto il silenzio delle luci enormi», «Rondini lente», «Fragorosa sul viale», «Il giardino profondo, sulla piazza», «La gran città schiacciata dalle nubi» del 1929 (*Otto poesie inedite e quattro lettere a un'amica* - 1928-29, Scheiwiller, Milano 1964, pp. 17-18, 19, 21-22, 23-24, 25, 27-29, 31-32, 35-36; tre erano già state anticipate sul «Corriere della Sera», 17 novembre 1963; l'edizione è condotta sulla copia inviata a Ponina Tallone, che però solo nel caso della prima e dell'ultima poesia attesta la volontà definitiva dell'autore).

Nel primo volume dell'epistolario, portato a compimento da Lorenzo Mondo nel 1966, trovano la loro collocazione organica le otto poesie con lettera a Mario Sturani, già edite da Davide Lajolo (pp. 3, 12, 15, 16, 18, 21, 47-48, 60-62), e le quattro lettere, una con poesia, rese note da Enrico Emanuelli (*La gran città schiacciata dalle nubi*, in *Lettere* cit., pp. 153-54).

Di considerevole importanza il recupero operato da Marco Leva di *Frasi all'innamorata* del 1930 e di [Abbozzo di Paesaggio] del 1936 (*Due poesie inedite*, in «Strumenti critici», 11, febbraio 1970, pp. 61-64, note alle pp. 65-67). Due poesie, rispettivamente del 1924 e del 1925, «Ti vidi un giorno per alcuni istanti» e *D'estate*, sono state pubblicate, secondo un solo testimone, da Bona Alterocca; la stessa Alterocca aggiunge un sonetto, il settimo, alla collana della *Pornoteca* già segnalata da Lorenzo Mondo (*Pavese dopo un quarto di secolo*, Sei, Torino 1974, pp. 33, 34-35, 63). Chi scrive, unitamente ad Attilio Dughera, ha raccolto, in una pubblicazione fuori commercio voluta dalla casa editrice Einaudi in occasione del quarantesimo anniversario della morte di Cesare Pavese, una ventina di poesie inedite comprese fra gli estremi cronologici del 1923 e del 1930 (*Poesie giovanili 1923-30*, Einaudi, Torino 1989: *Un sogno*, «Messer Sturani, puoi cessar lo canto», «I due corpi si scuotono avvinghiati», «O, nella vita son tanto giovine», «Infinito stellato, tu, la notte alla mente», *D'estate*, [*Tramonto nuvoloso*], «O colli dove nacqui sempre v'avrò nel cuore», [*Alle finestre di un 4° piano*], «Oh! Chioma d'Oro, bella ballerina», [*Nei sogni*], «Le tue mani pallide», «Mio povero vecchio», *In un caffè*, «All'alta rupe sul mare», «To the high rock on the sea», *Le febbri luminose-I*, *Le febbri luminose-II*, *Le febbri luminose-III*, «No, la notte, fa freddo, è tanto nera», *Blues delle cicche*).

L'ultima edizione del diario, infine, dà conto, in appendice, di due poesie del 1926, «Una sera d'inverno nella nebbia» e «Oh ballerine dalle coscie nude», inserite in [Frammenti della mia vita trascorsa]; inoltre, nell'*Introduzione*, Marziano Guglielminetti trascrive le due quartine di un'«odicina politica» (è definizione dello stesso Pavese), la prima poesia in assoluto: «Trotsky e Lenin van morti» (*Il mestiere di vivere* cit., pp. 406, 407-8, VII). A questo «primo tentativo poetico», «zoppo, e sciancato», di cui Pavese, anni dopo, ricostruirà e giustificherà la genesi (7-7-25, *APX16*, c. 1*r*; le collocazioni d'archivio si riferiscono ad appunti autografi segnalati e pubblicati da chi scrive in *Approssimazioni successive* cit., pp. 65-95), segue la «vera poesia», quella di argomento amoroso: «Quindici anni avevo. Ero pazzo di amore platonico e soddisfatissimo se potevo far capire agli altri il mio stato... E scrissi allora una saffica che sull'odicina politica suddetta segna alquanto progresso, in fatto di metrica, e, mi pare, anche in fatto di poesia» (*ivi*, c1*r* e *v*; la saffica in questione s'intitola *Lo strazio d'un animo* ed è datata 8 dicembre 1922).

Amori ginnasiali, nuove amicizie, prime letture, frenetiche e disordinate: Dante, Carducci, D'Annunzio, ma anche l'astronomo francese Camille Flammarion, autore di fortunate opere divulgative. Di qui le numerose poesie del 1923 che documentano la precocità degli interessi pavesiani per il mondo naturale e recano il segno inconfondibile di un apprendistato poetico assiduo e caparbio. Finalmente, negli ultimi mesi di quello stesso anno, i primi risultati soddisfacenti e la conseguente volontà di inserire due poesie in una prima raccolta, poi intitolata *Sfoghi*, *FE3-1* («Oh, vagare con lei la sera scura» e «Sempre sentirmi meschino meschino»), e di inviare i suoi versi agli amici piú cari per avere da loro pareri e consigli (questa diventerà, in seguito, un'abitudine).

Nel 1924 saranno sei le poesie inserite in *Sfoghi* («Infinito stellato, tu, la notte alla mente», *Beata Beatrix* |«Tenue, velata dal sogno divino», «Perché la sera, se mi cade il capo», «Le vigne tutte non hanno piú un grappolo», «Oh, quando mai ritroverò un'idea», [A Luty] | «Ti vidi un giorno per alcuni istanti») e due quelle inviate ad amici, una a Mario Sturani, «Grazie, o mio amico! Tu, col tuo fervore», e l'altra a Tullio Pinelli, [A Luty], già ricordata. L'animo del giovane poeta oscilla tra speranze e delusioni, entusiasmi e scoramenti, alla ricerca di un «suo» modo di scrivere.

Nel 1925 si fa strada in lui la convinzione che la poesia, sola in grado di regalare i primi sogni di gloria, sia una delle tante «illusioni» che rendono bella e irripetibile la giovinezza. Occorre, quindi, lasciarsi alle spalle, con decisione e senza ripensamenti, la fase imitativa, crearsi un metro, trasformare la propria insoddisfazione in stimolo a fare sempre meglio, trovare la forza di vivere e di scrivere in se stessi e negli amici, in primo luogo Sturani, «maestro», «ingegno potente», spontaneo e originale (lettera del novembre 1925). Il silenzio dei primi mesi dell'anno si giustifica con una brutta pleurite, il conseguente rischio della rimandatura, evitata grazie all'intercessione del professore di matematica, Pilo Predella, l'amore per una giovane ballerina, una lunga gita scolastica in Toscana e in Umbria. Poi, come teorizzerà molti anni dopo, nel saggio *A proposito di certe poesie non ancora scritte* (1940), «dopo un certo silenzio», «non *una* poesia ma *delle* poesie».

Nel 1926, presa la licenza liceale, Pavese si iscrive all'Università; il 10 dicembre di quello stesso anno è toccato da un grave avvenimento, destinato a lasciare una traccia profonda nella sua vita e nella sua scrittura, il suicidio dell'amico Elico Baraldi. Impegnato come non mai a indagare le origini della propria poesia, a metterne in discussione i risultati, egli giunge a liquidarla in modi sbrigativi e sconsolati: «L'arte, l'arte io volevo, da dedicarle la vita! E non posso, non so: dovrò accontentarmi di uno studio mediocre, volgare, di tutto. E intorno a me vedo altri riuscire in quell'arte per cui ho tanto sofferto senza risultato»; e ancora: «Metti il cuore in pace, povero illuso, non sei nato per creare dell'arte. Sei come una folla di altri uomini» (*APX69-7*, c.1*r*, ottobre 1926, e *APX14*, c.20*v*, dicembre 1926). Insomma, «Pavese è morto», come si legge in una lettera dell'8 aprile 1927 a Mario Sturani; «incapace, timido, pigro, malcerto, debole, mezzo matto», il poeta si sente stanco di tutto, smarrito, sempre piú affascinato dall'idea del suicidio. All'infatuazione per la soubrette Carla Monti Mignone, in arte Milly, a Torino dal 15 dicembre 1926 al 1° marzo 1927 (da gennaio nella famosa compagnia di Ripp e Bel Ami) con la rivista *Fascino d'oro*, e poi di nuovo dall'11 luglio, si contrappone l'amore per una ragazza capace di compiere il miracolo, di dargli una «poesia intensa»: «Prima di te tutte le mie pagine non erano che sfoghi sforzati e tremendi, fulminei, di lunghe sofferenze grige che a un tratto culminavano in una irresistibile potenza di spasimo, o cose morte stentate e sofferte in segreto e con immensa vergogna. Ma ora dopo la tua apparizione azzurra, ... la poesia è diventata una cosa sola colla mia esistenza» (lettera del 17 settembre). Sempre sul piano biografico, occorre segnalare la nascita, il 2 dicembre, della cosiddetta «confraternita» tra gli ex-allievi del D'Azeglio; si rinsaldano cosí i rapporti di amicizia con molti giovani conosciuti e frequentati in precedenza, Ginzburg, Mila, Monferini, Giachero e, in modo privilegiato, Sturani.

Il 1928 è un anno decisivo, l'anno in cui pare verificarsi il «miracolo». Dopo aver prodotto migliaia di versi sciolti, disordinati e capricciosi, Pavese riesce finalmente ad «organizzare» la sua arte, approda cioè ad un «sistema tecnico» che lo soddisfa. «Mi pare, – scrive all'amico Pinelli il 27 settembre 1928, – ... di aver trovato dalla mia interiorità piú istintiva il mio mondo *esteriore*, le mie immagini, di avere un mio, qualunque esso sia, sistema tecnico, scoperto a poco a poco faticosamente nella mia stessa sensibilità, di essere insomma al punto di far davvero le belle poesie... Ti mando alcune delle poesie che io ritengo *nuove*, e tu vedi un po' se c'è quel miracolo». Si tratta di un'ipotizzata raccolta, *Rose gialle in una coppa nera* (ventun poesie, cinque delle quali salvate da *Sfoghi*, ma qui con numerose varianti); essa attesta il superamento della fase di sperimentalismo iniziale e la conquista di una maggiore padronanza del verso e della materia trattata.

L'indice della raccolta (lo stesso Pinelli afferma che, «non essendo i fogli numerati, non *può* garantire che siano rimasti, in questi sessant'anni, nell'ordine originario») risulta oggi cosí ricostruibile:

ROSE GIALLE
IN
UNA COPPA NERA

Oh nulla nella vita c'è che valga
Mi strugge l'anima perdutamente
Dopo essermi scoraggiato di ogni
  cima piú alta,
Al lento vacillare stanco
Sul fianco di una collina
I tuoi capelli biondi
Ti son caduto accanto.
Le tue mani pallide
Tu sei per me una creatura triste,
Ti amo, bambina,
Ho tentato baciarti e tu mi hai morso,
La rosa che mi hai data è tanto triste,
Penso, bambina, quando accanto a te
Sono solo, appoggiato nella nebbia
Profumi | Sovente mi fermo
  davanti alle vetrine
Oh ballerine dalle coscie nude
Sono andato una sera di dicembre
Oh Chioma d'oro, bella ballerina,
Senza una donna da serrarmi al cuore!
Andare per le vie solitario
Mi atterrisce il pensiero che io pure

Siamo nell'autunno del 1928; prima e dopo tale data, a piú riprese, Pavese manifesta la volontà di salvare e di organizzare in raccolte una parte della sua produzione giovanile. Prova ne sono alcuni «disegni» autografi rinvenuti durante la *recensio* delle carte giovanili nell'«officina» dello scrittore, pubblicati qualche tempo fa da chi scrive nel presunto ordine di composizione (ad essi si rinvia per la comprensione dell'intricato lavorío sotteso alla produzione degli anni 1923-29: *Approssimazioni successive* cit., pp. 70-86).

FE3-3 contiene la stesura dattiloscritta della precedente raccolta con l'aggiunta di cinque poesie, tre delle quali sottoposte anche al giudizio di Tullio Pinelli («Oh ballerina ballerina bruna», «Ti ho sempre soltanto veduta», «Mio povero vecchio»; *FP1*), una proemiale in inglese («I'm all alone») e una recuperata dalla produzione del 1925, «O colli dove nacqui sempre v'avrò nel cuore».

Il titolo proposto è *Rinascita*. Le idee sottese a minute di prose attestate in uno schema precedente trovano in questa sede un'ulteriore sistemazione, a commento dell'esercizio della scrittura lirica.

Segue una nuova raccolta, pensata in tre sezioni (*L'anima*, *La vita*, *La morte*; ventiquattro poesie), dapprima intitolata *Accanto al mondo* (venti poesie) e poi ancora, con l'aggiunta di dodici poesie, *Le febbri di decadenza*.

FE3-8 contiene la stesura dattiloscritta delle trentadue poesie, fatta precedere dai titoli, poi cassati, *Melanconie melanconiche* e *Le febbri di decadenza*, e da un'epigrafe. In quell'anno, il 1928, Pavese scopre e tenta di comprendere un «mondo nuovo», sognato nelle sue «febbri piú alte», «il mondo delle fabbriche, dello sforzo delle macchine, delle grandi città, eroico di grandezza, sotto la grandezza infinita di delicatezza e di forza della natura immensa: il cielo il vento e quei poveri prati intristiti»; cosí in un racconto [Il poeta e il suo doppio] del 3 aprile, per piú di un motivo legato alle poesie in esame, ma non previsto in nessun indice e con una diversa segnatura d'archivio (*FE3-8*, edito in C. PAVESE, *Lotte di giovani* cit., pp. 79-84).

Su questa raccolta, o meglio «libro di poesia», possediamo il giudizio circostanziato dell'amico Massimo Mila, al quale Pavese aveva sottoposto la produzione dell'anno, le poesie in questione e una trilogia di novelle: «Le poesie sono tutte belle e dignitose come aspetto esteriore, segno che la tecnica è ormai sufficientemente affinata e scaltrita e posseduta; inoltre nel loro raggruppamento hanno una coordinazione e organicità tale da permettere la costruzione di un "libro" di poesia e non sono solo una "raccolta" di liriche. Pure, nonostante ciò, non sono tutte belle come opere d'arte; poche si sollevano fino a formare di sé un tutto vivo, ben definito e delimitato, inconfondibile e indimenticabile, tale che quando l'hai letto tu te ne ricordi per sempre come di una persona conosciuta nell'animo suo, individuato in quelle sue tali inalterabili caratteristiche. | Questo dipenderà dal fatto che queste poesie sono tutte nutrite di una esasperata ricerca nel tuo animo, ricerca condotta fino a tanta profondità e con tanta assolutezza, che ti costringe a perder di vista tutto quel che è fuori di te, quello che si usa chiamare la *natura*. Ne viene che questi sentimenti, tanto piú *preziosi* quanto piú in fondo sono stati scavati, proprio come le gemme, di rado riescono a oggettivarsi, a superare lo stadio di una pura e semplice enunciazione o definizione: sia pure eseguita con chiarezza, con eleganza, con proprietà. Ora, dice il nostro buon padre Croce che l'arte è sentimento, sí, ma sentimento fatto rappresentazione, fatto immagine. Tant'è vero che le poesie che, secondo me, si distaccano e spiccano su tutte le altre, raggiungendo una propria vitalità artistica, sono quelle che lasciano luogo a una immagine che impersona il tuo sentimento, a qualche cosa del mondo esteriore che tu chiami a rappresentare qualche cosa di te (Monti ci ha insegnato in liceo che molto della grandezza del Leopardi sta in quei richiami della natura che vibrando all'unissono coi sentimenti del poeta ne originano l'espansione). Queste poesie sono dunque, secondo me: Stasera, per un attimo, E ancora questa notte, anima mia (mi stupisco che non sia onorata di quel segno cabalistico X, no ✗, press'a poco, che m'immagino contraddistingua le tue predilezioni), O Titano fallito, Penso la mia vecchiezza solitaria, Ogni notte, tornando dalla vita. Queste le ammiro molto, sono davvero belle, perfette...» 10 febbr. '29 (edita integralmente in C. PAVESE, *Lotte di giovani* cit., pp. 220-21).

Dell'ultima raccolta, *Blues della grande città*, non sono stati rinvenuti indici tra le carte giovanili. Il fascicolo manoscritto *FE3-12* contiene tredici poesie, alcune in piú stesure. Nel margine dei «sí» e dei «no» ad indicare forse un'ulteriore progettata restrizione. I «no» contraddistinguono cinque poesie del 1928 (tra queste la trilogia *Le febbri luminose*, già presente in *FE3-8*); i «sí» sette poesie inviate a Ponina Tallone. Verosimilmente la raccolta doveva ridursi a otto poesie (le sette appena citate e «Questa città mi ha vinto come un mare», tutte del 1929), o, meglio, a dieci, escludendo solo la trilogia.

Nel 1929 Pavese, cui «resta ancora il pallino della maschera da poeta decadente sí, ma titanico», destinato a durare «finché la fatica della vita non *lo* avrà ridotto buon borghese a trent'anni» (lettera del 5 settembre 1929 a Tullio Pinelli), scrive poche poesie, scandite regolarmente nel tempo, poi tace da giugno ai primi di novembre allorché, quasi «miracolosamente», compone «La gran città schiacciata dalle nubi», subito salutata come il possibile segno di una rinascita. Ciò non toglie che nel corso dell'anno, in due diverse occasioni, egli giunga a conclusioni disincantate e rassegnate: «E ho scritto delle poesie. Per fortuna che quelle di fino a un anno fa, quando le leggo, mi tirano i nervi. Le altre dopo, peut! passano ancora per l'incancrenimento del vizio, ma so, da fonte sicura, che nel '30 saranno stupide anche loro. E cosí quelle di un altranno. E cosí quelle dell'anno dopo. E cosí fino alla morte. Amen» (stessa lettera); e ancora, «Perché tutto quanto ho fatto finora è da ricominciare e cosí sarà per tutta la mia vita. E scriverei soltanto cose che un mese dopo dovrei mutare» (lettera del 23 dicembre 1929 a Ponina Tallone). I primi mesi del 1930 sono interamente assorbiti dal lavoro, «diurno e notturno», della tesi di laurea, discussa il 20 giugno. Poi un «capriccio» per una giovane di nome Dina, un mese di vacanza a S. Stefano Belbo con Pinolo Scaglione, il cambiamento di casa (1° settembre), la morte della madre, l'inutile tentativo di ottenere una borsa di studio alla Columbia University, prima, un posto di assistente alla Facoltà di Lettere di Torino, poi. È dell'agosto una lunga poesia, scritta dopo mesi di silenzio e ormai proiettata verso i «poemetti» del periodo 1931 (fine 1930) - 1933: *Frasi all'innamorata*.

L'«eroe romantico *che si fa bello della sua sconfitta*» si è ormai trasformato, attraverso una serie di «tappe spirituali», in un «umile cercatore di verità, di vita» (*APX46*, c.13*r* e *v*, novembre 1930).

Attorno a «Lavorare stanca».

APIII-7 individua un fascicoletto di undici poesie dattiloscritte con correzioni a lapis (di quasi tutte possediamo anche la minuta e la bella copia manoscritta); sul frontespizio «Poesie | del disamore | (1934-1938) | C. P.» e a lapis, di mano dell'autore: «(il piú organico degli scarti precedenti)».

Di altre poesie sparse, non riferibili ai tre gruppi costituiti, si trova traccia in *APIII-2*, *APIII-3*, *APIII-4*, *APIII-7*, *APIII-8*, *APX73*, *APX74-5*, *FE4*, *FE5A-B-C*, *FE3-18* e nel quaderno del confino.

Titoli rifiutati e dediche: *Canzone* (Nuvole); *Il ragazzo che era in me* (In mezzo alla medica, Risveglio nella medica, Risveglio); *Gente non convinta* (Disciplina); *Creazione*, ded. a T.; *La pace che regna* (Creazione, Avventura, Rivoluzione permanente); *Poetica* (Subcosciente, Presentimento); *Ritorno di Deola* (Consigli di Deola, Fioretti di Deola, Tenerezze di Deola); *Sogno* (Supplica, Conversazione); *Gelosia 2* (Cattiva annata, Proprietà); *Risveglio* (Finestra); *La casa* (La voce); *Le piante del lago* (Intempestiva, ded. a T.).

Criteri di edizione.

Il complesso e articolato discorso portato avanti attraverso nove anni di esercizio poetico consente al lettore di intuire la straordinaria varietà di materiali presenti nell'«officina» dello scrittore e, di conseguenza, la difficoltà di fronte alla quale si trova chi intende dar ordine e forma alla produzione giovanile, avventurandosi in migliaia e migliaia di carte eterogenee dal punto di vista esterno e interno, passate per di piú fra tante mani e andate soggette a possibili e probabili alterazioni della volontà d'autore. La scelta obbligata è quella di tener conto delle indicazioni dello stesso Pavese, che portano a privilegiare ed a salvare una parte di componimenti all'interno di raccolte, e a prendere una maggiore distanza dagli altri (di questi si offre una scelta, pubblicando, come estravaganti, tutte le poesie sparse a partire dal dicembre 1926). Due i possibili ordinamenti di questo ipotizzato canzoniere: il primo, cronologico, è sicuro ma insoddisfacente, dal momento che sappiamo con certezza che Pavese era contrario a una rigida e programmata organizzazione dall'esterno; il secondo, in base alle raccolte, è piú completo (epigrafi, poesie proemiali, prose) ma va soggetto a un ragionevole margine di dubbio circa il primitivo ordine d'autore dei singoli componimenti. In considerazione del carattere complessivo del volume, è parso preferibile optare per la seconda alternativa, in attesa della progettata e attesa edizione critica (non si sono ripetuti i testi presenti in piú raccolte, da noi comunque segnalati).

Lí troverà spazio anche il materiale di cui non si dà conto in questa edizione: schermaglie con l'amico Sturani, giochi erotico-sentimentali (1922-23), un poemetto indiano in tre canti (aprile 1923), il carme ad Urania (luglio 1923), componimenti stilnovistici (1923-24), poesie sulla natura (1925), una lunga *Canzona di gesta* (giugno 1926), le canzonette (1928-30: *Fumo*, *Mimose*, *Strapaese e Stracittà*, «Con te danzar», *Profumi*, «S'odono bisbigliar», «Le lampade si velano», «Quando le sartine», *Ilia*, *Blues delle cicche*, «Girar la terra in tondo»). I suddetti testi rivelano caratteri di puro *divertissement* e di esibita imitazione e appartengono alla preistoria della poesia di Pavese, da lui stesso occultata, ad eccezione della *Pornoteca*, opera scherzosa e «pazzerellona», ideata e scritta con Mario Sturani, alla quale anni dopo, nel *Mestiere di poeta*, l'autore attribuirà un preciso significato e una grossa responsabilità in rapporto ai *Mari del Sud*. La situazione testuale di queste poesie «sotadiche», stando ai materiali conservati dalla famiglia e dalla casa editrice Einaudi, è caotica, frammentaria e vistosamente lacunosa, insomma tale da non consentire la pubblicazione in questa sede.

L'ultima parte del volume contiene tutte quelle poesie che, pur ruotando attorno a *Lavorare stanca* negli anni 1931-40, furono scartate da Pavese e pubblicate con scrupolo filologico e adeguato commento da Italo Calvino (*Poesie edite e inedite* cit., pp.

15-22, 27-28, 36, 60-61, 68, 69, 97-98, 108-10, 123-26, 131, 135-41, 143-44, 151-52; manca *Il blues dei blues* di *Ciau Masino* «perché, nonostante sia datato novembre 1931, appartiene nettamente, come tipo di versificazione e come contenuto, alla fase anteriore a *I mari del Sud*»). Suo anche il ritrovamento, «in due foglietti dattiloscritti, nella cartella *Racconti e poesie inediti*, e in minuta in due foglietti scritti a matita, nella cartella delle brutte copie delle poesie», di *Le piante del lago* e *Anche tu sei l'amore*, dedicate a Teresa Motta.

MARIAROSA MASOERO

Cronologia della vita e delle opere

1908 9 settembre: nasce a Santo Stefano Belbo (Cuneo) da Eugenio, cancelliere di tribunale, e Consolina Mesturini.

1914 Prima elementare a Santo Stefano.

1915-26 Studia a Torino: elementari (istituto Trombetta); ginnasio inferiore (istituto Sociale); ginnasio superiore (Cavour); liceo (Massimo d'Azeglio). Il professore d'italiano e latino è Augusto Monti, gli amici Enzo Monferrini, Tullio Pinelli, Mario Sturani, Giuseppe Vaudagna.

1926-29 Facoltà di Lettere e Filosofia: studia con passione le letterature classiche e quella inglese. Frequenta altri amici, sempre del clan (o «Confraternita») Monti: Norberto Bobbio, Leone Ginzburg, Massimo Mila. Si apre alla letteratura americana, vagheggiando, senza ottenerla, una borsa alla Columbia University. Altri compagni via via lo affiancano: Franco Antonicelli, Giulio Carlo Argan, Vittorio Foa, Ludovico Geymonat, Giulio Einaudi.

1930 Si laurea su Walt Whitman con Ferdinando Neri. Non riesce a essere accolto come assistente all'Università. Ottiene alcune supplenze fuori Torino, avvia i primi rapporti editoriali come traduttore dall'inglese (*Il nostro signor Wrenn* di Sinclair Lewis, premio Nobel dell'anno, per Bemporad), scrive racconti e poesie. Novembre: gli muore la madre Consolina (il padre è scomparso nel 1914).

1931 Ancora supplenze, ancora saggi, poesie e racconti, ancora traduzioni. Gennaio: Federico Gentile, per la Treves-Treccani-Tumminelli, gli commissiona la traduzione di *Moby Dick* di Herman Melville, che uscirà nel '32 da un nuovo editore, il torinese Carlo Frassinelli. Febbraio: raccoglie in una silloge manoscritta dal titolo *Ciau Masino* i venti racconti che è venuto scrivendo dall'ottobre '31 sino ad allora (il libro uscirà postumo soltanto nel 1968). Ha preso a pubblicare sulla «Cultura» saggi su scrittori americani (dopo S. Lewis nel 1930, escono due suoi studi su S. Anderson e E. L. Masters).

1933 Escono sulla «Cultura» tre suoi saggi su J. Dos Passos, T. Dreiser e W. Whitman. Si iscrive al Partito Nazionale Fascista: ottiene cosí la prima supplenza nel «suo» D'Azeglio. Novembre: Giulio Einaudi iscrive la sua casa editrice alla Camera di Commercio.

1934 Frassinelli pubblica la sua traduzione di *Dedalus* di Joyce. Invia le poesie, raccolte sotto il titolo *Lavorare stanca*, per il tramite di Leone Ginzburg, ad Alberto Carocci, che le pubblicherà nel 1936 presso Parenti, a Firenze, nelle Edizioni di Solaria (la seconda, nuova edizione uscirà presso Einaudi nel 1943). Maggio: sostituisce Leone Ginzburg, arrestato per attività sovversiva, alla direzione della «Cultura» sino al gennaio 1935.

1935 Mondadori pubblica le sue traduzioni di due romanzi di Dos Passos, *Il 42° parallelo* e *Un mucchio di quattrini*. Relazione con Battistina Pizzardo (Tina), insegnante, comunista. Maggio: la redazione della «Cultura» è tratta in arresto alle Carceri Nuove di Torino. Giugno: è tradotto a Regina Coeli, a Roma. Luglio: gli viene comminato il confino, per tre anni, a Brancaleone Calabro, sullo Jonio, e vi giunge il 3 agosto.

1936 Marzo: gli viene concesso il condono del confino e il 19 è a Torino, dove apprende che Tina si è fidanzata con un altro e s'appresta al matrimonio. La crisi è per lui molto violenta.

1937 La ripresa della collaborazione con Einaudi gli ridà qualche energia e speranza. Lavora altresí per Mondadori (traduzione di *Un mucchio di quattrini* di John Dos Passos) e per Bompiani (*Uomini e topi* di John Steinbeck). Scrive molti racconti e liriche, le cosiddette «Poesie del disamore».

1938 Finisce di tradurre per Einaudi *Fortune e sfortune della famosa Moll Flanders* di Daniel Defoe e *Autobiografia di Alice Toklas* di Gertrude Stein, editi nell'anno. Il 1° maggio è «asservito completamente alla casa editrice», cioè finalmente assunto: deve tradurre (sino a) 2000 pagine, rivedere traduzioni altrui, esaminare opere inedite, e svolgere lavori vari in redazione. Scrive diversi racconti.

1939 Conclude per Einaudi la traduzione di *David Copperfield* di Dickens, pubblicato nel corso dell'anno. Aprile: termina la stesura del romanzo *Memorie di due stagioni* (nel 1948, *Il carcere*, nel volume *Prima che il gallo canti*). Giugno-agosto: scrive il romanzo *Paesi tuoi*.

1940 Per Einaudi, nei radi intervalli che il lavoro editoriale gli concede (è ritenuto dai colleghi un redattore infaticabile), traduce *Benito Cereno* di Melville e *Tre esistenze* della Stein. Marzo-maggio: stesura del romanzo *La tenda* (nel 1949, *La bella estate*). Reincontra una ex allieva, Fernanda Pivano.

1941 Esce a puntate su «Lettere d'Oggi» il romanzo breve *La spiaggia* la cui stesura è compresa tra il novembre precedente e il gennaio di quest'anno: il libro vedrà la luce presso la stessa sigla nel 1942. Maggio: esce *Paesi tuoi*, che segna la sua consacrazione come narratore.

1942-44 Il ruolo di Pavese nella Einaudi aumenta giorno dopo giorno. Senza essere formalmente il direttore editoriale (carica che Giulio Einaudi gli riconoscerà solo a guerra finita), lo è di fatto. Nella primavera 1943 è a Roma, a lavorare nella filiale con Mario Alicata, Antonio Giolitti e Carlo Muscetta. L'8 settembre 1943 la casa editrice Einaudi è posta sotto la tutela di un commissario. Pavese si trasferisce a Serralunga di Crea. A dicembre dà ripetizioni nel collegio dei Padri Somaschi a Trevisio, presso Casale Monferrato, dove, sotto falso nome (Carlo de Ambrogio), si trattiene sino al 25 aprile 1945.

1945 Dopo la Liberazione, viene riaperta la sede torinese dell'Einaudi, ora in corso Galileo Ferraris. Pavese è ormai il factotum della casa editrice e riprende, uno ad uno, i contatti con i collaboratori, interrotti durante i venti mesi dell'occupazione tedesca. Nell'agosto si trasferisce a Roma e coordina anche la sede di via Uffici del Vicario 49.

1946 Intenso lavoro a Roma, avvio di nuove collane e iniziative (Santorre Debenedetti e i classici italiani, Franco Venturi e le scienze storiche, De Martino e l'etnologia). Agosto: rientro a Torino. Novembre: esce *Feria d'agosto*.

1947 Escono, nel corso dell'anno, *Dialoghi con Leucò* (la cui stesura è compresa tra il dicembre '45 e la primavera '47) e *Il compagno*, nonché la traduzione di *Capitano Smith* di Robert Henriques e l'introduzione a *La linea d'ombra* di Conrad.

1948 Esordio della «Collezione di studi religiosi, etnologici, e psicologici», codiretta con Ernesto De Martino. Giugno-ottobre: stesura de *Il diavolo sulle colline*.

1949 Marzo-maggio: stesura del romanzo breve *Tra donne sole*. Novembre: esce *La bella estate*, che comprende il racconto omonimo, *Il diavolo sulle colline*, *Tra donne sole*. Settembre-novembre: stesura de *La luna e i falò*.

1950 Aprile: esce *La luna e i falò*. Una nuova crisi sentimentale (l'attrice americana Constance Dowling, per la quale ha scritto molti soggetti), intensa produzione poetica. Giugno: riceve il premio Strega per *La bella estate*. Agosto: la notte del 26 si uccide nell'albergo Roma di Torino.

1951 Escono, postumi, *Verrà la morte e avrà i tuoi occhi* e *La letteratura americana e altri saggi*.

Bibliografia ragionata

1. LE EDIZIONI

1.1. Le precedenti edizioni delle poesie di Pavese, totali e parziali, sono le seguenti:

a) *Lavorare stanca*, Solaria, Firenze 1936 (quarantacinque poesie degli anni 1930-1935).

Lavorare stanca, Einaudi, Torino 1943 (collana «Poeti»; comprende settanta poesie degli anni 1930-1940 e, in appendice, *Il mestiere di poeta* e *A proposito di certe poesie non ancora scritte*).

Verrà la morte e avrà i tuoi occhi (con *La terra e la morte*), a cura di M. Mila e I. Calvino, Einaudi, Torino 1951 (collana «Poeti»; contiene diciannove poesie, nove del 1945 e dieci del 1950).

Lavorare stanca (1943), *La terra e la morte*, *Verrà la morte e avrà i tuoi occhi*, in *Poesie*, a cura di M. Mila, Einaudi, Torino 1961 (collana «NUE», n. 9).

Poesie edite e inedite, a cura di I. Calvino, Einaudi, Torino 1962 (collana «Supercoralli»; comprende centoventicinque poesie degli anni 1930-1950, ordinate cronologicamente, e i due scritti di poetica).

Lavorare stanca (1943), in *Opere di Cesare Pavese*, Einaudi, Torino 1968, vol. I.

Poesie del disamore, in *Opere* cit., vol. II (contiene le undici poesie del gruppo omonimo, anni 1934-1938, *La terra e la morte*, *Verrà la morte e avrà i tuoi occhi*, e le restanti poesie dell'edizione Calvino).

Dei singoli volumi einaudiani si è giunti alla 14ª ristampa di *Lavorare stanca* (1943) e alla 20ª di *Verrà la morte e avrà i tuoi occhi*.

b) *I mari del Sud*, in *Antologia di Solaria*, a cura di A. Carocci, febbraio 1937, pp. 327-30.

Una generazione, in «l'Unità», Torino, 13 maggio 1945, p. 3.

La terra e la morte, in «Le Tre Venezie», XXI, 4-5-6, Padova, aprile-giugno 1947, pp. 127-30.

«Terra rossa terra nera», «Tu non sai le colline», in *Mostra di disegni del pittore Ernesto Treccani*, 3, febbraio 1949, pp. [4-5].

La terra e la morte, in *Antologia della poesia italiana (1909-1949)*, a cura di G. Spagnoletti, Guanda, Modena 1950, pp. 266-72.

Gelosia [2], *Risveglio*, *Creazione*, *Il vino triste* [2], in «La strada», I, 1, aprile-maggio 1946, pp. 31-35.

c) Delle poesie anteriori a *Lavorare stanca* sono state offerte, di tempo in tempo, alcune anticipazioni e, piú precisamente, in ordine cronologico:

«Grazie o mio amico! Tu, col tuo fervore», «M'atterrisce il pensiero che io pure», «Mi strugge l'anima perdutamente», «Logoro, disilluso, disperato», «Andare per le vie solitarie», «Senza una donna da serrarmi al cuore», «Sono andato una sera di dicembre», GIARDINI (poi PROFUMI), in D. LAJOLO, *Il vizio assurdo. Storia di Cesare Pavese*, Il Saggiatore, Milano 1960 (poi *Pavese*, Rizzoli, Milano 1984), pp. 59-60, 85, 64-65, 65, 65-66, 67, 75-76, 86-88 (poi in *Lettere 1924-1944*, a cura di L. Mondo, Einaudi, Torino 1966, pp. 3, 12, 15, 16, 18, 21, 47-48, 60-62).

«Un poeta è passato», «Luci mute ingioiellano la notte», «Pover'anima stanca e imbellettata», «Sotto il silenzio delle luci enormi», «Rondini lente», «Fragorosa sul viale», «Il giardino profondo, sulla piazza», «La gran città schiacciata dalle nubi», in *Otto poesie inedite e quattro lettere a un'amica (1928-1929)*, a cura di E. Emanuelli, Scheiwiller, Milano 1964, pp. 17-18, 19, 21-22, 23-24, 25, 27-29, 31-32, 35-36 (tre anticipate sul «Corriere della Sera», 17 novembre 1963; l'ultima confluita poi in *Lettere* cit., pp. 153-54).

«Al lunedie sí se salga suso» (primo sonetto della collana dei giorni della *Pornoteca*), in L. MONDO, *Fra Gozzano e Whitman: le origini di Pavese*, in «Sigma», I, 3-4, luglio-dicembre 1964, pp. 3-21 (poi, con il titolo *Gozzano alle origini di Pavese*, in *Natura e storia in Guido Gozzano*, Silva, Roma 1969, pp. 123-53).

I mari del Sud, *Le maestrine*, *Il blues dei blues*, *Il vino triste* [1], *Antenati*, *Donne perdute*, in *Opere* cit., vol. 13, tomo I, *Racconti*, pp. 27-29, 47-49, 68, 86-87, 105-6, 120-21.

Frasi all'innamorata e [Abbozzo di Paesaggio], in *Due poesie inedite (1930 e 1936)*, a cura di M. Leva, in «Strumenti critici», 11, febbraio 1970, pp. 61-67.

«Ti vidi un giorno per alcuni istanti», *D'estate*, «La domenica die si vi dono» (settimo sonetto della collana dei giorni della *Pornoteca*), in B. ALTEROCCA, *Pavese dopo un quarto di secolo*, Sei, Torino 1974, pp. 33, 34-35, 63 (poi Musumeci, Aosta 1985).

Un sogno, «Messer Sturani, puoi cessar lo canto», «I due corpi si scuotono avvinghiati», «O, nella vita son tanto giovine», «Infinito stellato, tu, la notte alla mente», *D'estate*, [*Tramonto nuvoloso*], «O colli dove nacqui sempre v'avrò nel cuore», [*Alle finestre di un 4° piano*], «Oh! Chioma d'Oro, bella ballerina», [*Nei sogni*], «Le tue mani pallide», «Mio povero vecchio», *In un caffè*, «All'alta rupe sul mare», «To the high rock on the sea», *Le febbri luminose* I-II-III, «No, la notte, fa freddo, è tanto nera», *Blues delle cicche*, in *Poesie giovanili (1923-1930)*, a cura di A. Dughera e M. Masoero, Einaudi, Torino 1989 (ed. fuori commercio).

«Trotsky e Lenin van morti», «Una sera d'inverno nella nebbia», «Oh ballerine dalle coscie nude», in *Il mestiere di vivere 1935-1950*, a cura di L. Nay, introduzione di M. Guglielminetti, Einaudi, Torino 1990, pp. VII, 406, 407-8.

1. 2. Tra le antologie, che hanno raccolto poesie di Pavese, si segnalano:

Lirica del Novecento, a cura di L. Anceschi e S. Antonielli, Vallecchi, Firenze 1953, pp. 631-43 (*La notte*, *Estate*, *Dopo*, *Fumatori di carta*, *Il paradiso sui tetti*; «Hai viso di terra scolpita», «Tu non sai le colline», «Sei la terra e la morte»); *Poesia italiana contemporanea (1909-1959)*, a cura di G. Spagnoletti, Guanda, Modena 1959, pp. 547-59 (*I mari del Sud*, *Grappa a settembre*; *La terra e la morte*; *The cats will know*); *Poeti del Novecento*, a cura di E. Croce, Einaudi, Torino 1960, pp. 819-824 (*Poggio Reale*, *Semplicità*, *Mito*, *Il paradiso sui tetti*, *Lo steddazzu*; «Verrà la morte e avrà i tuoi occhi»); *Poeti italiani del Novecento*, a cura di P. V. Mengaldo, Mondadori, Milano 1978, pp. 683-690 (*I mari del Sud*, *Donne appassionate*, *Crepuscolo di sabbiatori*, *Semplicità*, *Lo steddazzu*); *Poesia italiana del Novecento*, a cura di E. Sanguineti, Einaudi, Torino 1993, pp. 1050-74 (collana «Tascabili», 1ª ed. «Gli struzzi» 1969; *I mari del Sud*, *Pensieri di Deola*, *Casa in costruzione*, *Atlantic Oil*, *Fumatori di carta*; *Le maestrine*, *Il vino triste*; *Ozio*, *Estate di San Martino*, *Canzone di strada*); *Poesia italiana. Il Novecento*, a cura di P. Gelli e G. Lagorio, Garzanti, Milano 1993, pp. 477-89 (*I mari del Sud*, *Antenati*, *Incontro*, *Estate II*, *Notturno*, *Paesaggio VI*, *Paternità*; «Terra rossa terra nera», «Anche tu sei collina», «Hai viso di pietra scolpita», «Tu non sai le colline», «E allora noi vili»; «Verrà la morte e avrà i tuoi occhi», *Passerò per Piazza di Spagna*); *Poesia italiana del Novecento*, a cura di E. Krumm e T. Rossi, Skira, Milano 1995, pp. 481-96 (*Paesaggio I*, *La notte*, *Agonia*, *Città in campagna*, *Il carrettiere*, *La cena triste*, *La vecchia ubriaca*, *Fumatori di carta*; *Ritorno di Deola*, *Due*; *Tradimento*; *Passerò per Piazza di Spagna*).

1. 3. Fra le traduzioni delle poesie di Pavese, si ricordano le seguenti:

1) *Travailler fatigue*, *La mort viendra et elle aura tes yeux*, *Poésies variées*, traduit de l'italien par G. de Van, Préface de D. Fernandez, Gallimard, Paris 1995 (1ª ed. 1969).

Six poèmes, traduits par R. Paris, in «Les Lettres nouvelles», Paris, 21 octobre 1959 («Tu sei come una terra», «Tu non sai le colline», «Di salmastro e di terra», «Sei la terra e la morte»; *In the morning you always come back*, «Verrà la morte e avrà i tuoi occhi»); *Six poèmes*, traduits par G. Burckhardt, in *Italie poétique contemporaine* (bilingue), Éditions du Dauphin, Paris 1964 (1968[4]; «Hai viso di pietra scolpita»; «Hai un sangue, un respiro», «Verrà la morte e avrà i tuoi occhi», *Passerò per Piazza di Spagna*, «I mattini passano chiari», *The cats will know*); *Quatre poèmes*, traduits par A. Monjo, in *La poésie italienne* (bilingue), Seghers, Paris 1964 (*Legna verde*, *Paternità*, *Fumatori di carta*, framm.; «Hai viso di pietra scolpita»; «Verrà la morte e avrà i tuoi occhi»); *Cinq poèmes*, traduits par A. et F. Fouque, in «Mercure de France», CCCLII, Paris, octobre 1964 (*Pensieri di Deola*, *Paternità*, *Notturno*; «Terra rossa terra nera», «E allora noi vili»). Di altre dà notizia Philippe Rénard in *Pavese prison de l'imaginaire lieu de l'écriture*, Libraire Larousse Paris, 1972, p. 229 (poi Presses de la Sorbonne Nouvelle, 1996: *Cinq Poèmes*, traduits par R. M. Mason, in «Revue de Belles-Lettres», Genève 1966, 4; *Quatre poèmes*, traduits par R. M. Mason, in «Revue de Belles-Lettres», Genève 1971, 1; *Pavese, 16 poésies traduites* par C. Ambroise, collection bilingue de poésie de l'Institut Culturel Italien de Paris, 1971.

Mito, *La notte*, *La voce*, trad. di P. Gabellone, in «Prevue», 40, ottobre 1990, pp. 2, 5, 6; *Paternità* e *Lo steddazzu*, trad. di C. Sensi, *ivi*, pp. 3-4.

La terra e la morte, trad. di C. Théron, in «Prevue», n. s., 2, dicembre 1992, pp. 101-14.

Lavorare stanca e *Verrà la morte*, trad. di Gilles de Van, in *Anthologie bilingue de la poésie italienne*, a cura di M. Guglielminetti e D. Boillet, Gallimard, Paris 1995, pp. 1364-69.

2) *Sämtliche Gedichte*, aus dem Italienischen von D. Leupold, M. Krüger, U. Oberlin, L. Ritter-Santini und C. Meckel, Classen Verlag, Düsseldorf 1988 (Fischer Taschenbuch, Frankfurt am Main 1991).

3) *A mania for solitude. Selected Poems 1930-1950*, edited, translated from the Italian and with a Foreword by M. Crosland, Peter Owen, London 1969.

Hard labor, translated by W. Arrowsmith, Grossman Publishers, New York 1976.

4) *Antología poética*, trad. in castigliano di J. A. Goytisolo, Plaza & Janés Editores, Barcelona 1980.

Pavese. Antología poética (ed. bilingue), trad. in castigliano di J. A. Goytisolo, Plaza & Janés Editores, Barcelona 1985.

Pavese: Poesía, trad. in castigliano di C. José y Solsona, José Batlló editor, Barcelona 1986; poi Visor Libros, Madrid 1995.

Cesare Pavese: Obras completas, 2 tomos, in castigliano, traduttori vari, Editorial Seix Barral, Barcelona 1988.

Traballar cansa (Lavorare stanca), trad. in catalano di J. M. Muñoz Pujol, Cural Edicions Catalanes, Barcelona 1977.

Pavese: Poemes, trad. in catalano di J. Ballester Roca, Edicions Bromera, Alzira 1986.

Vindrá la mort i tindrá els teus ullus (Verrà la morte e avrà i tuoi occhi), trad. in catalano di J. Tarrida Planes, Edicions 62, Barcelona 1992.

5) *Estate*, «Tu sei come una terra», «Verrà la morte e avrà i tuoi occhi», trad. da Qian Hongjia (Wo Kandao Kaimanle Hua de Xiaojing), Waiguo Wenxue Chubanshe, Pechino 1989, pp. 91-94.

Passerò per Piazza di Spagna, trad. da Lu Tongliu, in «Shikan», 1983, 8, Zhongguo Zuojia Xiehui Shikanshe, Pechino 1983.

Ultimo canto triste, *In the morning you always come back*, *To C. from C.*, *You, wind of march*, trad. da Qian Hongjia (Yidali Shixuan), Yiwen Chubanshe, Shanghai 1987, pp. 227-32.

6) «Verrà la morte e avrà i tuoi occhi» («Gelecek ölüm gözleri gözlerin olacak»), trad. turca di B. Cömert, in «Somb», 14, 1992, p. 44.

2. SULLA POESIA

2. 1. Le principali recensioni di *Lavorare stanca* sono:

G. CONTINI, *Un esperimento di poesia non aristocratica*, in «Libera stampa», 30 giugno 1944, poi in *Altri esercizî*, Einaudi, Torino 1972, pp. 169-72; C. DIONISOTTI, «*Lavorare stanca*», in «La Nuova Europa», II, 34, 26 agosto 1945, p. 5; I. CALVINO, *Pavese in tre libri*, in «Agorà», II, 8, agosto 1946, pp. 8-10; A. RUSSI, *Cesare Pavese: «Lavorare stanca»*, in «La Strada», aprile-maggio 1946, poi in *Gli anni dell'antialienazione (Dall'Ermetismo al Neorealismo)*, Mursia, Milano 1967, pp. 49-58; S. ANTONIELLI, *I versi di Cesare Pavese*, in «Belfagor», VI, 6, 30 dicembre 1951, pp. 702-6 (sguardo retrospettivo a *Lavorare stanca* attraverso la nuova raccolta *Verrà la morte e avrà i tuoi occhi*; poi in *Aspetti e figure del Novecento*, Guanda, Parma 1955, pp. 99-105). Un quadro d'insieme offre S. PAUTASSO, *1936-1956: Vent'anni di «Lavorare stanca»*, in «Questioni», III, 1956, 4-5, pp. 22-32.

Per le numerose recensioni a *Verrà la morte e avrà i tuoi occhi* si veda la *Bibliografia critica* curata da L. Giovannetti nel volume T. WLASSICS, *Pavese falso e vero: vita, poetica, narrativa*, Centro Studi Piemontesi, Torino 1985, pp. 201-22 (si segnalano, in particolare, quelle di E. Falqui, G. Gramigna, G. Manacorda, P. Milano, C. Varese).

2. 2. Per il periodo successivo, distinguendo i saggi d'insieme da quelli specifici e particolari, e questi ancora per argomenti, si vedano:

P. FONTANA, *Il primo Pavese da «Lavorare stanca» a «La spiaggia»*, in «Aevum», XXXIII, 5-6, 1958, pp. 462-70, poi in *Il noviziato di Pavese*, Vita e pensiero, Milano 1968, pp. 3-72; D. FERNANDEZ, *Cesare Pavese poète*, in «La nouvelle revue française», XI, 1963, pp. 1067-81; G. VENTURI, *La prima poetica pavesiana: «Lavorare stanca»*, in «La rassegna della letteratura italiana», LXVIII (1964), 1, pp. 130-52; M. FORTI, *Sulla poesia di Pavese*, in «Sigma», I, 3-4 cit., pp. 34-48, poi in *Le proposte della poesia e nuove proposte*, Mursia, Milano 1971 (1ª ed. 1963), pp. 199-212; G. RIZZO, *Storia e poesia di «Lavorare stanca»*, in «Annali dell'Università di Lecce», II, 1964-1965, pp. 211-45; R. SANESI, *Appunti sulla poesia di Pavese*, in «Nuova presenza», VIII, 18, 1965, pp. 48-51; G. POZZI, *Cesare Pavese* in *La poesia italiana del Novecento. Da Gozzano agli Ermetici*, Einaudi, Torino 1965, pp. 363-70; F. DUCATI, *Lettura di «Lavorare stanca»*, in «Aevum», XL, 1966, 5-6, pp. 519-41; A. SERONI, *Temi per una lettura delle poesie di Pavese: il mito delle «dure colline»*, in *Esperimenti critici sul Novecento letterario*, Mursia, Milano 1967, pp. 163-165; E. M. DOLCE, *Il problema dell'unità poetica in Cesare Pavese*, in «Rivista di estetica», XIII, 1968, 2, pp. 252-89; U. MARIANI, *Thovez nell'adolescenza e nella maturazione poetica di Cesare Pavese*, in «Convivium», XXXVI, 1968, pp. 309-38; H. HINTERHÄUSER, *Der Weg des Lyrikers C. Pavese*, Scherpe-Verlag, Krefeld, 1969; M. DEGUY, *Pavese poète*, in «La nouvelle revue française», XVII, 202, ottobre 1969, pp. 598-608; L. PERTILE, *Pavese lettore di Baudelaire*, in «Revue de littérature comparée», XLIV, 1970, pp. 333-55; A. M. ANDREOLI, *Il mestiere della letteratura. Saggio sulla poesia di Pavese*, Pacini, Pisa 1977; F. FORTINI, *I poeti del Novecento*, in *Storia della letteratura italiana*, Laterza, Bari 1977, pp. 119-122; M. PIERI, *Biografia della poesia. Sul paesaggio mentale della poesia italiana del Novecento*, La Pilotta, Parma 1979; A. GUIDOTTI, *Tra mito e retorica. Tre saggi sulla poesia di Pavese*, Flaccovio, Palermo 1981; G. BÁRBERI SQUAROTTI, *Lettura di «Lavorare stanca»*, in AA. VV., *Il mestiere di scrivere, Cesare Pavese trent'anni dopo*, Atti del convegno, Comune di Santo Stefano Belbo 1982, pp. 37-62 (dello stesso studioso *L'oggettivazione assoluta*, in AA. VV., *Giornate pavesiane*, Torino, 14 febbraio - 15 marzo 1987, a cura di M. Masoero, Olschki, Firenze 1992, pp. 7-28); V. ESPOSITO, *Poesia è libertà (appunti e studi su Cesare Pavese)*, Edizioni dell'Urbe, Roma 1984; G. DE VAN, *L'ivresse tranquille de Cesare Pavese*, in «Novecento», 16, 1993, pp. 111-19; M. MASOERO, *Pavese poeta dell'angoscia*, in Bollettino del Centro Studi «Cesare Pavese», I, 1993, pp. 62-69; S. RAMAT, *La poesia italiana 1900-1945 per titoli esemplari. Ventottesima parte: «Lavorare stanca» di Cesare Pavese*, in «Poesia», 67, 1993, pp. 50-60, poi in *La poesia italiana 1903-1943. Quarantuno titoli esemplari*, Marsilio, Venezia 1997, pp. 335-47; P. DYERVAL ANGELINI, *Une énigme dans la poésie de Pavese, vue par un lecteur français*, in «La Fortezza», IV, 2 (1993) - V, 1 (1994), pp. 103-9; D. FERRARIS, *Il sangue come eidos nella poesia pavesiana*, in AA. VV., *Sulle colline libere*, Quaderni del Centro Studi «Cesare Pavese», Guerini e Associati, Milano 1995, pp. 31-40.

2. 3. Sulla costituzione del testo:

I. CALVINO, *Note generali* al volume delle *Poesie edite e inedite*, Einaudi, Torino 1962, pp. 211-23; L. CARETTI, *Per un' edizione delle «Poesie» di Pavese*, in «L'approdo letterario», n. s., XIV, 44, ottobre-dicembre 1968, pp. 127-30, ora in *Sul Novecento*, Nistri-Lischi, Pisa 1976, pp. 190-97; M. LEVA, *Sul primo «Lavorare stanca»*, in *Studi di letteratura italiana offerti a Dante Isella*, Bibliopolis, Napoli 1983, pp. 525-51; M. MASOERO, *Approssimazioni successive. Materiali per l'edizione delle poesie giovanili*, in AA. VV., *Sulle colline libere* cit., pp. 65-95.

2. 4. Sulla metrica:

F. FORTINI, *Su alcuni paradossi della metrica moderna*, in «Paragone», IX, 106, 1958, pp. 3-9; M. MILA, *Introduzione* a C. PAVESE, *Poesie* cit., pp. VII-XI; M. GUGLIELMINETTI, *Racconto e canto nella metrica di Pavese*, in «Sigma», I, 3-4 cit., pp. 22-33 (poi in *Struttura e sintassi del romanzo italiano del primo Novecento*, Silva, Milano 1967, pp. 235-50, con il titolo *L'itinerario metrico di Pavese*); C. DI GIROLAMO, *Il verso di Pavese*, in *Teoria e prassi della versificazione*, Il Mulino, Bologna 1976, ed. agg. 1983, pp. 183-96; D. RIPOSIO, *Ipotesi sulla metrica di «Lavorare stanca»*, in AA. VV., *Cesare Pavese oggi*, Atti del convegno internazionale di studi, a cura di G. Ioli, Città di San Salvatore Monferrato 1989, pp. 41-45; P. V. MENGALDO, *La tradizione del Novecento. Terza serie,* Einaudi, Torino 1991; F. BAUSI - M. MARTELLI, *La metrica italiana. Teorie e storie*, Le Lettere, Firenze 1993.

2. 5. Sulla lingua:

R. RIVA, *Note sulla lingua della poesia di Pavese*, in «Lingua Nostra», XVIII, 2, 1956, pp. 47-53; G. BÁRBERI SQUAROTTI, *Appunti sulla tecnica poetica di Pavese*, in «Questioni», VII, 1-2, gennaio-aprile 1959, pp. 38-45, poi in *Astrazione e realtà*, Rusconi e Paolazzi, Milano 1960, pp. 311-335; G. L. BECCARIA, *Il lessico ovvero «la questione della lingua» in Cesare Pavese*, in «Sigma», I, 3-4 cit., pp. 87-94 (oggi di lui si veda: *«... Ma perché vengo da molto lontano»: Cesare Pavese*, in *Le forme della lontananza*, Garzanti, Milano 1989, pp. 68-100); A. M. MUTTERLE, *Appunti sulla lingua di Pavese lirico*, in AA. VV., *Ricerche sulla lingua poetica contemporanea*, Liviana, Padova 1966, pp. 263-313; A. M. MUTTERLE, *L'immagine arguta. Lingua, stile, retorica di Pavese*, Einaudi, Torino 1977; B. BASILE, *La «finestra» di Pavese: analisi di un'immagine ossessiva*, in «Lingua e stile», IX, 3, 1974, pp. 503-18, poi in *La finestra socchiusa. Ricerche tematiche su Dostojevski, Kafka, Moravia, Pavese*, Pàtron, Bologna 1982, pp. 197-206; A. DUGHERA, *L'esordio poetico di Cesare Pavese*, in *Il mestiere di scrivere* cit., pp. 89-100; ID., *Note sul lessico delle poesie di Pavese*, in *Tra le carte di Pavese*, Bulzoni, Roma 1992, pp. 147-64, (poi in «Novecento», 16, 1993, pp. 93-110); G. SAVOCA - A. SICHERA, *Concordanza delle poesie di Cesare Pavese*, Olschki, Firenze 1997.

2. 6. Analisi di singole poesie:

I. CALVINO, *Le poesie politiche di Pavese*, in *Miscellanea per nozze Castelnuovo-Frigessi*, Torino 1962, pp. 31-41; G. FINOCCHIARO CHIMIRRI, *Su alcune liriche di C. Pavese*, in «Studi urbinati di storia, filosofia e lettere», XLI, n. s., 1-2, 1967, pp. 1055-64 (esame di sei poesie di *Verrà la morte e avrà i tuoi occhi*, le due in inglese e le quattro dal titolo inglese); P. BAGNOLI, *Appunti per le poesie di «Legna verde»: dimensione politica del Pavese lirico*, in «Il Ponte», XXVI, 3, 1970, pp. 394-402; G. DI PAOLA, *Tentativo di analisi fonetico-retorica de «I mari del Sud» di Cesare Pavese*, in «Critica letteraria», VIII, 1980, pp. 500-25; G. MAGRINI, *Antefatti di due poesie di Pavese*, in «Paragone», XXXI, 1980, 370, pp. 64-71 (*I mari del Sud* e *Lo steddazzu*); G. TAVANI, *Analisi ritmemica di una poesia di Pavese*, in «Metrica», II, 1981, pp. 173-87 (*Civiltà antica*); A. D. THOMPSON, *Cesare Pavese. A study of the major novels and poems*, University Press, Cambridge 1982; P. GABELLONE, *Eclaircies dans un paysage*, in «Prevue», 40, ottobre 1990, pp. 18-31 (poi in «Franco-Italica», 5, 1994, pp. 51-63); C. SENSI, *L'homme seul et la «mer inutile»: deux poèmes de Cesare Pavese*, in «Prevue», ottobre 1990, pp. 7-17 (*Paternità* e *Lo steddazzu*); ID., *Cantieri pavesiani*, in «Filologia e critica», III, XVII, settembre-dicembre 1992, pp. 359-393 (*Paesaggio I* e *Luna d'agosto*).

3. SAGGI DI CARATTERE GENERALE

3. 1. Tra le monografie di Pavese si vedano almeno:

L. MONDO, *Cesare Pavese*, Mursia, Milano 1961; J. HÖSLE, *Cesare Pavese*, De Gruyter, Berlin 1961; M. TONDO, *Itinerario di Cesare Pavese*, Liviana, Padova 1965 (Mursia, Milano 1990); G. VENTURI, *Pavese*, La Nuova Italia, Firenze 1969 (1971^2); M. N. MUÑIZ MUÑIZ, *Introduzione a Pavese*, Laterza, Bari 1992.

Una *Biografia per immagini: la vita, i libri, le carte, i luoghi* ha curato Franco Vaccaneo (Gribaudo, Torino 1989).

Sul periodo di confino a Brancaleone Calabro si cfr.: G. NERI, *Cesare Pavese in Calabria*, Grisolía, Lamezia Terme 1990; G. CARTERI, *Al confino del mito. Cesare Pavese e la Calabria*, Rubbettino, Soveria Mannelli (Catanzaro) 1991; ID., *Fiori d'agave. Atmosfere e miti del Sud nell'opera di Cesare Pavese*, prefazione di E. Gioanola, Rubbettino Editore, Messina 1993.

3. 2. Tra i saggi generali sull'opera di Pavese si rinvia ai seguenti:

A. MORAVIA, *Pavese decadente*, in «Corriere della Sera», 22 dicembre 1954, poi in *L'uomo come fine e altri saggi*, Bompiani Milano 1964, pp. 187-91; G. GUGLIELMI, *Mito e logos in Pavese*, in «Convivium» XXVI, 1956, pp. 93-98, poi in *Letteratura come sistema e come funzione*, Einaudi, Torino 1962, pp. 138-47; E. NOÈ GIRARDI, *Il mito di Pavese e altri saggi*, Vita e pensiero, Milano 1960; S. SOLMI, *Il diario di Pavese*, in *Scrittori negli anni. Saggi e note sulla letteratura italiana del '900*, Il Saggiatore, Milano 1963, pp. 243-55; C. DE MICHELIS, *Cesare Pavese: 1. Epica e immagine; 2. Immagine e mito; 3. Oltre il mito, il silenzio*, in «Angelus novus», I, 3, 1965, pp. 53-79; 5-6, pp. 148-82; II, 9-10, 1966-1967, pp. 1-30; I. HOFER, *Das Zeiterlebnis bei Cesare Pavese und seine Darstellung im dichterischen Werk*, Winterthur, Keller, Basel 1965; M. DAVIO, *La psicoanalisi nella cultura italiana*, Boringhieri, Torino 1966, pp. 511-26; A. GUIDUCCI, *Il mito Pavese*, Vallecchi, Firenze 1967; D. FERNANDEZ, *L'échec de Pavese*, Grasset, Paris 1967; C. VARESE, *Cesare Pavese* in *Occasioni e valori della letteratura contemporanea*, Cappelli, Bologna 1967, pp. 171-200; G. P. BIASIN, *The smile of the gods*, Cornell University Press, Ithaca, New York 1968; J. M. GARDAIR, *Cesare Pavese, l'homme-livre*, in «Critique», XXIV, 1968, pp. 1041-48; A. M. MUTTERLE, *Miti e modelli della critica pavesiana*, in AA. VV., *Critica e storia letteraria. Studi offerti a Mario Fubini*, Liviana, Padova 1970, pp. 711-743; E. GIOANOLA, *Cesare Pavese. La poetica dell'essere*, Marzorati, Milano 1971 e *Trittico pavesiano*, in *Psicanalisi, ermeneutica e letteratura*, Mursia, Milano 1991; E. KANDUTH, *Cesare Pavese*, in *Rahmen der pessimistichen italienischen Literatur*, W. Braumüller, Stuttgart 1971; P. RENARD, *Pavese prison de l'imaginaire lieu de l'écriture*, cit.; F. JESI, *Letteratura e mito*, Einaudi, Torino 1977[3], pp. 129-86; G. ZACCARIA, *Pavese recensore e la letteratura americana (con alcuni testi dimenticati)*, in «Prometeo», 14, 1984, pp. 69-88 (e, dello stesso, *Dal mito del silenzio al silenzio del mito: sondaggi pavesiani*, in AA. VV., *La retorica del silenzio*, Atti del convegno internazionale, Lecce, 24-27 ottobre 1991, a cura di C. A. Augieri, Milella, Lecce 1994, pp. 346-62); T. WLASSICS, *Pavese falso e vero* cit.; F. FORTINI, *Saggi italiani*, Garzanti, Milano 1987; M. RUSI, *Le malvage analisi. Sulla memoria leopardiana di Cesare Pavese*, Longo, Ravenna 1988; G. ISOTTI ROSOWSKY, *Cesare Pavese: dal naturalismo alla realtà simbolica*, in «Studi Novecenteschi», XV, 36, dicembre 1988, pp. 273-321; ID., *Pavese lettore di Freud. Interpretazione di un tragitto*, Sellerio, Palermo 1989; G. TURI, *Casa Einaudi. Libri uomini idee oltre il fascismo*, Il Mulino, Bologna 1990; E. CATALANO, *Il dialogo di Circe. Cesare Pavese, i segni e le cose*, Laterza, Bari 1991; A. ROMANO, *Le Langhe, il Nuto. Viaggio intorno a Cesare Pavese*, in «Il Ponte», XLVII, 8-9, agosto-settembre 1991, pp. 162-74; G. VALLI, *Sentimento del fascismo. Ambiguità esistenziale e coerenza poetica di Cesare Pavese*, Barbarossa, Milano 1991; S. CESARI, *Colloquio con Giulio Einaudi*, Theoria, Roma-Napoli 1991 (in particolare il cap. IV, *«Maturità» di Cesare Pavese*, pp. 45-52); B. VAN DEN BOSSCHE, *Leopardi e Pavese: La costruzione del mito*, in «Studi leopardiani», 1992, 4, pp. 41-58; M. ISNENGHI, *Il caso Pavese*, in AA. VV., *Omaggio a Gianfranco Folena*, Editoriale Programma, Padova 1993, vol. III, pp. 2231-40; G. BERTONE, *Il castello della scrittura*, Einaudi, Torino 1994; F. PIERANGELI, *Pavese e i suoi miti toccati dal destino. Per una lettura di «Dialoghi con Leucò»*, Tirrenia Stampatori, Torino 1995; R. GALAVERNI, *«Prima che il gallo canti»: la guerra di liberazione di Cesare Pavese*, in AA.VV., *Letteratura e Resistenza*, a cura di A. Bianchini e F. Lolli, Clueb, Bologna 1997, pp. 107-55.

3. 3. È parso utile, al termine di questo lavoro, indicare a sé le pubblicazioni miscellanee dove si trovano sí saggi sulle poesie di Pavese, ma anche sulle altre opere.

a) Atti dei convegni già citati:

AA. VV., *Terra rossa terra nera*, a cura di D. Lajolo e E. Archimede, Presenza Astigiana, Asti 1964 (D. LAJOLO, *Un contadino sotto le grandinate*; A. CAROCCI, *Come pubblicai il suo primo libro*; A. SIRONI, *Il mito delle «dure colline»*; R. SANESI, *Un'esperienza ricca di aperture*; F. CARPI, *Il fascino del cinema*; F. MOLLIA, *La belva è solitudine*; A. OREGGIA, *«Paesi tuoi» come denuncia di una tragica realtà nazionale*; G. RIMANELLI, *Il concetto di tempo e di linguaggio nella poesia di Pavese*; M. BONFANTINI, *Una lunga amicizia*; L. LOMBARDO RADICE, *Un paesaggio costruito con il lavoro dell'uomo*; M. ROCCA, *Attendendo sulla piazza deserta*; L. GIGLI, *Un'ora a Brancaleone Calabro*; E. TRECCANI, *Cinque quadri*);

AA. VV., *Il mestiere di scrivere. Cesare Pavese trent'anni dopo*, Atti del convegno, Comune di Santo Stefano Belbo 1982 (E. GIOANOLA, *La scrittura come condanna e salvezza*; G. BÁRBERI SQUAROTTI, *Lettura di «Lavorare stanca»*; G. L. BECCARIA, *Il «volgare illustre» di Cesare Pavese*; B. ALTEROCCA, *Leggere Pavese dopo trent'anni*; A. OREGGIA, *Emarginazione-provincia in Cesare Pavese*; A. DUGHERA, *L'esordio poetico di Cesare Pavese*; E. SOLETTI, *«La casa sulla collina». La circolarità delle varianti*; G. ZACCARIA, *«Tra donne sole»; il carnevale e la messa in scena*; F. PAPPALARDO LA ROSA, *Tracce e spunti del pensiero vichiano nella produzione letteraria di Cesare Pavese*; N. BOBBIO, *Pavese lettore di Vico*; M. MILA, *Campagna e città in Cesare Pavese*; N. ENRICHENS, *Un pomeriggio di giugno a S. Maurizio*);

AA. VV., *Cesare Pavese oggi*, Atti del convegno internazionale di studi, a cura di G. Ioli, San Salvatore Monferrato 1989 (E. GIOANOLA, *Pavese oggi: dall'esistenzialità all'ontologia*; G. ISOTTI ROSOWSKY, *Scrittura pavesiana e psicologia del profondo*; A. NOVAJRA, *L'avventura del crescere*; G. LAGORIO, *Città e campagna: tema di esilio e di frontiera*; D. RIPOSIO, *Ipotesi sulla metrica di «Lavorare stanca»*; G. BÁRBERI SQUAROTTI, *Il viaggio come struttura del romanzo pavesiano*; D. BISAGNO, *Il diavolo sulle colline: la dissonanza tragica*; M. RUSI, *Dialogo e ritmo: il modello leopardiano nei «Dialoghi con Leucò»*; M. GUGLIELMINETTI, *«Il mestiere di vivere» manoscritto*; M. N. MUÑIZ MUÑIZ, *L'argomentazione pessimistica nel «Mestiere di vivere»*; M. VERDENELLI, *«Il mestie-*

re di vivere» tra la trappola dei giorni e l'ultima rappresentazione; S. COSTA, *Pavese e D'Annunzio*; A. M. MUTTERLE, *Da Gozzano a Pavese*; G. TURI, *Pavese e la casa editrice Einaudi*; C. VARESE, *Per una difesa della complessità di Cesare Pavese*; G. VENTURI, *Pavese negli anni Ottanta*; J. HÖSLE, *Pavese nei paesi di lingua tedesca: ricezione e no*; L. GIOVANNETTI WLASSICS, *Un Pavese nuovo d'America*; M. e M. PIETRALUNGA, *«An Absurd Vice»: la biografia di Pavese in inglese*. *Testimonianze*: T. Pinelli, L. Romano, P. Cinanni, F. Pivano, G. Baravalle, B. Alterocca, F. Vaccaneo, E. Treccani);

AA. VV., *Giornate pavesiane* (Torino, 14 febbraio - 15 marzo 1987), a cura di M. Masoero, Olschki, Firenze 1992 (G. BÁRBERI SQUAROTTI, *L'oggettivazione assoluta*; A. DUGHERA, *Esercizi critici negli scritti giovanili di Cesare Pavese*; J. HÖSLE, *Cesare Pavese: le lettere*; G. ISOTTI ROSOWSKY, *Mito e mitologia pavesiani*).

b) Numeri monografici di riviste e quaderni:

«Sigma», I, 3-4, dicembre 1964 (L. MONDO, *Fra Gozzano e Whitman: le origini di Pavese*; M. GUGLIELMINETTI, *Racconto e canto nella metrica di Pavese*; M. FORTI, *Sulla poesia di Pavese*; C. GRASSI, *Osservazioni su lingua e dialetto nell'opera di Pavese*; C. GORLIER, *Tre riscontri sul mestiere di tradurre*; G. L. BECCARIA, *Il lessico, ovvero la «questione della lingua» in Cesare Pavese*; F. JESI, *Cesare Pavese, il mito e la scienza del mito*; E. CORSINI, *Orfeo senza Euridice: i «Dialoghi con Leucò» e il classicismo di Pavese*; S. PAUTASSO, *Il laboratorio di Pavese*; G. BÁRBERI SQUAROTTI, *Pavese o la fuga nella metafora*; R. PARIS, *Delphes sur les collines*; J. HÖSLE, *I miti dell'infanzia*);

«Il Ponte», *Pavese continua*, 5, 1969, pp. 707-77 (M. TONDO, *La tesi di laurea. L'incontro di Pavese con Whitman*; G. BIASIN, *Il sorriso degli dèi; Ciau Paveis*; M. MATERASSI, *Un semplice e profondo nulla. «Feria d'agosto», lettura di un campione*; V. CAMPANELLA - G. MACUCCI, *Il Pavese di Fernandez. Psicanalisi e letteratura*; G. FAVATI, *Ultimi contributi*);

I Quaderni dell'Istituto Nuovi Incontri. Pavese, cultura e politica, Istituto Nuovi Incontri, Asti 1970 (F. PIVANO, *La scelta dell'altra America. Conversazione con Fernanda Pivano*; P. CINANNI, *Il maestro e l'antimaestro*; D. LAJOLO, *L'impegno politico di Pavese*; P. BIANUCCI, *Estetica, poetica e tecnica in Pavese: ipotesi di lavoro*);

Bollettino del Centro Studi Cesare Pavese, 1, 1993 (G. BÁRBERI SQUAROTTI, *Il viaggio come struttura del romanzo pavesiano*; E. CORSINI, *Cesare Pavese: religione, mito, paesaggio*; E. GIOANOLA, *Ho dato poesia agli uomini*; M. GUGLIELMINETTI, *Pavese: l'ultimo dei classici?*; M. MASOERO, *Pavese, poeta dell'angoscia*; L. SOZZI, *Pavese, Eliade e l'attimo estatico*; F. VACCANEO, *Cesare Pavese - Cronaca di un quarantennale [1950-1990]*);

«Novecento», 16, 1993 (F. VACCANEO, *Il Centro Studi Cesare Pavese*; M. GUGLIELMINETTI, *Un taccuino come esempio. Croce, Papini, Whitman, il fascismo ed altro ancora*; L. NAY, *I taccuini, una preistoria del «Mestiere di vivere»?*; M. MASOERO, *Lotte (e racconti) di giovani. Filologia e narrativa*; P. RENARD, *Pitié pour les pauvres hommes*; G. ISOTTI ROSOWSKY, *Il taccuino di Pavese e la scrittura diaristica*; A. DUGHERA, *Note sul lessico delle poesie di Pavese*; G. DE VAN, *L'ivresse tranquille de Cesare Pavese*; P. LAROCHE, *«Ridurre il mito a chiarezza». Lecture des Racconti*; C. AMBROISE, *Etre un père, avoir un père*; G. BOSETTI, *La poétique du mythe de l'enfance de Pavese*; P. RENARD, *Sur la mort de Santina*);

AA. VV., *Sulle colline libere*, Quaderni del Centro Studi «Cesare Pavese», Guerini e Associati, Milano 1995 (G. BOSETTI, *Retour au lieu primordial*; M. GUGLIELMINETTI, *La «Trilogia delle macchine» di Cesare Pavese*; D. FERRARIS, *Il sangue come eidos nella poesia pavesiana*; S. BINDEL, *Qui est Cate de «La casa in collina»? Parcours à travers la typologie des personnages féminins dans les romans engagés et l'étude d'une variante: La famiglia*; V. BINETTI, *Diario e politica 1945-1950*; M. MASOERO, *Approssimazioni successive. Materiali per l'edizione delle poesie giovanili*; C. SENSI, *Pavese in Francia 1990-1994*; G. IOLI, rec. a G. CARTERI, *Fiori d'agave. Atmosfere e miti del Sud nell'opera di Cesare Pavese*; R. FERRERO - R.LAJOLO, *Archivio Pavese. Prima parte: i romanzi*; F. VACCANEO, *Luoghi della memoria e della nostalgia nella letteratura di Cesare Pavese*).

Le poesie

Lavorare stanca
1936-1943

Lavorare stanca
1936

I mari del Sud

(a Monti)

Camminiamo una sera sul fianco di un colle,
in silenzio. Nell'ombra del tardo crepuscolo
mio cugino è un gigante vestito di bianco,
che si muove pacato, abbronzato nel volto,
taciturno. Tacere è la nostra virtú.
Qualche nostro antenato dev'essere stato ben solo
– un grand'uomo tra idioti o un povero folle –
per insegnare ai suoi tanto silenzio.

Mio cugino ha parlato stasera. Mi ha chiesto
se salivo con lui: dalla vetta si scorge
nelle notti serene il riflesso del faro
lontano, di Torino. «Tu che abiti a Torino...»
mi ha detto «... ma hai ragione. La vita va vissuta
lontano dal paese: si profitta e si gode
e poi, quando si torna, come me, a quarant'anni,
si trova tutto nuovo. Le Langhe non si perdono».
Tutto questo mi ha detto e non parla italiano,
ma adopera lento il dialetto, che, come le pietre
di questo stesso colle, è scabro tanto
che vent'anni di idiomi e di oceani diversi
non gliel'hanno scalfito. E cammina per l'erta
con lo sguardo raccolto che ho visto, bambino,
usare ai contadini un poco stanchi.

Vent'anni è stato in giro per il mondo.
Se n'andò ch'io ero ancora un bambino portato da donne
e lo dissero morto. Sentii poi parlarne
da donne, come in favola, talvolta;
ma gli uomini, piú gravi, lo scordarono.
Un inverno a mio padre già morto arrivò un cartoncino
con un gran francobollo verdastro di navi in un porto
e auguri di buona vendemmia. Fu un grande stupore,
ma il bambino cresciuto spiegò avidamente
che il biglietto veniva da un'isola detta Tasmania
circondata da un mare piú azzurro, feroce di squali,
nel Pacifico, a sud dell'Australia. E aggiunse che certo
il cugino pescava le perle. E staccò il francobollo.

Tutti diedero un loro parere, ma tutti conclusero
che, se non era morto, morirebbe.
Poi scordarono tutti e passò molto tempo.

Oh da quando ho giocato ai pirati malesi,
quanto tempo è trascorso. E dall'ultima volta
che son sceso a bagnarmi in un punto mortale
e ho inseguito un compagno di giochi su un albero
spaccandone i bei rami e ho rotta la testa
a un rivale e son stato picchiato,
quanta vita è trascorsa. Altri giorni, altri giochi,
altri squassi del sangue dinanzi a rivali
piú elusivi: i pensieri ed i sogni.
La città mi ha insegnato infinite paure:
una folla, una strada mi han fatto tremare,
un pensiero talvolta, spiato su un viso.
Sento ancora negli occhi la luce beffarda
dei lampioni a migliaia sul gran scalpiccío.

Mio cugino è tornato, finita la guerra,
gigantesco, fra i pochi. E aveva denaro.
I parenti dicevano piano: «Fra un anno a dir molto,
se li è mangiati tutti e torna in giro.
I disperati muoiono cosí».
Mio cugino ha una faccia recisa. Comprò un pianterreno
nel paese e ci fece riuscire un garage di cemento
con dinanzi fiammante la pila per dar la benzina
e sul ponte ben grossa alla curva una targa-réclame.
Poi ci mise un meccanico dentro a ricevere i soldi
e lui girò tutte le Langhe fumando.
S'era intanto sposato, in paese. Pigliò una ragazza
esile e bionda come le straniere
che aveva certo un giorno incontrato nel mondo.
Ma uscí ancora da solo. Vestito di bianco,
con le mani alla schiena e il volto abbronzato,
al mattino batteva le fiere e con aria sorniona
contrattava i cavalli. Spiegò poi a me,
quando fallí il disegno, che il suo piano
era stato di togliere tutte le bestie alla valle
e obbligare la gente a comprargli i motori.
«Ma la bestia» diceva «piú grossa di tutte,
sono stato io a pensarlo. Dovevo sapere
che qui buoi e persone son tutta una razza».

Camminiamo da piú di mezz'ora. La vetta è vicina,
sempre aumenta d'intorno il frusciare e il fischiare del vento.
Mio cugino si ferma d'un tratto e si volge: «Quest'anno
scrivo sul manifesto: – *Santo Stefano*
è sempre stato il primo nelle feste
della valle del Belbo – e che la dicano
quei di Canelli». Poi riprende l'erta.
Un profumo di terra e di vento ci avvolge nel buio,
qualche lume in distanza: cascine, automobili
che si sentono appena: e io penso alla forza
che mi ha reso quest'uomo, strappandolo al mare,
alle terre lontane, al silenzio che dura.
Mio cugino non parla dei viaggi compiuti.
Dice asciutto che è stato in quel luogo e in quell'altro
e pensa ai suoi motori.
Solo un sogno
gli è rimasto nel sangue: ha incrociato una volta
da fuochista su un legno olandese da pesca, il Cetaceo,
e ha veduto volare i ramponi pesanti nel sole,
ha veduto fuggire balene tra schiume di sangue
e inseguirle e innalzarsi le code e lottare alla lancia.
Me ne accenna talvolta.
Ma quando gli dico
ch'egli è tra i fortunati che han visto l'aurora
sulle isole piú belle della terra,
al ricordo sorride e risponde che il sole
si levava che il giorno era vecchio per loro.

[7-19 settembre - novembre 1930]

Antenati

Stupefatto del mondo mi giunse un'età
che tiravo gran pugni nell'aria e piangevo da solo.
Ascoltare i discorsi di uomini e donne
non sapendo rispondere, è poca allegria.
Ma anche questa è passata: non sono piú solo
e, se non so rispondere, so farne a meno.
Ho trovato compagni trovando me stesso.

Ho scoperto che, prima di nascere, sono vissuto
sempre in uomini saldi, signori di sé,
e nessuno sapeva rispondere e tutti eran calmi.
Due cognati hanno aperto un negozio – la prima fortuna
della nostra famiglia – e l'estraneo era serio,
calcolante, spietato, meschino: una donna.
L'altro, il nostro, in negozio leggeva romanzi
– in paese era molto – e i clienti che entravano
si sentivan rispondere a brevi parole
che lo zucchero no, che il solfato neppure,
che era tutto esaurito. È accaduto piú tardi
che quest'ultimo ha dato una mano al cognato fallito.

A pensar questa gente mi sento piú forte
che a guardare lo specchio gonfiando le spalle
e atteggiando le labbra a un sorriso solenne.
È vissuto un mio nonno, remoto nei tempi,
che si fece truffare da un suo contadino
e allora zappò lui le vigne – d'estate –
per vedere un lavoro ben fatto. Cosí
sono sempre vissuto e ho sempre tenuto
una faccia sicura e pagato di mano.

E le donne non contano nella famiglia.
Voglio dire, le donne da noi stanno in casa
e ci mettono al mondo e non dicono nulla
e non contano nulla e non le ricordiamo.
Ogni donna c'infonde nel sangue qualcosa di nuovo,
ma s'annullano tutte nell'opera e noi,
rinnovati cosí, siamo i soli a durare.

Siamo pieni di vizi, di ticchi e di orrori
– noi, gli uomini, i padri – qualcuno si è ucciso,
ma una sola vergogna non ci ha mai toccato,
non saremo mai donne, mai schiavi a nessuno.

Ho trovato una terra trovando i compagni,
una terra cattiva, dov'è un privilegio
non far nulla, pensando al futuro.
Perché il solo lavoro non basta a me e ai miei,
noi sappiamo schiantarci, ma il sogno piú grande
dei miei padri fu sempre un far nulla da bravi.
Siamo nati per girovagare su quelle colline,
senza donne e le mani tenercele dietro alla schiena.

[primavera 1932]

Paesaggio (*al Pollo*)

Non è piú coltivata quassú la collina. Ci sono le felci
e la roccia scoperta e la sterilità.
Qui il lavoro non serve piú a niente. La vetta è bruciata
e la sola freschezza è il respiro. La grande fatica
è salire quassú: l'eremita ci venne una volta
e da allora è restato, a rifarsi le forze.
L'eremita si veste di pelle di capra
e ha un sentore muschioso di bestia e di pipa,
che ha impregnato la terra, i cespugli e la grotta.
Quando fuma la pipa in disparte nel sole,
se lo perdo non so rintracciarlo, perché è del colore
delle felci bruciate. Ci salgono visitatori
che si accasciano sopra una pietra, sudati e affannati,
e lo trovano steso, con gli occhi nel cielo,
che respira profondo. Un lavoro l'ha fatto:
sopra il volto annerito ha lasciato infoltirsi la barba,
pochi peli rossicci. E depone gli sterchi
su uno spiazzo scoperto, a seccarsi nel sole.

Coste e valli di questa collina son verdi e profonde.
Tra le vigne i sentieri conducono su folli gruppi
di ragazze, vestite a colori violenti,
a far feste alla capra e gridare di là alla pianura.
Qualche volta compaiono file di ceste di frutta,
ma non salgono in cima: i villani le portano a casa
sulla schiena, contorti, e riaffondano in mezzo alle foglie.
Hanno troppo da fare e non vanno a veder l'eremita
i villani, ma scendono, salgono e zappano forte.
Quando han sete, tracannano vino: piantandosi in bocca
la bottiglia, sollevano gli occhi alla vetta bruciata.
La mattina sul fresco son già di ritorno spossati
dal lavoro dell'alba e, se passa un pezzente,
tutta l'acqua che i pozzi riversano in mezzo ai raccolti
è per lui che la beva. Sogghignano ai gruppi di donne
o domandano quando, vestite di pelle di capra,
siederanno su tante colline a annerirsi nel sole.

[1933]

Gente spaesata

Troppo mare. Ne abbiamo veduto abbastanza di mare.
Alla sera, che l'acqua si stende slavata
e sfumata nel nulla, l'amico la fissa
e io fisso l'amico e non parla nessuno.
Nottetempo finiamo a rinchiuderci in fondo a una tampa,
isolati nel fumo, e beviamo. L'amico ha i suoi sogni
(sono un poco monotoni i sogni allo scroscio del mare)
dove l'acqua non è che lo specchio, tra un'isola e l'altra,
di colline, screziate di fiori selvaggi e cascate.
Il suo vino è cosí. Si contempla, guardando il bicchiere,
a innalzare colline di verde sul piano del mare.
Le colline mi vanno, e lo lascio parlare del mare
perché è un'acqua ben chiara, che mostra persino le pietre.

Vedo solo colline e mi riempiono il cielo e la terra
con le linee sicure dei fianchi, lontane o vicine.
Solamente, le mie sono scabre, e striate di vigne
faticose sul suolo bruciato. L'amico le accetta
e le vuole vestire di fiori e di frutti selvaggi
per scoprirvi ridendo ragazze piú nude dei frutti.
Non occorre: ai miei sogni piú scabri non manca un sorriso.
Se domani sul presto saremo in cammino
verso quelle colline, potremo incontrar per le vigne
qualche scura ragazza, annerita di sole,
e, attaccando discorso, mangiarle un po' d'uva.

[1933]

Pensieri di Deola

Deola passa il mattino seduta al caffè
e nessuno la guarda. A quest'ora in città corron tutti
sotto il sole ancor fresco dell'alba. Non cerca nessuno
neanche Deola, ma fuma pacata e respira il mattino.
Fin che è stata in pensione, ha dovuto dormire a quest'ora
per rifarsi le forze: la stuoia sul letto
la sporcavano con le scarpacce soldati e operai,
i clienti che fiaccan la schiena. Ma, sole, è diverso:
si può fare un lavoro piú fine, con poca fatica.
Il signore di ieri, svegliandola presto,
l'ha baciata e condotta (*mi fermerei, cara,*
a Torino con te, se potessi) con sé alla stazione
a augurargli buon viaggio.
È intontita, ma fresca, stavolta,
e le piace esser libera, Deola, e bere il suo latte
e mangiare brioches. Stamattina è una mezza signora
e, se guarda i passanti, fa solo per non annoiarsi.
A quest'ora in pensione si dorme e c'è puzza di chiuso
– la padrona va a spasso – è da stupide stare là dentro.
Per girare la sera i locali, ci vuole presenza
e in pensione, a trent'anni, quel po' che ne resta, si è perso.

Deola siede mostrando il profilo a uno specchio
e si guarda nel fresco del vetro. Un po' pallida in faccia:
non è il fumo che stagni. Corruga le ciglia.
Ci vorrebbe la voglia che aveva Marí, per durare
in pensione (*perché, cara donna, gli uomini*
vengon qui per cavarsi capricci che non glieli toglie
né la moglie né l'innamorata) e Marí lavorava
instancabile, piena di brio e godeva salute.
I passanti davanti al caffè non distraggono Deola
che lavora soltanto la sera, con lente conquiste
nella musica del suo locale. Gettando le occhiate
a un cliente o cercandogli il piede, le piaccion le orchestre
che la fanno parere un'attrice alla scena d'amore
con un giovane ricco. Le basta un cliente
ogni sera e ha da vivere. (*Forse il signore di ieri*

mi portava davvero con sé). Stare sola, se vuole,
al mattino, e sedersi al caffè. Non cercare nessuno.

[5-12 novembre - dicembre 1932]

Canzone di strada

Perché vergogna? Quando uno ha pagato il suo tempo,
se lo lasciano uscire, è perché è come tutti
e ce n'è della gente per strada, che è stata in prigione.
Dal mattino alla sera giriamo sui corsi
e che piova o che faccia un bel sole, va sempre per noi.
È una gioia incontrare sui corsi la gente che parla
e parlare da soli, pigliando ragazze a spintoni.
È una gioia fischiar nei portoni aspettando ragazze
e abbracciarle per strada e portarle al cinema
e fumar di nascosto, appoggiati alle belle ginocchia.
È una gioia parlare con loro palpando e ridendo,
e di notte nel letto, sentendo buttarsi sul collo
le due braccia che attirano in basso, pensare al mattino
che si tornerà a uscir di prigione nel fresco del sole.

Dal mattino alla sera girare ubriachi
e guardare ridendo i passanti che vanno
e che godono tutti – anche i brutti – a sentirsi per strada.
Dal mattino alla sera cantare ubriachi
e incontrare ubriachi e attaccare discorsi
che ci durino a lungo e ci mettano sete.
Tutti questi individui che vanno parlando tra sé,
li vogliamo alla notte con noi, chiusi in fondo alla tampa,
e seguire con loro la nostra chitarra
che saltella ubriaca e non sta piú nel chiuso
ma spalanca le porte a echeggiare nell'aria –
fuori piòvano l'acqua o le stelle. Non conta se i corsi
a quest'ora non hanno piú belle ragazze a passeggio:
troveremo ben noi l'ubriaco che ride da solo
perché è uscito anche lui di prigione stanotte,
e con lui, strepitando e cantando, faremo il mattino.

[1933]

Due sigarette

Ogni notte è la liberazione. Si guarda i riflessi
dell'asfalto sui corsi che si aprono lucidi al vento.
Ogni rado passante ha una faccia e una storia.
Ma a quest'ora non c'è piú stanchezza: i lampioni a migliaia
sono tutti per chi si sofferma a sfregare un cerino.
La fiammella si spegne sul volto alla donna
che mi ha chiesto un cerino. Si spegne nel vento
e la donna delusa ne chiede un secondo
che si spegne: la donna ora ride sommessa.
Qui possiamo parlare a voce alta e gridare,
ché nessuno ci sente. Leviamo gli sguardi
alle tante finestre – occhi spenti che dormono –
e attendiamo. La donna si stringe le spalle
e si lagna che ha perso la sciarpa a colori
che la notte faceva da stufa. Ma basta appoggiarci
contro l'angolo e il vento non è piú che un soffio.
Sull'asfalto consunto c'è già un mozzicone.
Questa sciarpa veniva da Rio, ma dice la donna
che è contenta di averla perduta, perché mi ha incontrato.
Se la sciarpa veniva da Rio, è passata di notte
sull'oceano inondato di luce dal gran transatlantico.
Certo, notti di vento. È il regalo di un suo marinaio.
Non c'è piú il marinaio. La donna bisbiglia
che, se salgo con lei, me ne mostra il ritratto
ricciolino e abbronzato. Viaggiava su sporchi vapori
e puliva le macchine: io sono piú bello.
Sull'asfalto c'è due mozziconi. Guardiamo nel cielo:
la finestra là in alto – mi addita la donna – è la nostra.
Ma lassú non c'è stufa. La notte, i vapori sperduti
hanno pochi fanali o soltanto le stelle.
Traversiamo l'asfalto a braccetto, giocando a scaldarci.

[1933]

Ozio

Tutti i gran manifesti attaccati sui muri,
che presentano sopra uno sfondo di fabbriche
l'operaio robusto che si erge nel cielo,
vanno in pezzi, nel sole e nell'acqua. Masino bestemmia
a veder la sua faccia piú fiera, sui muri
delle vie, e doverle girare cercando lavoro.
Uno si alza al mattino e si ferma a guardare i giornali
nelle edicole vive di facce di donna a colori:
fa confronti con quelle che passano e perde il suo tempo,
ché ogni donna ha le occhiaie piú stracche. Compaiono a un tratto
coi cartelli dei cinematografi addosso alla testa
e con passi sostanti, i vecchiotti vestiti di rosso
e Masino, fissando le facce deformi
e i colori, si tocca le guance e le sente piú vuote.

Ogni volta che mangia, Masino ritorna a girare,
perché è segno che ha già lavorato. Traversa le vie
e non guarda piú in faccia nessuno. La sera, ritorna
e si stende un momento nei prati con quella ragazza.
Quando è solo, gli piace restare nei prati
tra le case isolate e i rumori sommessi
e talvolta fa un sonno. Le donne non mancano,
come quando era ancora meccanico: adesso è Masino
a cercarne una sola e volerla fedele.
Una volta – da quando va in giro – ha atterrato un rivale
e i colleghi, che li hanno trovati in un fosso,
han dovuto bendargli una mano. Anche quelli non fanno piú nulla
e tre o quattro, affamati, han formato una banda
di clarino e chitarre – volevano averci Masino
che cantasse – e girare le vie a raccogliere i soldi.
Lui Masino ha risposto che canta per niente
ogni volta che ha voglia, ma andare a svegliare le serve
per le strade, è un lavoro da napoli. I giorni che mangia,
porta ancora con sé pochi amici a metà la collina:
là si chiudono in qualche osteria e ne cantano un pezzo

loro soli, da uomini. Andavano un tempo anche in barca,
ma dal fiume si vede la fabbrica, e fa brutto sangue.

Dopo un giorno a strisciare le suole davanti agli affissi,
alla sera Masino finisce al cinema
dove ha già lavorato, una volta. Fa bene quel buio
alla vista spossata dai troppi lampioni.
Tener dietro alla storia non è una fatica:
vi si vede una bella ragazza e talvolta c'è uomini
che si picchiano secco. Vi sono paesi
che varrebbe la pena di viverci, al posto
degli stupidi attori. Masino contempla,
su un paese di nude colline, di prati e di fabbriche,
la sua testa ingrandita in primissimi piani.
Quelli almeno non dànno la rabbia che dànno i cartelli
colorati, sugli angoli, e i musi di donna dipinti.

[inverno 1932]

Proprietari

Il mio prete che è nato in campagna, è vissuto vegliando
giorno e notte in città i moribondi e ha riunito in tanti anni
qualche soldo di lasciti per l'ospedale.
Risparmiava soltanto le donne perdute e i bambini
e nel nuovo ospedale – lettucci di ferro imbiancato –
c'è un'intera sezione per donne e bambini perduti.
Ma i morenti che sono scampati, lo vengono ancora a trovare
e gli chiedon consigli di affari. Lo zelo l'ha reso ben magro
tra il sentore dei letti e i discorsi con gente che rantola
e seguire, ogni volta che ha tempo, i suoi morti alla fossa
e pregare per loro, spruzzandoli e benedicendoli.

Una sera di marzo già calda, il mio prete ha sepolto
una vecchia coperta di piaghe: era stata sua madre.
La donnetta era morta al paese, perché l'ospedale
le faceva paura e voleva morir nel suo letto.
Il mio prete quel giorno portava la stola
dei suoi altri defunti, ma sopra la bara
spruzzò a lungo acqua santa e pregò anche piú a lungo.
Nella sera già calda, la terra rimossa odorava
sulla bara dov'era un marciume: la vecchia era morta
per il sangue cattivo a vedersi sfumare le terre
che – rimasta lei sola – spettava a lei sola salvare.
Sotto terra, un rosario era avvolto alle mani piagate
che, da vive, con tre o quattro croci su pezzi di carta
s'eran messe in miseria. E il mio prete pregava
che potesse venir perdonata la temerità
della vedova che, mentre il figlio studiava coi preti,
s'era – senza cercare consiglio – presunta da tanto.

L'ospedale ha un giardino che odora di terra,
messo insieme a fatica, per dare ai malati aria buona.
Il mio prete conosce le piante e i cespugli
anche piú dei suoi morti, ché quelli rinnovano,
ma le piante e i cespugli son sempre gli stessi.
Tra quel verde borbotta – a quel modo che fa sulle tombe –
negli istanti che ruba ai malati, e dimentica sempre
di fermarsi davanti alla grotta, che han fatto le suore,

della Natività, in fondo al viale. Si lagna talvolta
che le cure gli han sempre impedito di dare un'occhiata
ai bisogni degli alberi secchi e che mai, da trent'anni,
ha potuto pensare alla requiem eterna.

[12-16 febbraio 1933]

Paesaggio

La collina biancheggia alle stelle, di terra scoperta;
si vedrebbero i ladri, lassú. Tra le ripe del fondo
i filari son tutti nell'ombra. Lassú che ce n'è
e che è terra di chi non patisce, non sale nessuno:
qui nell'umidità, con la scusa di andare a tartufi,
entran dentro alla vigna e saccheggiano le uve.

Il mio vecchio ha trovato due graspi buttati
tra le piante e stanotte borbotta. La vigna è già scarsa:
giorno e notte nell'umidità, non ci viene che foglie.
Tra le piante si vedono al cielo le terre scoperte
che di giorno gli rubano il sole. Lassú brucia il sole
tutto il giorno e la terra è calcina: si vede anche al buio.
Là non vengono foglie, la forza va tutta nell'uva.

Il mio vecchio appoggiato a un bastone nell'erba bagnata,
ha la mano convulsa: se vengono i ladri stanotte,
salta in mezzo ai filari e gli fiacca la schiena.
Sono gente da farle un servizio da bestie,
ché non vanno a contarla. Ogni tanto alza il capo
annusando nell'aria: gli pare che arrivi nel buio
una punta d'odore terroso, tartufi scavati.

Sulle coste lassú, che si stendono al cielo,
non c'è l'uggia degli alberi: l'uva strascina per terra,
tanto pesa. Nessuno può starci nascosto:
si distinguono in cima le macchie degli alberi
neri e radi. Se avesse la vigna lassú,
il mio vecchio farebbe la guardia da casa, nel letto,
col fucile puntato. Qui, al fondo, nemmeno il fucile
non gli serve, perché dentro il buio non c'è che fogliami.

[1933]

Paesaggio

Tra la barba e il gran sole la faccia va ancora,
ma è la pelle del corpo, che biancheggia tremante
fra le toppe. Non basta lo sporco a confonderla
nella pioggia e nel sole. Villani anneriti
l'han guardato una volta, ma l'occhiata perdura
su quel corpo, cammini o si accasci al riposo.

Nella notte le grandi campagne si fondono
in un'ombra pesante, che sprofonda i filari
e le piante: soltanto le mani conoscono i frutti.
L'uomo lacero pare un villano, nell'ombra,
ma rapisce ogni cosa e i cagnacci non sentono.
Nella notte la terra non ha piú padroni,
se non voci inumane. Il sudore non conta.
Ogni pianta ha un suo freddo sudore nell'ombra
e non c'è piú che un campo, per nessuno e per tutti.

Al mattino quest'uomo stracciato e tremante
sogna, steso ad un muro non suo, che i villani
lo rincorrono e vogliono morderlo, sotto un gran sole.
Ha una barba stillante, di fredda rugiada
e tra i buchi la pelle. Compare un villano
con la zappa sul collo, e s'asciuga la bocca.
Non si scosta nemmeno, ma scavalca quell'altro:
un suo campo quest'oggi ha bisogno di forza.

[1934]

Una stagione

Questa donna una volta era fatta di carne
fresca e solida: quando portava un bambino,
si teneva nascosta e intristiva da sola.
Non amava mostrarsi sformata per strada.
Le altre volte (era giovane e senza volerlo
fece molti bambini) passava per strada
con un passo sicuro e sapeva godersi gli istanti.
I vestiti diventano vento le sere di marzo
e si stringono e tremano intorno alle donne che passano.
Il suo corpo di donna muoveva sicuro nel vento
che svaniva lasciandolo saldo. Non ebbe altro bene
che quel corpo, che adesso è consunto dai troppi figliuoli.

Nelle sere di vento si spande un sentore di linfe,
il sentore che aveva da giovane il corpo
tra le vesti superflue. Un sapore di terra bagnata,
che ogni marzo ritorna. Anche dove in città non c'è viali
e non giunge col sole il respiro del vento,
il suo corpo viveva, esalando di succhi
in fermento, tra i muri di pietra. Col tempo, anche lei,
che ha nutrito altri corpi, si è rotta e piegata.
Non è bello guardarla, ha perduto ogni forza;
ma, dei molti, una figlia ritorna a passare
per le strade, la sera, e ostentare nel vento
sotto gli alberi, solido e fresco, il suo corpo che vive.

E c'è un figlio che gira e sa stare da solo
e si sa divertire da solo. Ma guarda nei vetri,
compiaciuto del modo che tiene a braccetto
la compagna. Gli piace, d'un gioco di muscoli,
accostarsela mentre rilutta e baciarla sul collo.
Sopratutto gli piace, poi che ha generato
su quel corpo, lasciarlo intristire e tornare a se stesso.
Un amplesso lo fa solamente sorridere e un figlio
lo farebbe indignare. Lo sa la ragazza, che attende,
e prepara se stessa a nascondere il ventre sformato
e si gode con lui, compiacente, e gli ammira la forza
di quel corpo che serve per compiere tante altre cose.

[1933]

Tradimento

Stamattina non sono piú solo. Una donna recente
sta distesa sul fondo e mi grava la prua
della barca, che avanza a fatica nell'acqua tranquilla
ancor gelida e torba del sonno notturno.
Sono uscito dal Po tumultuante e echeggiante nel sole
di onde rapide e di sabbiatori, e vincendo la svolta
dopo molti sussulti, mi sono cacciato
nel Sangone. «Che sogno», ha osservato colei
senza muovere il corpo supino, guardando nel cielo.
Non c'è un'anima in giro e le rive son alte
e a monte piú anguste, serrate di pioppi.

Quant'è goffa la barca in quest'acqua tranquilla.
Dritto a poppa a levare e abbassare la punta,
vedo il legno che avanza impacciato: è la prua che sprofonda
per quel peso di un corpo di donna, ravvolto di bianco.
La compagna mi ha detto che è pigra e non s'è ancora mossa.
Sta distesa a fissare da sola le vette degli alberi
ed è come in un letto e m'ingombra la barca.
Ora ha messo una mano nell'acqua e la lascia schiumare
e m'ingombra anche il fiume. Non posso guardarla
– sulla prua dove stende il suo corpo – che piega la testa
e mi fissa curiosa dal basso, muovendo la schiena.
Quando ho detto che venga piú in centro, lasciando la prua,
mi ha risposto un sorriso vigliacco: «Mi vuole vicina?».

Altre volte, gocciante di un tuffo fra i tronchi e le pietre,
continuavo a puntare nel sole, finch'ero ubriaco,
e approdando a quest'angolo, mi gettavo riverso,
accecato dall'acqua e dai raggi, buttato via il palo,
a calmare il sudore e l'affanno al respiro
delle piante e alla stretta dell'erba. Ora l'ombra è estuosa
al sudore che pesa nel sangue e alle membra infiacchite,
e la volta degli alberi filtra la luce
di un'alcova. Seduto sull'erba, non so cosa dire
e m'abbraccio i ginocchi. La compagna è sparita
dentro il bosco dei pioppi, ridendo, e io debbo inseguirla.
La mia pelle è annerita di sole e scoperta.

La compagna che è bionda, poggiando le mani
alle mie per saltare sul greto, mi ha fatto sentire,
con la fragilità delle dita, il profumo
del suo corpo nascosto. Altre volte il profumo
era l'acqua seccata sul legno e il sudore nel sole.
La compagna mi chiama impaziente. Nell'abito bianco
sta girando fra i tronchi e io debbo inseguirla.

[25-30 giugno 1932]

Mania di solitudine

Mangio un poco di cena seduto alla chiara finestra.
Nella stanza è già buio e si guarda nel cielo.
A uscir fuori, le vie tranquille conducono
dopo un poco, in aperta campagna.
Mangio e guardo nel cielo – chi sa quante donne
stan mangiando a quest'ora – il mio corpo è tranquillo;
il lavoro stordisce il mio corpo e ogni donna.

Fuori, dopo la cena, verranno le stelle a toccare
sulla larga pianura la terra. Le stelle son vive,
ma non valgono queste ciliege, che mangio da solo.
Vedo il cielo, ma so che fra i tetti di ruggine
qualche lume già brilla e che, sotto, si fanno rumori.
Un gran sorso e il mio corpo assapora la vita
delle piante e dei fiumi e si sente staccato da tutto.
Basta un po' di silenzio e ogni cosa si ferma
nel suo luogo reale, cosí com'è fermo il mio corpo.

Ogni cosa è isolata davanti ai miei sensi,
che l'accettano senza scomporsi: un brusío di silenzio.
Ogni cosa, nel buio, la posso sapere
come so che il mio sangue trascorre le vene.
La pianura è un gran scorrere d'acque tra l'erbe,
una cena di tutte le cose. Ogni pianta e ogni sasso
vive immobile. Ascolto i miei cibi nutrirmi le vene
di ogni cosa che vive su questa pianura.

Non importa la notte. Il quadrato di cielo
mi susurra di tutti i fragori, e una stella minuta
si dibatte nel vuoto, lontano dai cibi,
dalle case, diversa. Non basta a se stessa,
e ha bisogno di troppe compagne. Qui al buio, da solo,
il mio corpo è tranquillo e si sente padrone.

[27-29 maggio 1933]

Il tempo passa

Quel vecchione, una volta, seduto sull'erba,
aspettava che il figlio tornasse col pollo
mal strozzato, e gli dava due schiaffi. Per strada
– camminavano all'alba su quelle colline –
gli spiegava che il pollo si strozza con l'unghia
– tra le dita – del pollice, senza rumore.
Nel crepuscolo fresco marciavano sotto le piante
imbottiti di frutta e il ragazzo portava
sulle spalle una zucca giallastra. Il vecchione diceva
che la roba nei campi è di chi ne ha bisogno
tant'è vero che al chiuso non viene. Guardarsi d'attorno
bene prima, e poi scegliere calmi la vite piú nera
e sedersele all'ombra e non muovere fin che si è pieni.

C'è chi mangia dei polli in città. Per le vie
non si trovano i polli. Si trova il vecchiotto
– tutto ciò ch'è rimasto dell'altro vecchione –
che, seduto su un angolo, guarda i passanti
e, chi vuole, gli getta due soldi. Non apre la bocca
il vecchiotto: a dir sempre una cosa, vien sete,
e in città non si trova le botti che versano,
né in ottobre né mai. C'è la griglia dell'oste
che sa puzzo di mosto, specialmente la notte.
Nell'autunno, di notte, il vecchiotto cammina,
ma non ha piú la zucca, e le porte fumose
delle tampe dan fuori ubriachi che cianciano soli.
È una gente che beve soltanto di notte
(dal mattino ci pensa) e cosí si ubriaca.
Il vecchiotto, ragazzo, beveva tranquillo;
ora, solo annusando, gli balla la barba:
fin che ficca il bastone tra i piedi a uno sbronzo
che va in terra. Lo aiuta a rialzarsi, gli vuota le tasche
(qualche volta allo sbronzo è avanzato qualcosa),
e alle due lo buttano fuori anche lui
dalla tampa fumosa, che canta, che sgrida
e che vuole la zucca e distendersi sotto la vite.

[1934]

Grappa a settembre

I mattini trascorrono chiari e deserti
sulle rive del fiume, che all'alba s'annebbia
e incupisce il suo verde, in attesa del sole.
Il tabacco, che vendono nell'ultima casa
ancor umida, all'orlo dei prati, ha un colore
quasi nero e un sapore sugoso: vapora azzurrino.
Tengon anche la grappa, colore dell'acqua.

È venuto un momento che tutto si ferma
e matura. Le piante lontano stan chete:
sono fatte piú scure. Nascondono frutti
che a una scossa cadrebbero. Le nuvole sparse
hanno polpe mature. Lontano, sui corsi,
ogni casa matura al tepore del cielo.

Non si vede a quest'ora che donne. Le donne non fumano
e non bevono, sanno soltanto fermarsi nel sole
e riceverlo tiepido addosso, come fossero frutta.
L'aria, cruda di nebbia, si beve a sorsate
come grappa, ogni cosa vi esala un sapore.
Anche l'acqua del fiume ha bevuto le rive
e le macera al fondo, nel cielo. Le strade
sono come le donne, maturano ferme.

A quest'ora ciascuno dovrebbe fermarsi
per la strada e guardare come tutto maturi.
C'è persino una brezza, che non smuove le nubi,
ma che basta a dirigere il fumo azzurrino
senza romperlo: è un nuovo sapore che passa.
E il tabacco va intinto di grappa. È cosí che le donne
non saranno le sole a godere il mattino.

[1934]

Atlantic Oil

Il meccanico sbronzo è felice buttato in un fosso.
Dalla piola, di notte, con cinque minuti di prato,
uno è a casa: ma prima c'è il fresco dell'erba
da godere, e il meccanico dorme che viene già l'alba.
A due passi, nel prato, è rizzato il cartello
rosso e nero: chi troppo s'accosti, non riesce piú a leggerlo,
tanto è largo. A quest'ora è ancor umido
di rugiada. La strada, di giorno, lo copre di polvere,
come copre i cespugli. Il meccanico, sotto, si stira nel sonno.

È l'estremo silenzio. Tra poco, al tepore del sole,
passeranno le macchine senza riposo, svegliando la polvere.
Improvvise alla cima del colle, rallentano un poco,
poi si buttano giú dalla curva. Qualcuna si ferma
nella polvere, avanti al garage, che la imbeve di litri.
I meccanici, un poco intontiti, saranno al mattino
sui bidoni, seduti, aspettando un lavoro.
Fa piacere passare il mattino seduto nell'ombra.
Qui la puzza degli olii si mesce all'odore di verde,
di tabacco e di vino, e il lavoro li viene a trovare
sulla porta di casa. Ogni tanto, c'è fino da ridere:
contadine che passano e dànno la colpa, di bestie e di spose
spaventate, al garage che mantiene il passaggio;
contadini che guardano bieco. Ciascuno, ogni tanto,
fa una svelta discesa a Torino e ritorna piú sgombro.
Poi, tra il ridere e il vendere litri, qualcuno si ferma:
questi campi, a guardarli soltanto, son pieni di polvere
della strada e, a sedersi sull'erba, si viene scacciati.
Tra le coste, c'è sempre una vigna che piace sulle altre:
finirà che il meccanico sposa la vigna che piace
con la cara ragazza, e uscirà dentro il sole,
ma a zappare, e verrà tutto nero sul collo
e berrà del suo vino, torchiato le sere d'autunno in cantina.

Anche a notte ci passano macchine, ma silenziose,
tantoché l'ubriaco, nel fosso, non l'hanno svegliato.
Nella notte non levano polvere e il fascio dei fari
svela in pieno il cartello sul prato, alla curva.

Sotto l'alba trascorrono caute e non s'ode rumore,
se non brezza che passa, e toccata la cima
si dileguano nella pianura, affondando nell'ombra.

[1933]

Città in campagna

Papà beve al tavolo avvolto da pergole verdi
e il ragazzo s'annoia seduto. Il cavallo s'annoia
posseduto da mosche: il ragazzo vorrebbe acchiapparne,
ma Papà l'ha sott'occhio. Le pergole dànno nel vuoto
sulla valle. Il ragazzo non guarda piú al fondo,
perché ha voglia di fare un gran salto. Alza gli occhi:
non c'è piú belle nuvole; gli ammassi splendenti
si son chiusi a nascondere il fresco del cielo.

Si lamenta, Papà, che ci sia da patire piú caldo
nella gita per vendere l'uva, che a mietere il grano.
Chi ha mai visto in settembre quel sole rovente
e doversi fermare al ritorno dall'oste,
altrimenti gli crepa il cavallo. Ma l'uva è venduta;
qualcun altro ci pensa, di qui alla vendemmia:
se anche grandina, il prezzo è già fatto. Il ragazzo s'annoia,
il suo sorso Papà gliel'ha già fatto bere.
Non c'è piú che guardare quel bianco maligno,
sotto il nero dell'afa, e sperare nell'acqua.

Le vie fresche di mezza mattina eran piene di portici
e di gente. Gridavano in piazza. Girava il gelato
bianco e rosa: pareva le nuvole sode nel cielo.
Se faceva 'sto caldo in città, si fermavano a pranzo
nell'albergo. La polvere e il caldo non sporcano i muri
in città: lungo i viali le case son bianche
e ogni tanto qualcuno si siede nei viali a far niente.
In città stanno al fresco a far niente, ma comprano l'uva,
la lavorano in grandi cantine e diventano ricchi.
Se restavano ancora, vedevano in mezzo alle piante,
nella sera, ogni viale una fila di luci.

Tra le pergole nasce un gran vento. Il cavallo si scuote
e Papà guarda in aria. Laggiú nella valle
c'è la casa nel prato e la vigna matura.
Tutt'a un tratto fa freddo e le foglie si staccano
e la polvere vola. Papà beve sempre.
Il ragazzo alza gli occhi alle nuvole orribili.

Sulla valle c'è ancora una chiazza di sole.
Se si fermano qui, mangeranno dall'oste.

[1933]

Gente che non capisce

Sotto gli alberi della stazione si accendono i lumi.
Gella sa che a quest'ora sua madre ritorna dai prati
col grembiale rigonfio. In attesa del treno,
Gella guarda tra il verde e sorride al pensiero
di fermarsi anche lei, tra i fanali, a raccogliere l'erba.

Gella sa che sua madre da giovane è stata in città
una volta: lei tutte le sere col buio ne parte
e sul treno ricorda vetrine specchianti
e persone che passano e non guardano in faccia.
La città di sua madre è un cortile rinchiuso
tra muraglie, e la gente s'affaccia ai balconi.
Gella torna ogni sera con gli occhi distratti
di colori e di voglie, e, spaziando dal treno,
pensa, al ritmo monotono, netti profili di vie
tra le luci, e colline percorse di viali e di vita
e gaiezze di giovani, schietti nel passo e nel riso padrone.

Gella è stufa di andare e venire, e tornare la sera
e non vivere né tra le case né in mezzo alle vigne.
La città la vorrebbe su quelle colline,
luminosa, segreta, e non muoversi piú.
Cosí, è troppo diversa. Alla sera ritrova
i fratelli, che tornano scalzi da qualche fatica,
e la madre abbronzata, e si parla di terre
e lei siede in silenzio. Ma ancora ricorda
che, bambina, tornava anche lei col suo fascio dell'erba:
solamente, quelli erano giochi. E la madre che suda
a raccogliere l'erba, perché da trent'anni
l'ha raccolta ogni sera, potrebbe una volta
ben restarsene in casa. Nessuno la cerca.

Anche Gella vorrebbe restarsene, sola, nei prati,
ma raggiungere i piú solitari, e magari nei boschi.
E aspettare la sera e sporcarsi nell'erba
e magari nel fango e mai piú ritornare in città.
Non far nulla, perché non c'è nulla che serva a nessuno.
Come fanno le capre strappare soltanto le foglie piú verdi

e impregnarsi i capelli, sudati e bruciati,
di rugiada notturna. Indurirsi le carni
e annerirle e strapparsi le vesti, cosí che in città
non la vogliano piú. Gella è stufa di andare e venire
e sorride al pensiero di entrare in città
sfigurata e scomposta. Finché le colline e le vigne
non saranno scomparse, e potrà passeggiare
per i viali, dov'erano i prati, le sere, ridendo,
Gella avrà queste voglie, guardando dal treno.

[29-31 luglio 1933]

Casa in costruzione

Coi canneti è scomparsa anche l'ombra. Già il sole, di
sghembo,
attraversa le arcate e si sfoga per vuoti
che saranno finestre. Lavorano un po' i muratori,
fin che dura il mattino. Ogni tanto rimpiangono
quando qui ci frusciavano ancora le canne,
e un passante accaldato poteva gettarsi sull'erba.

I ragazzi cominciano a giungere a sole piú alto.
Non lo temono il caldo. I pilastri isolati nel cielo
sono un campo di gioco migliore che gli alberi
o la solita strada. I mattoni scoperti
si riempion d'azzurro, per quando le volte
saran chiuse, e ai ragazzi è una gioia vedersi dal fondo
sopra il capo i riquadri del cielo. Peccato il sereno,
ché un rovescio di pioggia lassú da quei vuoti
piacerebbe ai ragazzi. Sarebbe un lavare la casa.

Certamente stanotte – poterci venire – era meglio:
la rugiada bagnava i mattoni e, distesi tra i muri,
si vedevan le stelle. Magari potevano accendere
un bel fuoco e qualcuno assalirli e pigliarsi a sassate.
Una pietra di notte può uccidere senza rumore.
Poi ci sono le bisce che scendono i muri
e che cadono come una pietra, soltanto piú molli.
Cosa accada di notte là dentro, lo sa solo il vecchio
che al mattino si vede discendere per le colline.
Lascia braci di fuoco là dentro e ha la barba strinata
dalla vampa e ha già preso tant'acqua, che, come il terreno,
non potrebbe cambiare colore. Fa ridere tutti
perché dice che gli altri si fanno la casa
col sudore e lui senza sudare ci dorme. Ma un vecchio
non dovrebbe durare alla notte scoperta.
Si capisce una coppia in un prato: c'è l'uomo e la donna
che si tengono stretti, e poi tornano a casa.
Ma quel vecchio non ha piú una casa e si muove a fatica.
Certamente qualcosa gli accade là dentro,
perché ancora al mattino borbotta tra sé.

Dopo un po' i muratori si buttano all'ombra.
È il momento che il sole ha investito ogni cosa
e un mattone a toccarlo ci scotta le mani.
S'è già visto una biscia piombare fuggendo
in un pozzo di calce: è il momento che il caldo
fa impazzire persino le bestie. Si beve una volta
e si vedono le altre colline ogn'intorno, bruciate,
tremolare nel sole. Soltanto uno scemo
resterebbe al lavoro e difatti quel vecchio
a quest'ora attraversa le vigne, rubando le zucche.
Poi ci sono i ragazzi sui ponti, che salgono e scendono.
Una volta una pietra è finita sul cranio
del padrone e hanno tutti interrotto il lavoro
per portarlo al torrente e lavargli la faccia.

[1933]

Civiltà antica

Il ragazzo respira piú fresco, nascosto
dalle imposte, fissando la strada. Si vedono i ciottoli
per la chiara fessura, nel sole. Nessuno cammina
per la strada. Il ragazzo vorrebbe uscir fuori
cosí nudo – la strada è di tutti – e affogare nel sole.

In città, non si può. Si potrebbe in campagna,
se non fosse, sul capo, il profondo del cielo
che atterrisce e avvilisce. C'è l'erba che fredda
fa il solletico ai piedi, ma le piante che guardano
ferme, e i tronchi e i cespugli son occhi severi
per un debole corpo slavato, che trema.
Fino l'erba è diversa e ripugna al contatto.

Ma la strada è deserta. Passasse qualcuno
il ragazzo dal buio oserebbe fissarlo
e pensare che tutti nascondono un corpo.
Passa invece un cavallo dai muscoli grossi
e rintronano i ciottoli. Da tempo il cavallo
se ne va, nudo e senza ritegno, nel sole:
tantoché marcia in mezzo alla strada. Il ragazzo
che vorrebbe esser forte a quel modo e annerito
e magari tirare a quel carro, oserebbe mostrarsi
anche sotto le strisce del cielo. Le case, che guardano,
avviliscono meno che il prato deserto.

Se si ha un corpo, bisogna vederlo. Il ragazzo non sa
se ciascuno abbia un corpo. Il vecchiotto rugoso
che passava al mattino, non può avere un corpo
cosí pallido e triste, non può avere nulla
che atterrisca a quel modo. E nemmeno gli adulti
o le spose che danno la poppa al bambino
sono nudi. Hanno un corpo soltanto i ragazzi.
Il ragazzo non osa guardarsi nel buio,
ma sa bene che deve affogarsi nel sole
e abituarsi agli sguardi del cielo, per crescere un uomo.

[1934]

Cattive compagnie

Questo è un uomo che fuma la pipa. Laggiú nello specchio,
ce n'è un altro che fuma la pipa. Si guardano in faccia.
Quello vero è tranquillo perché vede l'altro sorridere.

Prima ha visto altre cose. Su un fondo di fumo
una faccia di donna protesa a sorridere
e un idiota leccarla con gli occhi parlando.
Poi l'idiota, parlando, afferrare anche lui
e strappargli un sogghigno. Un sogghigno da idiota.
E la donna piegarsi e serrare le labbra
come avesse veduto qualcosa di nudo.
Ora, corpi di uomini nudi la donna ne vede
dal mattino alla sera, ma spoglia anche sé
e là sopra lavora, ridendo. E sogghigni ne vede
e ne fa, sul lavoro: anzi, è mezzo lavoro
un sogghigno ben fatto. Ma quando una è lí per scherzare
a parole, ferisce vedere anche l'altro,
che in silenzio ascoltava parlare l'idiota,
lampeggiare lo stesso pensiero brutale.

Donna e idiota son già ritornati a alitarsi sul volto
– si somigliano un poco le donne e gli idioti –
e la pipa vapora una faccia contratta.
Dentro il fumo è possibile fare una smorfia
e socchiudere gli occhi. La donna ridendo
schiva quello che parla pendendole addosso.

[ottobre 1933]

Piaceri notturni

Anche noi ci fermiamo a sentire la notte
nell'istante che il vento è piú nudo: le vie
sono fredde di vento, ogni odore è caduto;
le narici si levano verso le luci oscillanti.

Abbiam tutti una casa che attende nel buio
che torniamo: una donna ci attende nel buio
stesa al sonno: la camera è calda di odori.
Non sa nulla del vento la donna che dorme
e respira; il tepore del corpo di lei
è lo stesso del sangue che mormora in noi.

Questo vento ci lava, che giunge dal fondo
delle vie spalancate nel buio; le luci
oscillanti e le nostre narici contratte
si dibattono nude. Ogni odore è un ricordo.
Da lontano nel buio sbucò questo vento
che s'abbatte in città: giú per prati e colline,
dove pure c'è un'erba che il sole ha scaldato
e una terra annerita di umori. Il ricordo
nostro è un aspro sentore, la poca dolcezza
della terra sventrata che esala all'inverno
il respiro del fondo. Si è spento ogni odore
lungo il buio, e in città non ci giunge che il vento.

Torneremo stanotte alla donna che dorme,
con le dita gelate a cercare il suo corpo,
e un calore ci scuoterà il sangue, un calore di terra
annerita di umori: un respiro di vita.
Anche lei si è scaldata nel sole e ora scopre
nella sua nudità la sua vita piú dolce,
che nel giorno scompare, e ha sapore di terra.

[1933]

Disciplina antica

Gli ubriachi non sanno parlare alle donne
e si sono sbandati; nessuno li vuole.
Vanno adagio per strada, la strada e i lampioni
non han fine. Qualcuno fa i giri piú larghi:
ma non c'è da temere, domani ritornano a casa.

L'ubriaco che sbanda, si crede con donne
– i lampioni son sempre gli stessi e le donne, di notte,
sono sempre le stesse –: nessuna lo ascolta.
L'ubriaco ragiona e le donne non vogliono.
Queste donne che ridono sono il discorso che fa:
perché ridono tanto le donne o, se piangono, gridano?
L'ubriaco vorrebbe una donna ubriaca
che ascoltasse sommessa. Ma quelle lo assordano
«Per avere 'sto figlio, bisogna passare da noi».

L'ubriaco si stringe a un compagno ubriaco,
che stasera è suo figlio, non nato da quelle.
Come può una donnetta che piange e che sgrida
fargli un figlio compagno? Se quello è ubriaco,
non ricorda le donne nel passo malfermo,
e i due avanzano in pace. Il figliolo che conta
non è nato di donna – sarebbe una donna
anche lui –. Lui cammina col padre e ragiona:
i lampioni gli durano tutta la notte.

[1933]

Indisciplina

L'ubriaco si lascia alle spalle le case stupite.
Mica tutti alla luce del sole si azzardano
a passare ubriachi. Traversa tranquillo la strada,
e potrebbe infilarsi nei muri, ché i muri ci stanno.
Solo un cane trascorre a quel modo, ma un cane si ferma
ogni volta che sente la cagna e la fiuta con cura.
L'ubriaco non guarda nessuno, nemmeno le donne.

Per la strada la gente, stravolta a guardarlo, non ride
e non vuole che sia l'ubriaco, ma i molti che inciampano
per seguirlo con gli occhi, riguardano innanzi
bestemmiando. Passato che c'è l'ubriaco,
tutta quanta la strada si muove piú lenta
nella luce del sole. Qualcuno che corre
come prima, è qualcuno che non sarà mai l'ubriaco.
Gli altri fissano, senza distinguere, il cielo e le case
che continuano a esserci, se anche nessuno li vede.

L'ubriaco non vede né case né cielo,
ma li sa, perché a passo malfermo percorre uno spazio
netto come le strisce di cielo. La gente impacciata
non comprende piú a cosa ci stiano le case,
e le donne non guardano gli uomini. Tutti
hanno come paura che a un tratto la voce
rauca scoppi a cantare e li segua nell'aria.
Ogni casa ha una porta, ma è inutile entrarci.
L'ubriaco non canta, ma tiene una strada
dove l'unico ostacolo è l'aria. Fortuna
che di là non c'è il mare, perché l'ubriaco
camminando tranquillo entrerebbe anche in mare
e, scomparso, terrebbe sul fondo lo stesso cammino.
Fuori, sempre, la luce sarebbe la stessa.

[1933]

Paesaggio

Le colline insensibili che riempiono il cielo
sono vive nell'alba, poi restano immobili
come fossero secoli, e il sole le guarda.
Ricoprirle di verde sarebbe una gioia
e nel verde, disperse, le frutta e le case.
Ogni pianta nell'alba sarebbe una vita
prodigiosa e le nuvole avrebbero un senso.

Non ci manca che un mare a risplendere forte
e inondare la spiaggia in un ritmo monotono.
Su dal mare non sporgono piante, non muovono foglie;
quando piove sul mare, ogni goccia è perduta,
come il vento su queste colline, che cerca le foglie
e non trova che pietre. Nell'alba, è un istante:
si disegnano in terra le sagome nere
e le chiazze vermiglie. Poi torna il silenzio.

Hanno un senso le coste buttate nel cielo
come case di grande città? Sono nude.
Passa a volte un villano stagliato nel vuoto,
cosí assurdo che pare passeggi su un tetto
di città. Viene in mente la sterile mole
delle case ammucchiate, che prende la pioggia
e si asciuga nel sole e non dà un filo d'erba.

Per coprire le case e le pietre di verde
– sí che il cielo abbia un senso – bisogna affondare
dentro il buio radici ben nere. Al tornare dell'alba
scorrerebbe la luce fin dentro la terra
come un urto. Ogni sangue sarebbe piú vivo:
anche i corpi son fatti di vene nerastre.
E i villani che passano avrebbero un senso.

[1934]

Disciplina

I lavori cominciano all'alba. Ma noi cominciamo
un po' prima dell'alba a incontrare noi stessi
nella gente che va per la strada. Ciascuno ricorda
di esser solo e aver sonno, scoprendo i passanti
radi – ognuno trasogna fra sé,
tanto sa che nell'alba spalancherà gli occhi.
Quando viene il mattino ci trova stupiti
a fissare il lavoro che adesso comincia.
Ma non siamo piú soli e nessuno piú ha sonno
e pensiamo con calma i pensieri del giorno
fino a dare in sorrisi. Nel sole che torna
siamo tutti convinti. Ma a volte un pensiero
meno chiaro – un sogghigno – ci coglie improvviso
e torniamo a guardare come prima del sole.
La città chiara assiste ai lavori e ai sogghigni.
Nulla può disturbare il mattino. Ogni cosa
può accadere e ci basta di alzare la testa
dal lavoro e guardare. Ragazzi scappati
che non fanno ancor nulla, camminano in strada
e qualcuno anche corre. Le foglie dei viali
gettan ombre per strada e non manca che l'erba,
tra le case che assistono immobili. Tanti
sulla riva del fiume si spogliano al sole.
La città ci permette di alzare la testa
a pensarci, e sa bene che poi la chiniamo.

[1934]

Legna verde

L'uomo fermo ha davanti colline nel buio.
Fin che queste colline saranno di terra,
i villani dovranno zapparle. Le fissa e non vede,
come chi serri gli occhi in prigione ben sveglio.
L'uomo fermo – che è stato in prigione – domani riprende
il lavoro coi pochi compagni. Stanotte è lui solo.

Le colline gli sanno di pioggia: è l'odore remoto
che talvolta giungeva in prigione nel vento.
Qualche volta pioveva in città: spalancarsi
del respiro e del sangue alla libera strada.
La prigione pigliava la pioggia, in prigione la vita
non finiva, ogni giorno filtrava anche il sole:
i compagni attendevano e il futuro attendeva.

Ora è solo. L'odore inaudito di terra
gli par sorto dal suo stesso corpo, e ricordi remoti
– lui conosce la terra – costringerlo al suolo,
a quel suolo reale. Non serve pensare
che la zappa i villani la picchiano in terra
come sopra un nemico e che si odiano a morte
come tanti nemici. Hanno pure una gioia
i villani: quel pezzo di terra divelto.
Cosa importano gli altri? Domani nel sole
le colline saranno distese, ciascuno la sua.

I compagni non vivono nelle colline,
sono nati in città dove invece dell'erba
c'è rotaie. Talvolta lo scorda anche lui.
Ma l'odore di terra che giunge in città
non sa piú di villani. È una lunga carezza
che fa chiudere gli occhi e pensare ai compagni
in prigione, alla lunga prigione che attende.

[1934]

Rivolta

Quello morto è stravolto e non guarda le stelle:
ha i capelli incollati al selciato. La notte è piú fredda.
Quelli vivi ritornano a casa, tremandoci sopra.
È difficile andare con loro; si sbandano tutti
e chi sale una scala, chi scende in cantina.
C'è qualcuno che va fino all'alba e si butta in un prato
sotto il sole. Domani qualcuno sogghigna
disperato, al lavoro. Poi, passa anche questa.

Quando dormono, sembrano il morto: se c'è anche una donna,
è piú greve il sentore, ma paiono morti.
Ogni corpo si stringe stravolto al suo letto
come al rosso selciato: la lunga fatica
fin dall'alba, val bene una breve agonia.
Su ogni corpo coagula un sudicio buio.
Solamente, quel morto è disteso alle stelle.

Pare morto anche il mucchio di cenci, che il sole
scalda forte, appoggiato al muretto. Dormire
per la strada dimostra fiducia nel mondo.
C'è una barba tra i cenci e vi corrono mosche
che han da fare; i passanti si muovono in strada
come mosche; il pezzente è una parte di strada.
La miseria ricopre di barba i sogghigni
come un'erba, e dà un'aria pacata. 'Sto vecchio
che poteva morire stravolto, nel sangue,
pare invece una cosa ed è vivo. Cosí,
tranne il sangue, ogni cosa è una parte di strada.
Pure, in strada le stelle hanno visto del sangue.

[1934]

Esterno

Quel ragazzo scomparso al mattino, non torna.
Ha lasciato la pala, ancor fredda, all'uncino
– era l'alba – nessuno ha voluto seguirlo:
si è buttato su certe colline. Un ragazzo
dell'età che comincia a staccare bestemmie,
non sa fare discorsi. Nessuno
ha voluto seguirlo. Era un'alba bruciata
di febbraio, ogni tronco colore del sangue
aggrumato. Nessuno sentiva nell'aria
il tepore futuro.
Il mattino è trascorso
e la fabbrica libera donne e operai.
Nel bel sole, qualcuno – il lavoro riprende
tra mezz'ora – si stende a mangiare affamato.
Ma c'è un umido dolce che morde nel sangue
e alla terra dà brividi verdi. Si fuma
e si vede che il cielo è sereno, e lontano
le colline son viola. Varrebbe la pena
di restarsene lunghi per terra nel sole.
Ma a buon conto si mangia. Chi sa se ha mangiato
quel ragazzo testardo? Dice un secco operaio,
che, va bene, la schiena si rompe al lavoro,
ma mangiare si mangia. Si fuma persino.
L'uomo è come una bestia, che vorrebbe far niente.

Son le bestie che sentono il tempo, e il ragazzo
l'ha sentito dall'alba. E ci sono dei cani
che finiscono marci in un fosso: la terra
prende tutto. Chi sa se il ragazzo finisce
lungo un fosso, affamato? È scappato nell'alba
senza fare discorsi, con quattro bestemmie,
alto il naso nell'aria.
Ci pensano tutti
aspettando il lavoro, come un gregge svogliato.

[1934]

Lavorare stanca

Traversare una strada per scappare di casa
lo fa solo un ragazzo, ma quest'uomo che gira
tutto il giorno le strade, non è piú un ragazzo
e non scappa di casa.
Ci sono d'estate
pomeriggi che fino le piazze son vuote, distese
sotto il sole che sta per calare, e quest'uomo, che giunge
per un viale di inutili piante, si ferma.
Val la pena esser solo, per essere sempre piú solo?
Solamente girarle, le piazze e le strade
sono vuote. Bisogna fermare una donna
e parlarle e deciderla a vivere insieme.
Altrimenti, uno parla da solo. È per questo che a volte
c'è lo sbronzo notturno che attacca discorsi,
e racconta i progetti di tutta la vita.

Non è certo attendendo nella piazza deserta
che s'incontra qualcuno, ma chi gira le strade
si sofferma ogni tanto. Se fossero in due,
anche andando per strada, la casa sarebbe
dove c'è quella donna e varrebbe la pena.
Nella notte la piazza ritorna deserta
e quest'uomo, che passa, non vede le case
tra le inutili luci, non leva piú gli occhi:
sente solo il selciato, che han fatto altri uomini
dalle mani indurite, come sono le sue.
Non è giusto restare sulla piazza deserta.
Ci sarà certamente quella donna per strada
che, pregata, vorrebbe dar mano alla casa.

[1934]

Ritratto d'autore

(a Leone)

La finestra che guarda il selciato sprofonda
sempre vuota. L'azzurro d'estate, sul capo,
pare invece piú fermo e vi spunta una nuvola.
Qui non spunta nessuno. E noi siamo seduti per terra.

Il collega – che puzza – seduto con me
sulla pubblica strada, senza muovere il corpo
s'è levato i calzoni. Io mi levo la maglia.
Sulla pietra fa un gelo e il collega lo gode
piú di me che lo guardo, ma non passa nessuno.
La finestra di botto contiene una donna
color chiaro. Magari ha sentito quel puzzo
e ci guarda. Il collega è già in piedi che fissa.
Ha una barba, il collega, dalle gambe alla faccia,
che gli scusa i calzoni e germoglia tra i buchi
della maglia. È una barba che puzza da sola.
Il collega è saltato per quella finestra,
dentro il buio, e la donna è scomparsa. Mi scappano gli occhi
alla striscia di cielo bel solido, nudo anche lui.

Io non puzzo perché non ho barba. Mi gela, la pietra,
questa mia schiena nuda, che piace alle donne
perché è liscia: che cosa non piace alle donne?
Ma non passano donne. Passa invece la cagna
inseguita da un cane che ha preso la pioggia
tanto puzza. La nuvola liscia, nel cielo,
guarda immobile: pare un ammasso di foglie.
Il collega ha trovato la cena stavolta.
Trattan bene, le donne, chi è nudo. Compare
finalmente alla svolta un gorbetta che fuma.
Ha le gambe d'anguilla anche lui, testa riccia,
pelle dura: le donne vorranno spogliarlo
un bel giorno e annusare se puzza di buono.
Quando è qui, stendo un piede. Va subito in terra
e gli chiedo una cicca. Fumiamo in silenzio.

[1934]

Mediterranea

Parla poco l'amico, e quel poco è diverso.
Val la pena incontrarlo un mattino di vento?
Di noi due uno, all'alba, ha lasciato una donna.
Si potrebbe discorrere del vento umidiccio,
della calma o di qualche passante, guardando la strada;
ma nessuno comincia. L'amico è lontano
e a fumare non pensa. Non guarda.
                                                Fumava
anche il negro, un mattino, che insieme vedemmo
fisso, in piedi, nell'angolo a bere quel vino
– fuori il mare aspettava. Ma il rosso del vino
e la nuvola vaga non erano suoi:
non pensava ai sapori. Neanche il mattino
non pareva un mattino di quelli dell'alba;
era un giorno monotono fuori dei giorni
per il negro. L'idea di una terra lontana
gli faceva da sfondo. Ma lui non quadrava.

C'era donne per strada e una luce piú fresca,
e il sentore del mare correva le vie.
Noi, nemmeno le donne o girare: bastava
star seduti e ascoltare la vita e pensare che il mare
era là, sotto il sole ancor fresco di sonno.
Donne bianche passavano, nostre, sul negro
che nemmeno abbassava lo sguardo alle mani
troppo fosche, e nemmeno muoveva il respiro.
Avevamo lasciato una donna, e ogni cosa
sotto l'alba sapeva di nostro possesso:
calma, strade, e quel vino.
                                        Stavolta i passanti
mi distraggono e piú non ricordo l'amico
che nel vento bagnato si è messo a fumare,
ma non pare che goda.
                                    Tra poco mi chiede:
Lo ricordi quel negro che fumava e beveva?

[1934]

La cena triste

Proprio sotto la pergola, mangiata la cena.
C'è lí sotto dell'acqua che scorre sommessa.
Stiamo zitti, ascoltando e guardando il rumore
che fa l'acqua a passare nel solco di luna.
Quest'indugio è il piú dolce.
La compagna, che indugia,
pare ancora che morda nel grappolo d'uva
tanto ha viva la bocca; e il sapore perdura,
come il giallo lunare, nell'aria. Le occhiate, nell'ombra,
hanno il dolce dell'uva, ma le solide spalle
e le guance abbrunite rinserrano tutta l'estate.

Son rimasti uva e pane sul tavolo bianco.
Le due sedie si guardano in faccia deserte.
Chissà il solco di luna che cosa schiarisce,
con quel suo lume dolce, nei boschi remoti.
Può accadere anzi l'alba che un soffio piú freddo
spenga luna e vapori, e qualcuno compaia.
Una debole luce ne mostri la gola
sussultante e le mani febbrili serrarsi
vanamente sui cibi. Continua il sussulto dell'acqua,
ma nel buio. Né l'uva né il pane son mossi.
I sapori tormentano l'ombra affamata,
che non riesce nemmeno a leccare sul grappolo
la rugiada che già si condensa. E, ogni cosa stillando
sotto l'alba, le sedie si guardano, sole.

Qualche volta alla riva dell'acqua un sentore,
come d'uva, di donna ristagna sull'erba,
e la luna fluisce in silenzio. Compare qualcuno,
ma traversa le piante incorporeo, e si lagna
con quel gemito rauco di chi non ha voce,
e si stende sull'erba e non trova la terra:
solamente, gli treman le nari. Fa freddo, nell'alba,
e la stretta di un corpo sarebbe la vita.
Piú diffusa del giallo lunare, che ha orrore
di filtrare nei boschi, è quest'ansia inesausta

di contatti e sapori che macera i morti.
Altre volte, nel suolo li tormenta la pioggia.

[1934]

Paesaggio

(*a Tina*)

I due uomini fumano a riva. La donna che nuota
senza rompere l'acqua, non vede che il verde
del suo breve orizzonte. Tra il cielo e le piante
si distende quest'acqua e la donna vi scorre
senza corpo. Nel cielo si posano nuvole
come immobili. Il fumo si ferma a mezz'aria.

Sotto il gelo dell'acqua c'è l'erba. La donna
vi trascorre sospesa; ma noi la schiacciamo,
l'erba verde, col corpo. Non c'è lungo le acque
altro peso. Noi soli sentiamo la terra.
Forse il corpo allungato di lei, che è sommerso,
sente l'avido gelo assorbirle il torpore
delle membra assolate e discioglierla viva
nell'immobile verde. Il suo capo non muove.

Era stesa anche lei, dove l'erba è piegata.
Il suo volto socchiuso posava sul braccio
e guardava nell'erba. Nessuno fiatava.
Stagna ancora nell'aria quel primo sciacquío
che l'ha accolta nell'acqua. Su noi stagna il fumo.
Ora è giunta alla riva e ci parla, stillante
nel suo corpo annerito che sorge fra i tronchi.
La sua voce è ben l'unico suono che si ode sull'acqua
– rauca e fresca, è la voce di prima.
Pensiamo, distesi
sulla riva, a quel verde piú cupo e piú fresco
che ha sommerso il suo corpo. Poi, uno di noi
piomba in acqua e traversa, scoprendo le spalle
in bracciate schiumose, l'immobile verde.

[1934]

Maternità

Questo è un uomo che ha fatto tre figli: un gran corpo
poderoso, che basta a sé stesso; a vederlo passare
uno pensa che i figli han la stessa statura.
Dalle membra del padre (la donna non conta)
debbon esser usciti, già fatti, tre giovani
come lui. Ma comunque sia il corpo dei tre,
alle membra del padre non manca una briciola
o uno scatto: si sono staccati da lui
camminandogli accanto.
                    La donna c'è stata,
una donna di solido corpo, che ha sparso
su ogni figlio del sangue e sul terzo c'è morta.
Pare strano ai tre giovani vivere senza la donna
che nessuno conosce e li ha fatti, ciascuno, a fatica
annientandosi in loro. La donna era giovane
e rideva e parlava, ma è un gioco rischioso
prender parte alla vita. È cosí che la donna
c'è restata in silenzio, fissando stravolta il suo uomo.

I tre figli hanno un modo di alzare le spalle
che quell'uomo conosce. Nessuno di loro
sa di avere negli occhi e nel corpo una vita
che a suo tempo era piena e saziava quell'uomo.
Ma, a vedere piegarsi un suo giovane all'orlo del fiume
e tuffarsi, quell'uomo non ritrova piú il guizzo
delle membra di lei dentro l'acqua, e la gioia
dei due corpi sommersi. Non ritrova piú i figli,
se li guarda per strada e confronta con sé.
Quanto tempo è che ha fatto dei figli? I tre giovani
vanno invece spavaldi e qualcuno per sbaglio
s'è già fatto un figliolo, senza farsi la donna.

[1934]

Una generazione

Un ragazzo veniva a giocare nei prati
dove adesso s'allungano i corsi. Trovava nei prati
ragazzotti anche scalzi e saltava di gioia.
Era bello scalzarsi nell'erba con loro.
Una sera di luci lontane echeggiavano spari,
in città, e sopra il vento giungeva pauroso
un clamore interrotto. Tacevano tutti.
Le colline sgranavano punti di luce
sulle coste, avvivati dal vento. La notte
che oscurava, finiva per spegnere tutto
e nel sonno duravano solo freschezze di vento.

(Domattina i ragazzi ritornano in giro
e nessuno ricorda il clamore. In prigione
c'è operai silenziosi e qualcuno è già morto.
Nelle strade han coperto le macchie di sangue.
La città di lontano si sveglia nel sole
e la gente esce fuori. Si guardano in faccia).
I ragazzi a quel tempo giravano in strada
e guardavano in faccia le donne. Persino le donne
non dicevano nulla e lasciavano fare.
I ragazzi pensavano al buio dei prati
dove qualche bambina veniva. Era bello far piangere
le bambine nel buio. Eravamo i ragazzi.
La città ci piaceva di giorno: la sera, tacere
e guardare le luci in distanza e ascoltare i clamori.

Vanno ancora ragazzi a giocare nei prati
dove giungono i corsi. E la notte è la stessa.
A passarci si sente l'odore dell'erba.
In prigione ci sono gli stessi. E ci sono le donne
come allora, che fanno bambini e non dicono nulla.

[1934]

Ulisse

Questo è un vecchio deluso, perché ha fatto suo figlio
troppo tardi. Si guardano in faccia ogni tanto,
ma una volta bastava uno schiaffo. (Esce il vecchio
e ritorna col figlio che si stringe una spalla
e non leva piú gli occhi). Ora il vecchio è seduto
fino a notte, davanti a una grande finestra,
ma non viene nessuno e la strada è deserta.

Stamattina, è scappato il ragazzo, e ritorna
questa notte. Starà sogghignando. A nessuno
vorrà dire se a pranzo ha mangiato. Magari
avrà gli occhi pesanti e andrà a letto in silenzio:
due scarponi infangati. Il mattino era azzurro
sulle piogge di un mese.
Per la fresca finestra
scorre amaro un sentore di foglie. Ma il vecchio
non si muove dal buio, non ha sonno la notte,
e vorrebbe aver sonno e scordare ogni cosa
come un tempo al ritorno dopo un lungo cammino.
Per scaldarsi, una volta gridava e picchiava.

Il ragazzo che torna fra poco, non prende piú schiaffi.
Il ragazzo comincia a esser giovane e scopre
ogni giorno qualcosa e non parla a nessuno.
Non c'è nulla per strada che non possa sapersi
stando a questa finestra. Ma il ragazzo cammina
tutto il giorno per strada. Non cerca ancor donne
e non gioca piú in terra. Ogni volta ritorna.
Il ragazzo ha un suo modo di uscire di casa
che, chi resta, s'accorge di non farci piú nulla.

[1935]

Atavismo

Certo il giorno non trema, a guardarlo. E le case
sono ferme, piantate ai selciati. Il martello
di quell'uomo seduto scalpiccia su un ciottolo
dentro il molle terriccio. Il ragazzo che scappa
al mattino, non sa che quell'uomo lavora,
e si ferma a guardarlo. Nessuno lavora per strada.

L'uomo siede nell'ombra, che cade dall'alto
di una casa, piú fresca che un'ombra di nube,
e non guarda, ma tocca i suoi ciottoli assorto.
Il rumore dei ciottoli echeggia lontano
sul selciato velato dal sole. Ragazzi
non ce n'è per le strade. Il ragazzo è ben solo
e s'accorge che tutti sono uomini o donne
che non vedono quel che lui vede e trascorrono svelti.

Ma quell'uomo lavora. Il ragazzo lo guarda,
esitante al pensiero che un uomo lavori
sulla strada, seduto come fanno i pezzenti.
E anche gli altri che passano, paiono assorti
a finire qualcosa e nessuno si guarda
alle spalle o dinanzi, lungo tutta la strada.
Se la strada è di tutti, bisogna goderla
senza fare nient'altro, guardandosi intorno,
ora all'ombra ora al sole, nel fresco leggero.

Ogni via si spalanca che pare una porta,
ma nessuno l'infila. Quell'uomo seduto
non s'accorge nemmeno, come fosse un pezzente,
della gente che viene e che va, nel mattino.

[1935]

Avventure

Sulla nera collina c'è l'alba e sui tetti
s'assopiscono i gatti. Un ragazzo è piombato
giú dal tetto stanotte, spezzandosi il dorso.
Vibra un vento tra gli alberi freschi: le nubi
rosse, in alto, son tiepide e viaggiano lente.
Giú nel vicolo spunta un cagnaccio, che fiuta
il ragazzo sui ciottoli, ma un rauco gnaulio
sale su tra i comignoli: qualcuno è scontento.

Nella notte cantavano i grilli, e le stelle
si spegnevano al vento. Al chiarore dell'alba
si son spenti anche gli occhi dei gatti in amore
che il ragazzo spiava. La gatta, che piange,
è perché non ha gatto. Non c'è nulla che valga
– né le vette degli alberi né le nuvole rosse –
piange al cielo scoperto, come fosse ancor notte.

Il ragazzo spiava gli amori dei gatti.
Il cagnaccio, che fiuta 'sto corpo ringhiando,
è arrivato e non era ancor l'alba: fuggiva
il chiarore dell'altro versante. Nuotando
dentro il fiume che infradicia come nei prati
la rugiada, l'ha colto la luce. Le cagne
ululavano ancora.
Scorre il fiume tranquillo
e lo schiumano uccelli. Tra le nuvole rosse
piomban giú dalla gioia di trovarlo deserto.

[1935]

Donne appassionate

Le ragazze al crepuscolo scendono in acqua,
quando il mare svanisce, disteso. Nel bosco
ogni foglia trasale, mentre emergono caute
sulla sabbia e si siedono a riva. La schiuma
fa i suoi giochi inquieti, lungo l'acqua remota.

Le ragazze han paura delle alghe sepolte
sotto le onde, che afferrano le gambe e le spalle:
quant'è nudo, del corpo. Rimontano rapide a riva
e si chiamano a nome, guardandosi intorno.
Anche le ombre sul fondo del mare, nel buio,
sono enormi e si vedono muovere incerte,
come attratte dai corpi che passano. Il bosco
è un rifugio tranquillo, nel sole calante,
piú che il greto, ma piace alle scure ragazze
star sedute all'aperto, nel lenzuolo raccolto.

Stanno tutte accosciate, serrando il lenzuolo
alle gambe, e contemplano il mare disteso
come un prato al crepuscolo. Oserebbe qualcuna
ora stendersi nuda in un prato? Dal mare
balzerebbero le alghe, che sfiorano i piedi,
a ghermire e ravvolgere il corpo tremante.
Ci son occhi nel mare, che traspaiono a volte.

Quell'ignota straniera, che nuotava di notte
sola e nuda, nel buio quando muta la luna,
è scomparsa una notte e non torna mai piú.
Era grande e doveva esser bianca abbagliante
perché gli occhi, dal fondo del mare, giungessero a lei.

[15 agosto 1935]

Luna d'agosto

Al di là delle gialle colline c'è il mare,
al di là delle nubi. Ma giornate tremende
di colline ondeggianti e crepitanti nel cielo
si frammettono prima del mare. Quassú c'è l'ulivo
con la pozza dell'acqua che non basta a specchiarsi,
e le stoppie, le stoppie, che non cessano mai.

E si leva la luna. Il marito è disteso
in un campo, col cranio spaccato dal sole
– una sposa non può trascinare un cadavere
come un sacco –. Si leva la luna, che getta un po' d'ombra
sotto i rami contorti. La donna nell'ombra
leva un ghigno atterrito al faccione di sangue
che coagula e inonda ogni piega dei colli.
Non si muove il cadavere disteso nei campi
né la donna nell'ombra. Pure l'occhio di sangue
pare ammicchi a qualcuno e gli segni una strada.

Vengon brividi lunghi per le nude colline
di lontano, e la donna se li sente alle spalle,
come quando correvano il mare del grano.
Anche invadono i rami dell'ulivo sperduto
in quel mare di luna, e già l'ombra dell'albero
pare stia per contrarsi e inghiottire anche lei.

Si precipita fuori, nell'orrore lunare,
e la segue il fruscio della brezza sui sassi
e una sagoma tenue che le morde le piante,
e la doglia nel grembo. Rientra curva nell'ombra
e si butta sui sassi e si morde la bocca.
Sotto, scura la terra si bagna di sangue.

[agosto 1935]

Terre bruciate

Parla il giovane smilzo che è stato a Torino.
Il gran mare si stende, nascosto da rocce,
e dà in cielo un azzurro slavato. Rilucono gli occhi
di ciascuno che ascolta.

A Torino si arriva di sera
e si vedono subito per la strada le donne
maliziose, vestite per gli occhi, che camminano sole.
Là, ciascuna lavora per la veste che indossa,
ma l'adatta a ogni luce. Ci sono colori
da mattino, colori per uscire nei viali,
per piacere di notte. Le donne, che aspettano
e si sentono sole, conoscono a fondo la vita.
Sono libere. A loro non rifiutano nulla.

Sento il mare che batte e ribatte spossato alla riva.
Vedo gli occhi profondi di questi ragazzi
lampeggiare. A due passi il filare di fichi
disperato s'annoia sulla roccia rossastra.
Ce ne sono di libere che fumano sole.
Ci si trova la sera e abbandona il mattino
al caffè, come amici. Sono giovani sempre.
Voglion occhi e prontezza nell'uomo e che scherzi
e che sia sempre fine. Basta uscire in collina
e che piova: si piegano come bambine,
ma si sanno godere l'amore. Piú esperte di un uomo.
Sono vive e slanciate e, anche nude, discorrono
con quel brio che hanno sempre.

Lo ascolto.
Ho fissato le occhiaie del giovane smilzo
tutte intente. Han veduto anche loro una volta quel verde.
Fumerò a notte buia, ignorando anche il mare.

[agosto 1935]

Poggio Reale

Una breve finestra nel cielo tranquillo
calma il cuore; qualcuno c'è morto contento.
Fuori, sono le piante e le nubi, la terra
e anche il cielo. Ne giunge quassú il mormorio:
i clamori di tutta la vita.

La vuota finestra
non rivela che, sotto le piante, ci sono colline
e che un fiume serpeggia lontano, scoperto.
L'acqua è limpida come il respiro del vento,
ma nessuno ci bada.

Compare una nube
soda e bianca, che indugia, nel quadrato del cielo.
Scorge case stupite e colline, ogni cosa
che traspare nell'aria, vede uccelli smarriti
scivolare nell'aria. Viandanti tranquilli
vanno lungo quel fiume e nessuno s'accorge
della piccola nube.

Ora è vuoto l'azzurro
nella breve finestra: vi piomba lo strido
di un uccello, che spezza il brusio. Quella nube
forse tocca le piante o discende nel fiume.

L'uomo steso nel prato potrebbe sentirla
nel respiro dell'erba. Ma non muove lo sguardo,
l'erba sola si muove. Dev'essere morto.

[15 settembre 1935]

Paesaggio

Quest'è il giorno che salgono le nebbie dal fiume
nella bella città, in mezzo a prati e colline,
e la sfumano come un ricordo. I vapori confondono
ogni verde, ma ancora le donne dai vivi colori
vi camminano. Vanno nella bianca penombra
sorridenti: per strada può accadere ogni cosa.
Può accadere che l'aria ubriachi.

Il mattino
si sarà spalancato in un largo silenzio
attutendo ogni voce. Persino il pezzente,
che non ha una città né una casa, l'avrà respirato,
come aspira il bicchiere di grappa a digiuno.
Val la pena aver fame o esser stato tradito
dalla bocca piú dolce, pur di uscire a quel cielo
ritrovando al respiro i ricordi piú lievi.

Ogni via, ogni spigolo schietto di casa
nella nebbia, conserva un antico tremore:
chi lo sente non può abbandonarsi. Non può abbandonare
la sua ebrezza tranquilla, composta di cose
dalla vita pregnante, scoperte a riscontro
d'una casa o d'un albero, d'un pensiero improvviso.
Anche i grossi cavalli, che saranno passati
tra la nebbia nell'alba, parleranno d'allora.

O magari un ragazzo scappato di casa
torna proprio quest'oggi, che sale la nebbia
sopra il fiume, e dimentica tutta la vita,
le miserie, la fame e le fedi tradite,
per fermarsi su un angolo, bevendo il mattino.
Val la pena tornare, magari diverso.

[1935]

Le poesie censurate

Pensieri di Dina

Dentro l'acqua che scorre ormai limpida e fresca di sole,
è un piacere gettarsi: a quest'ora non viene nessuno.
Fanno rabbrividire, le scorze dei pioppi, a toccarle col corpo,
piú che l'acqua scrosciante di un tuffo. Sott'acqua è ancor
buio
e fa un gelo che accoppa, ma basta saltare nel sole
e si torna a guardare le cose con occhi lavati.
È un piacere distendersi nuda sull'erba già calda
e cercare con gli occhi socchiusi le grandi colline
che sormontano i pioppi e mi vedono nuda
e nessuno di là se ne accorge. Quel vecchio in mutande
e cappello, che andava a pescare, mi ha vista tuffarmi,
ma ha creduto che fossi un ragazzo e nemmeno ha parlato.
Questa sera ritorno una donna nell'abito rosso
– non lo sanno che sono ora stesa qui nuda quegli uomini
che mi fanno i sorrisi per strada – ritorno vestita
a pigliare i sorrisi. Non sanno quegli uomini
che stasera avrò fianchi piú forti, nell'abito rosso,
e sarò un'altra donna. Nessuno mi vede quaggiú:
e di là dalle piante ci son sabbiatori piú forti
di quegli altri che fanno i sorrisi: nessuno mi vede.
Sono sciocchi gli uomini – stasera ballando con tutti
io sarò come nuda, come ora, e nessuno saprà
che poteva trovarmi qui sola. Sarò come loro.
Solamente, gli sciocchi, vorranno abbracciarmi ben stretta,
bisbigliarmi proposte da furbi. Ma cosa m'importa
delle loro carezze? So farmi carezze da me.
Questa sera dovremmo poter stare nudi e vederci
senza fare sorrisi da furbi. Io sola sorrido
a distendermi qui dentro l'erba e nessuno lo sa.

[23-24 marzo 1933]

Il dio-caprone

La campagna è un paese di verdi misteri
al ragazzo, che viene d'estate. La capra, che morde
certi fiori, le gonfia la pancia e bisogna che corra.
Quando l'uomo ha goduto con qualche ragazza
– hanno peli là sotto – il bambino le gonfia la pancia.
Pascolando le capre, si fanno bravate e sogghigni,
ma al crepuscolo ognuno comincia a guardarsi alle spalle.
I ragazzi conoscono quando è passata la biscia
dalla striscia sinuosa che resta per terra.
Ma nessuno conosce se passa la biscia
dentro l'erba. Ci sono le capre che vanno a fermarsi
sulla biscia, nell'erba, e che godono a farsi succhiare.
Le ragazze anche godono, a farsi toccare.

Al levar della luna le capre non stanno piú chete,
ma bisogna raccoglierle e spingerle a casa,
altrimenti si drizza il caprone. Saltando nel prato
sventra tutte le capre e scompare. Ragazze in calore
dentro i boschi ci vengono sole, di notte,
e il caprone, se belano stese nell'erba, le corre a trovare.
Ma, che spunti la luna: si drizza e le sventra.
E le cagne, che abbaiano sotto la luna,
è perché hanno sentito il caprone che salta
sulle cime dei colli e annusato l'odore del sangue.
E le bestie si scuotono dentro le stalle.
Solamente i cagnacci piú forti dan morsi alla corda
e qualcuno si libera e corre a seguire il caprone,
che li spruzza e ubriaca di un sangue piú rosso del fuoco,
e poi ballano tutti, tenendosi ritti e ululando alla luna.

Quando, a giorno, il cagnaccio ritorna spelato e ringhioso,
i villani gli dànno la cagna a pedate di dietro.
E alla figlia, che gira di sera, e ai ragazzi, che tornano
quand'è buio, smarrita una capra, gli fiaccano il collo.
Riempion donne, i villani, e faticano senza rispetto.
Vanno in giro di giorno e di notte e non hanno paura
di zappare anche sotto la luna o di accendere un fuoco
di gramigne nel buio. Per questo, la terra

è cosí bella verde e, zappata, ha il colore,
sotto l'alba, dei volti bruciati. Si va alla vendemmia
e si mangia e si canta; si va a spannocchiare
e si balla e si beve. Si sente ragazze che ridono,
ché qualcuno ricorda il caprone. Su, in cima, nei boschi,
tra le ripe sassose, i villani l'han visto
che cercava la capra e picchiava zuccate nei tronchi.
Perché, quando una bestia non sa lavorare
e si tiene soltanto da monta, gli piace distruggere.

[4-5 maggio 1933]

Balletto

È un gigante che passa volgendosi appena,
quando attende una donna, e non sembra che attenda.
Ma non fa mica apposta: lui fuma e la gente lo guarda.

Ogni donna che va con quest'uomo è una bimba
che si addossa a quel corpo ridendo, stupita
della gente che guarda. Il gigante s'avvia
e la donna è una parte di tutto il suo corpo,
solamente piú viva. La donna non conta,
ogni sera è diversa, ma sempre una piccola
che ridendo contiene il culetto che danza.

Il gigante non vuole un culetto che danzi
per la strada, e pacato lo porta a sedersi
ogni sera alla sfida e la donna è contenta.
Alla sfida, la donna è stordita dagli urli
e, guardando il gigante, ritorna bambina.
Dai due pugilatori si sentono i tonfi
dei saltelli e dei pugni, ma pare che danzino
cosí nudi allacciati, e la donna li fissa
con gli occhietti e si morde le labbra contenta.
Si abbandona al gigante e ritorna bambina:
è un piacere appoggiarsi a una rupe che accoglie.

Se la donna e il gigante si spogliano insieme
– lo faranno piú tardi –, il gigante somiglia
alla placidità di una rupe, una rupe bruciante,
e la bimba, a scaldarsi, si stringe a quel masso.

[1933]

Paternità

Fantasia della donna che balla, e del vecchio
che è suo padre e una volta l'aveva nel sangue
e l'ha fatta una notte, godendo in un letto, bel nudo.
Lei s'affretta per giungere in tempo a svestirsi,
e ci sono altri vecchi che attendono. Tutti
le divorano, quando lei salta a ballare, la forza
delle gambe con gli occhi, ma i vecchi ci tremano.
Quasi nuda è la giovane. E i giovani guardano
con sorrisi, e qualcuno vorrebbe esser nudo.

Sembran tutti suo padre i vecchiotti entusiasti
e son tutti, malfermi, un avanzo di corpo
che ha goduto altri corpi. Anche i giovani un giorno
saran padri, e la donna è per tutti una sola.
È accaduto in silenzio. Una gioia profonda
prende il buio davanti alla giovane viva.
Tutti i corpi non sono che un corpo, uno solo
che si muove inchiodando gli sguardi di tutti.

Questo sangue, che scorre le membra diritte
della giovane, è il sangue che gela nei vecchi;
e suo padre che fuma in silenzio, a scaldarsi,
lui non salta, ma ha fatto la figlia che balla.
C'è un sentore e uno scatto nel corpo di lei
che è lo stesso nel vecchio, e nei vecchi. In silenzio
fuma il padre e l'attende che ritorni, vestita.
Tutti attendono, giovani e vecchi, e la fissano;
e ciascuno, bevendo da solo, ripenserà a lei.

[1933]

Le poesie aggiunte
e
Appendice

Il figlio della vedova

Può accadere ogni cosa nella bruna osteria,
può accadere che fuori sia un cielo di stelle,
al di là della nebbia autunnale e del mosto.
Può accadere che cantino dalla collina
le arrochite canzoni sulle aie deserte
e che torni improvvisa sotto il cielo d'allora
la donnetta seduta in attesa del giorno.

Tornerebbero intorno alla donna i villani
dalle scarne parole, in attesa del sole
e del pallido cenno di lei, rimboccati
fino al gomito, chini a fissare la terra.
Alla voce del grillo si unirebbe il frastuono
della cote sul ferro e un piú rauco sospiro.
Tacerebbero il vento e i brusii della notte.
La donnetta seduta parlerebbe con ira.

Lavorando i villani ricurvi lontano,
la donnetta è rimasta sull'aia e li segue
con lo sguardo, poggiata allo stipite, affranta
dal gran ventre maturo. Sul volto consunto
ha un amaro sorriso impaziente, e una voce
che non giunge ai villani le solleva la gola.
Batte il sole sull'aia e sugli occhi arrossati
ammiccanti. Una nube purpurea vela la stoppia
seminata di gialli covoni. La donna
vacillando, la mano sul grembo, entra in casa.

Donne corrono con impazienza le stanze deserte
comandate dal cenno e dall'occhio che, soli,
di sul letto le seguono. La grande finestra
che contiene colline e filari e il gran cielo,
manda un fioco ronzio che è il lavoro di tutti.
La donnetta dal pallido viso ha serrate le labbra
alle fitte del ventre e si tende in ascolto
impaziente. Le donne la servono, pronte.

[estate 1938 - 5 maggio 1939]

Gente che c'è stata

Luna tenera e brina sui campi nell'alba
assassinano il grano.
Sul piano deserto,
qua e là putrefatto (ci vuole del tempo
perché il sole e la pioggia sotterrino i morti),
era ancora un piacere svegliarsi e guardare
se la brina copriva anche quelli. La luna
inondava, e qualcuno pensava al mattino
quando l'erba sarebbe spuntata piú verde.

Ai villani che guardano piangono gli occhi.
Per quest'anno al ritorno del sole, se torna,
foglioline bruciate saran tutto il grano.
Trista luna – non sa che mangiare le nebbie,
e le brine al sereno hanno un morso di serpe,
che del verde fa tanto letame. Ne han dato letame
alla terra; ora torna in letame anche il grano,
e non serve guardare, e sarà tutto arso,
putrefatto. È un mattino che toglie ogni forza
solamente svegliarsi e girare da vivi
lungo i campi.
Vedranno piú tardi spuntare
qualche timido verde sul piano deserto,
sulla tomba del grano, e dovranno lottare
a ridurre anche quello in letame, bruciando.
Perché il sole e la pioggia proteggono solo le erbacce
e la brina, toccato che ha il grano, non torna.

[1933]

La notte

Ma la notte ventosa, la limpida notte
che il ricordo sfiorava soltanto, è remota,
è un ricordo. Perdura una calma stupita
fatta anch'essa di foglie e di nulla. Non resta,
di quel tempo di là dai ricordi, che un vago
ricordare.

Talvolta ritorna nel giorno
nell'immobile luce del giorno d'estate,
quel remoto stupore.

Per la vuota finestra
il bambino guardava la notte sui colli
freschi e neri, e stupiva di trovarli ammassati:
vaga e limpida immobilità. Fra le foglie
che stormivano al buio, apparivano i colli
dove tutte le cose del giorno, le coste
e le piante e le vigne, eran nitide e morte
e la vita era un'altra, di vento, di cielo,
e di foglie e di nulla.

Talvolta ritorna
nell'immobile calma del giorno il ricordo
di quel vivere assorto, nella luce stupita.

[16 aprile 1938]

Incontro

Queste dure colline che han fatto il mio corpo
e lo scuotono a tanti ricordi, mi han schiuso il prodigio
di costei, che non sa che la vivo e non riesco a comprenderla.

L'ho incontrata, una sera: una macchia piú chiara
sotto le stelle ambigue, nella foschía d'estate.
Era intorno il sentore di queste colline
piú profondo dell'ombra, e d'un tratto suonò
come uscisse da queste colline, una voce piú netta
e aspra insieme, una voce di tempi perduti.

Qualche volta la vedo, e mi vive dinanzi
definita, immutabile, come un ricordo.
Io non ho mai potuto afferrarla: la sua realtà
ogni volta mi sfugge e mi porta lontano.
Se sia bella, non so. Tra le donne è ben giovane:
mi sorprende, a pensarla, un ricordo remoto
dell'infanzia vissuta tra queste colline,
tanto è giovane. È come il mattino. Mi accenna negli occhi
tutti i cieli lontani di quei mattini remoti.
E ha negli occhi un proposito fermo: la luce piú netta
che abbia avuto mai l'alba su queste colline.

L'ho creata dal fondo di tutte le cose
che mi sono piú care, e non riesco a comprenderla.

[8-15 agosto 1932]

Rivelazione

L'uomo solo rivede il ragazzo dal magro
cuore assorto a scrutare la donna ridente.
Il ragazzo levava lo sguardo a quegli occhi,
dove i rapidi sguardi trasalivano nudi
e diversi. Il ragazzo raccoglieva un segreto
in quegli occhi, un segreto come il grembo nascosto.

L'uomo solo si preme nel cuore il ricordo.
Gli occhi ignoti bruciavano come brucia la carne,
vivi d'umida vita. La dolcezza del grembo
palpitante di calda ansietà traspariva
in quegli occhi. Sbocciava angoscioso il segreto
come un sangue. Ogni cosa era fatta tremenda
nella luce tranquilla delle piante e del cielo.

Il ragazzo piangeva nella sera sommessa
rade lacrime mute, come fosse già uomo.
L'uomo solo ritrova sotto il cielo remoto
quello sguardo raccolto che la donna depone
sul ragazzo. E rivede quegli occhi e quel volto
ricomporsi sommessi al sorriso consueto.

[28-29 ottobre 1937]

Mattino

La finestra socchiusa contiene un volto
sopra il campo del mare. I capelli vaghi
accompagnano il tenero ritmo del mare.

Non ci sono ricordi su questo viso.
Solo un'ombra fuggevole, come di nube.
L'ombra è umida e dolce come la sabbia
di una cavità intatta, sotto il crepuscolo.
Non ci sono ricordi. Solo un susurro
che è la voce del mare fatta ricordo.

Nel crepuscolo l'acqua molle dell'alba
che s'imbeve di luce, rischiara il viso.
Ogni giorno è un miracolo senza tempo,
sotto il sole: una luce salsa l'impregna
e un sapore di frutto marino vivo.

Non esiste ricordo su questo viso.
Non esiste parola che lo contenga
o accomuni alle cose passate. Ieri,
dalla breve finestra è svanito come
svanirà tra un istante, senza tristezza
né parole umane, sul campo del mare.

[9-18 agosto 1940]

Estate

C'è un giardino chiaro, fra mura basse,
di erba secca e di luce, che cuoce adagio
la sua terra. È una luce che sa di mare.
Tu respiri quell'erba. Tocchi i capelli
e ne scuoti il ricordo.

Ho veduto cadere
molti frutti, dolci, su un'erba che so,
con un tonfo. Cosí trasalisci tu pure
al sussulto del sangue. Tu muovi il capo
come intorno accadesse un prodigio d'aria
e il prodigio sei tu. C'è un sapore uguale
nei tuoi occhi e nel caldo ricordo.

Ascolti.
Le parole che ascolti ti toccano appena.
Hai nel viso calmo un pensiero chiaro
che ti finge alle spalle la luce del mare.
Hai nel viso un silenzio che preme il cuore
con un tonfo, e ne stilla una pena antica
come il succo dei frutti caduti allora.

[3-10 settembre 1940]

Notturno

La collina è notturna, nel cielo chiaro.
Vi s'inquadra il tuo capo, che muove appena
e accompagna quel cielo. Sei come una nube
intravista fra i rami. Ti ride negli occhi
la stranezza di un cielo che non è il tuo.

La collina di terra e di foglie chiude
con la massa nera il tuo vivo guardare,
la tua bocca ha la piega di un dolce incavo
tra le coste lontane. Sembri giocare
alla grande collina e al chiarore del cielo:
per piacermi ripeti lo sfondo antico
e lo rendi piú puro.

Ma vivi altrove.
Il tuo tenero sangue si è fatto altrove.
Le parole che dici non hanno riscontro
con la scabra tristezza di questo cielo.
Tu non sei che una nube dolcissima, bianca
impigliata una notte fra i rami antichi.

[19 ottobre 1940]

Agonia

Girerò per le strade finché non sarò stanca morta
saprò vivere sola e fissare negli occhi
ogni volto che passa e restare la stessa.
Questo fresco che sale a cercarmi le vene
è un risveglio che mai nel mattino ho provato
cosí vero: soltanto, mi sento piú forte
che il mio corpo, e un tremore piú freddo accompagna
il mattino.

Son lontani i mattini che avevo vent'anni.
E domani, ventuno: domani uscirò per le strade,
ne ricordo ogni sasso e le strisce di cielo.
Da domani la gente riprende a vedermi
e sarò ritta in piedi e potrò soffermarmi
e specchiarmi in vetrine. I mattini di un tempo,
ero giovane e non lo sapevo, e nemmeno sapevo
di esser io che passavo – una donna, padrona
di se stessa. La magra bambina che fui
si è svegliata da un pianto durato per anni:
ora è come quel pianto non fosse mai stato.

E desidero solo colori. I colori non piangono,
sono come un risveglio: domani i colori
torneranno. Ciascuna uscirà per la strada,
ogni corpo un colore – perfino i bambini.
Questo corpo vestito di rosso leggero
dopo tanto pallore riavrà la sua vita.
Sentirò intorno a me scivolare gli sguardi
e saprò d'esser io: gettando un'occhiata,
mi vedrò tra la gente. Ogni nuovo mattino,
uscirò per le strade cercando i colori.

[1933]

Paesaggio VII

Basta un poco di giorno negli occhi chiari
come il fondo di un'acqua, e la invade l'ira,
la scabrezza del fondo che il sole riga.
Il mattino che torna e la trova viva,
non è dolce né buono: la guarda immoto
tra le case di pietra, che chiude il cielo.

Esce il piccolo corpo tra l'ombra e il sole
come un lento animale, guardandosi intorno,
non vedendo null'altro se non colori.
Le ombre vaghe che vestono la strada e il corpo
le incupiscono gli occhi, socchiusi appena
come un'acqua, e nell'acqua traspare un'ombra.

I colori riflettono il cielo calmo.
Anche il passo che calca i ciottoli lento
sembra calchi le cose, pari al sorriso
che le ignora e le scorre come acqua chiara.
Dentro l'acqua trascorrono minacce vaghe.
Ogni cosa nel giorno s'increspa al pensiero
che la strada sia vuota, se non per lei.

[2-7 gennaio 1940]

Tolleranza

Piove senza rumore sul prato del mare.
Per le luride strade non passa nessuno.
È discesa dal treno una femmina sola:
tra il cappotto si è vista la chiara sottana
e le gambe sparire nella porta annerita.

Si direbbe un paese sommerso. La sera
stilla fredda su tutte le soglie, e le case
spandon fumo azzurrino nell'ombra. Rossastre
le finestre s'accendono. S'accende una luce
tra le imposte accostate nella casa annerita.

L'indomani fa freddo e c'è il sole sul mare.
Una donna in sottana si strofina la bocca
alla fonte, e la schiuma è rosata. Ha capelli
biondo-ruvido, simili alle bucce d'arancia
sparse in terra. Protesa alla fonte, sogguarda
un monello nerastro che la fissa incantato.
Donne fosche spalancano imposte alla piazza
– i mariti sonnecchiano ancora, nel buio.

Quando torna la sera, riprende la pioggia
scoppiettante sui molti bracieri. Le spose,
ventilando i carboni, dànno occhiate alla casa
annerita e alla fonte deserta. La casa
ha le imposte accecate, ma dentro c'è un letto,
e sul letto una bionda si guadagna la vita.
Tutto quanto il paese riposa la notte,
tutto, tranne la bionda, che si lava al mattino.

[dicembre 1935]

La puttana contadina

La muraglia di fronte che accieca il cortile
ha sovente un riflesso di sole bambino
che ricorda la stalla. E la camera sfatta
e deserta al mattino quando il corpo si sveglia,
sa l'odore del primo profumo inesperto.
Fino il corpo, intrecciato al lenzuolo, è lo stesso
dei primi anni, che il cuore balzava scoprendo.

Ci si sveglia deserte al richiamo inoltrato
del mattino e riemerge nella greve penombra
l'abbandono di un altro risveglio: la stalla
dell'infanzia e la greve stanchezza del sole
caloroso sugli usci indolenti. Un profumo
impregnava leggero il sudore consueto
dei capelli, e le bestie annusavano. Il corpo
si godeva furtivo la carezza del sole
insinuante e pacata come fosse un contatto.

L'abbandono del letto attutisce le membra
stese giovani e tozze, come ancora bambine.
La bambina inesperta annusava il sentore
del tabacco e del fieno e tremava al contatto
fuggitivo dell'uomo: le piaceva giocare.
Qualche volta giocava distesa con l'uomo
dentro il fieno, ma l'uomo non fiutava i capelli:
le cercava nel fieno le membra contratte,
le fiaccava, schiacciandole come fosse suo padre.
Il profumo eran fiori pestati sui sassi.

Molte volte ritorna nel lento risveglio
quel disfatto sapore di fiori lontani
e di stalla e di sole. Non c'è uomo che sappia
la sottile carezza di quell'acre ricordo.
Non c'è uomo che veda oltre il corpo disteso
quell'infanzia trascorsa nell'ansia inesperta.

[11-15 novembre 1937]

Dopo

La collina è distesa e la pioggia l'impregna in silenzio.

Piove sopra le case: la breve finestra
s'è riempita di un verde piú fresco e piú nudo.
La compagna era stesa con me: la finestra
era vuota, nessuno guardava, eravamo ben nudi.
Il suo corpo segreto cammina a quest'ora per strada
col suo passo, ma il ritmo è piú molle; la pioggia
scende come quel passo, leggera e spossata.
La compagna non vede la nuda collina
assopita nell'umidità: passa in strada
e la gente che l'urta non sa.

Verso sera
la collina è percorsa da brani di nebbia,
la finestra ne accoglie anche il fiato. La strada
a quest'ora è deserta; la sola collina
ha una vita remota nel corpo piú cupo.
Giacevamo spossati nell'umidità
dei due corpi, ciascuno assopito sull'altro.

Una sera piú dolce, di tiepido sole
e di freschi colori, la strada sarebbe una gioia.
È una gioia passare per strada, godendo
un ricordo del corpo, ma tutto diffuso d'intorno.
Nelle foglie dei viali, nel passo indolente di donne,
nelle voci di tutti, c'è un po' della vita
che i due corpi han scordato ma è pure un miracolo.
E scoprire giú in fondo a una via la collina
tra le case, e guardarla e pensare che insieme
la compagna la guardi, dalla breve finestra.

Dentro il buio è affondata la nuda collina
e la pioggia bisbiglia. Non c'è la compagna
che ha portato con sé il corpo dolce e il sorriso.
Ma domani nel cielo lavato dall'alba
la compagna uscirà per le strade, leggera
del suo passo. Potremo incontrarci, volendo.

[1934]

Crepuscolo di sabbiatori

I barconi risalgono adagio, sospinti e pesanti:
quasi immobili, fanno schiumare la viva corrente.
È già quasi la notte. Isolati, si fermano:
si dibatte e sussulta la vanga sott'acqua.
Di ora in ora, altre barche son state fin qui.
Tanti corpi di donna han varcato nel sole
su quest'acqua. Son scese nell'acqua o saltate alla riva
a dibattersi in coppia, qualcuna, sull'erba.
Nel crepuscolo, il fiume è deserto. I due o tre sabbiatori
sono scesi con l'acqua alla cintola e scavano il fondo.
Il gran gelo dell'inguine fiacca e intontisce le schiene.
Quelle donne non sono che un bianco ricordo.

I barconi nel buio discendono grevi di sabbia,
senza dare una scossa, radenti: ogni uomo è seduto
a una punta e un granello di fuoco gli brucia alla bocca.
Ogni paio di braccia strascina il suo remo,
un tepore discende alle gambe fiaccate
e lontano s'accendono i lumi. Ogni donna è scomparsa,
che al mattino le barche portavano stesa
e che un giovane, dritto alla punta, spingeva sudando.
Quelle donne eran belle: qualcuna scendeva
seminuda e spariva ridendo con qualche compagno.
Quando un qualche inesperto veniva a cozzare,
sabbiatori levavano il capo e l'ingiuria moriva
sulla donna distesa come fosse già nuda.
Ora tornano tutti i sussulti, intravisti nell'erba,
a occupare il silenzio e ogni cosa s'accentra
sulla punta di fuoco, che vive. Ora l'occhio
si smarrisce nel fumo invisibile ch'esce di bocca
e le membra ritrovano l'urto del sangue.

In distanza, sul fiume, scintillano i lumi
di Torino. Due o tre sabbiatori hanno acceso
sulla prua il fanale, ma il fiume è deserto.
La fatica del giorno vorrebbe assopirli
e le gambe son quasi spezzate. Qualcuno non pensa
che a attraccare il barcone e cadere sul letto

e mangiare nel sonno, magari sognando.
Ma qualcuno rivede quei corpi nel sole
e avrà ancora la forza di andare in città, sotto i lumi,
a cercare ridendo tra la folla che passa.

[1933]

Il carrettiere

Lo stridore del carro scuote la strada.
Non c'è letto piú solo per chi, sotto l'alba,
dorme ancora disteso, sognando il buio.
Sotto il carro s'è spenta – lo dice il cielo –
la lanterna che dondola notte e giorno.

Va col carro un tepore che sa d'osteria,
di mammelle premute e di notte chiara,
di fatica contenta senza risveglio.
Va col carro nel sonno un ricordo già desto
di parole arrochite, taciute all'alba.
Il calore del vivo camino acceso
si riaccende nel corpo che sente il giorno.

Lo stridore piú roco, del carro che va,
ha dischiuso nel cielo che pesa in alto
una riga lontana di luce fredda.
È laggiú che s'accende il ricordo di ieri.
È laggiú che quest'oggi sarà il calore
l'osteria la veglia le voci roche
la fatica. Sarà sulla piazza aperta.
Ci saranno quegli occhi che scuotono il sangue.

Anche i sacchi, nell'alba che indugia, scuotono
chi è disteso e li preme, con gli occhi al cielo
che si schiude – il ricordo si stringe ai sacchi.
Il ricordo s'affonda nell'ombra di ieri
dove balza il camino e la fiamma viva.

[5-8 dicembre 1939]

Un ricordo

Non c'è uomo che giunga a lasciare una traccia
su costei. Quant'è stato dilegua in un sogno
come via in un mattino, e non resta che lei.
Se non fosse la fronte sfiorata da un attimo,
sembrerebbe stupita. Sorridon le guance
ogni volta.

Nemmeno s'ammassano i giorni
sul suo viso, a mutare il sorriso leggero
che s'irradia alle cose. Con dura fermezza
fa ogni cosa, ma sembra ogni volta la prima;
pure vive fin l'ultimo istante. Si schiude
il suo solido corpo, il suo sguardo raccolto,
a una voce sommessa e un po' rauca: una voce
d'uomo stanco. E nessuna stanchezza la tocca.

A fissarle la bocca, socchiude lo sguardo
in attesa: nessuno può osare uno scatto.
Molti uomini sanno il suo ambiguo sorriso
o la ruga improvvisa. Se quell'uomo c'è stato
che la sa mugolante, umiliata d'amore,
paga giorno per giorno, ignorando di lei
per chi viva quest'oggi.

Sorride da sola
il sorriso piú ambiguo camminando per strada.

[ottobre 1935]

La voce

Ogni giorno il silenzio della camera sola
si richiude sul lieve sciacquío d'ogni gesto
come l'aria. Ogni giorno la breve finestra
s'apre immobile all'aria che tace. La voce
rauca e dolce non torna nel fresco silenzio.

S'apre come il respiro di chi sia per parlare
l'aria immobile, e tace. Ogni giorno è la stessa.
E la voce è la stessa, che non rompe il silenzio,
rauca e uguale per sempre nell'immobilità
del ricordo. La chiara finestra accompagna
col suo palpito breve la calma d'allora.

Ogni gesto percuote la calma d'allora.
Se suonasse la voce, tornerebbe il dolore.
Tornerebbero i gesti nell'aria stupita
e parole parole alla voce sommessa.
Se suonasse la voce anche il palpito breve
del silenzio che dura, si farebbe dolore.

Tornerebbero i gesti del vano dolore,
percuotendo le cose nel rombo del tempo.
Ma la voce non torna, e il susurro remoto
non increspa il ricordo. L'immobile luce
dà il suo palpito fresco. Per sempre il silenzio
tace rauco e sommesso nel ricordo d'allora.

[23-26 marzo 1938]

La moglie del barcaiolo

Qualche volta nel tiepido sonno dell'alba,
sola in sogno, le accade che ha sposato una donna.

Si distacca dal corpo materno una donna
magra e bianca che abbassa la piccola testa
nella stanza. Nel freddo barlume la donna
non attende il mattino; lavora. Trascorre
silenziosa: fra donne non occorre parola.

Mentre dorme, la moglie sa la barca sul fiume
e la pioggia che fuma sulla schiena dell'uomo.
Ma la piccola moglie chiude svelta la porta
e s'appoggia, e solleva gli sguardi nei suoi.
La finestra tintinna alla pioggia che scroscia
e la donna distesa, che mastica adagio,
tende un piatto. La piccola moglie lo riempie
e si siede sul letto e comincia a mangiare.

Mangia in fretta la piccola moglie furtiva
sotto gli occhi materni, come fosse una bimba
e resiste alla mano che le cerca la nuca.
Corre a un tratto alla porta e la schiude: le barche
sono tutte attraccate alla trave. Ritorna
piedi scalzi nel letto e s'abbracciano svelte.

Sono gelide e magre le labbra accostate,
ma nel corpo si fonde un profondo calore
tormentoso. La piccola moglie ora dorme
stesa accanto al suo corpo materno. È sottile
aspra come un ragazzo, ma dorme da donna.
Non saprebbe portare una barca, alla pioggia.

Fuori scroscia la pioggia nella luce sommessa
della porta socchiusa. Entra un poco di vento
nella stanza deserta. Se si aprisse la porta,
entrerebbe anche l'uomo, che ha veduto ogni cosa.
Non direbbe parola: crollerebbe la testa
col suo viso di scherno, alla donna delusa.

[inverno 1937-38]

La vecchia ubriaca

Piace pure alla vecchia distendersi al sole
e allargare le braccia. La vampa pesante
schiaccia il piccolo volto come schiaccia la terra.

Delle cose che bruciano non rimane che il sole.
L'uomo e il vino han tradito e consunto quelle ossa
stese brune nell'abito, ma la terra spaccata
ronza come una fiamma. Non occorre parola
non occorre rimpianto. Torna il giorno vibrante
che anche il corpo era giovane, piú rovente del sole.

Nel ricordo compaiono le grandi colline
vive e giovani come quel corpo, e lo sguardo dell'uomo
e l'asprezza del vino ritornano ansioso
desiderio: una vampa guizzava nel sangue
come il verde nell'erba. Per vigne e sentieri
si fa carne il ricordo. La vecchia, occhi chiusi,
gode immobile il cielo col suo corpo d'allora.

Nella terra spaccata batte un cuore piú sano
come il petto robusto di un padre o di un uomo:
vi si stringe la guancia aggrinzita. Anche il padre,
anche l'uomo, son morti traditi. La carne
si è consunta anche in quelli. Né il calore dei fianchi
né l'asprezza del vino non li sveglia mai piú.

Per le vigne distese la voce del sole
aspra e dolce susurra nel diafano incendio,
come l'aria tremasse. Trema l'erba d'intorno.
L'erba è giovane come la vampa del sole.
Sono giovani i morti nel vivace ricordo.

[22-28 novembre 1937]

Paesaggio VIII

I ricordi cominciano nella sera
sotto il fiato del vento a levare il volto
e ascoltare la voce del fiume. L'acqua
è la stessa, nel buio, degli anni morti.

Nel silenzio del buio sale uno sciacquo
dove passano voci e risa remote;
s'accompagna al brusío un colore vano
che è di sole, di rive e di sguardi chiari.
Un'estate di voci. Ogni viso contiene
come un frutto maturo un sapore andato.

Ogni occhiata che torna, conserva un gusto
di erba e cose impregnate di sole a sera
sulla spiaggia. Conserva un fiato di mare.
Come un mare notturno è quest'ombra vaga
di ansie e brividi antichi, che il cielo sfiora
e ogni sera ritorna. Le voci morte
assomigliano al frangersi di quel mare.

[9 agosto 1940]

Fumatori di carta

Mi ha condotto a sentir la sua banda. Si siede in un angolo
e imbocca il clarino. Comincia un baccano d'inferno.
Fuori, un vento furioso e gli schiaffi, tra i lampi,
della pioggia fan sí che la luce vien tolta,
ogni cinque minuti. Nel buio, le facce
dànno dentro stravolte, a suonare a memoria
un ballabile. Energico, il povero amico
tiene tutti, dal fondo. E il clarino si torce,
rompe il chiasso sonoro, s'inoltra, si sfoga
come un'anima sola, in un secco silenzio.

Questi poveri ottoni son troppo sovente ammaccati:
contadine le mani che stringono i tasti,
e le fronti, caparbie, che guardano appena da terra.
Miserabile sangue fiaccato, estenuato
dalle troppe fatiche, si sente muggire
nelle note e l'amico li guida a fatica,
lui che ha mani indurite a picchiare una mazza,
a menare una pialla, a strapparsi la vita.

Li ebbe un tempo i compagni e non ha che trent'anni.
Fu di quelli di dopo la guerra, cresciuti alla fame.
Venne anch'egli a Torino, cercando una vita,
e trovò le ingiustizie. Imparò a lavorare
nelle fabbriche senza un sorriso. Imparò a misurare
sulla propria fatica la fame degli altri,
e trovò dappertutto ingiustizie. Tentò darsi pace
camminando, assonnato, le vie interminabili
nella notte, ma vide soltanto a migliaia i lampioni
lucidissimi, su iniquità: donne rauche, ubriachi,
traballanti fantocci sperduti. Era giunto a Torino
un inverno, tra lampi di fabbriche e scorie di fumo;
e sapeva cos'era lavoro. Accettava il lavoro
come un duro destino dell'uomo. Ma tutti gli uomini
lo accettassero e al mondo ci fosse giustizia.
Ma si fece i compagni. Soffriva le lunghe parole
e dovette ascoltarne, aspettando la fine.
Se li fece i compagni. Ogni casa ne aveva famiglie.

La città ne era tutta accerchiata. E la faccia del mondo
ne era tutta coperta. Sentivano in sé
tanta disperazione da vincere il mondo.

Suona secco stasera, malgrado la banda
che ha istruito a uno a uno. Non bada al frastuono
della pioggia e alla luce. La faccia severa
fissa attenta un dolore, mordendo il clarino.
Gli ho veduto questi occhi una sera, che soli,
col fratello, piú triste di lui di dieci anni,
vegliavamo a una luce mancante. Il fratello studiava
su un inutile tornio costrutto da lui.
E il mio povero amico accusava il destino
che li tiene inchiodati alla pialla e alla mazza
a nutrire due vecchi, non chiesti.

D'un tratto gridò
che non era il destino se il mondo soffriva,
se la luce del sole strappava bestemmie:
era l'uomo, colpevole. *Almeno potercene andare,*
far la libera fame, rispondere no
a una vita che adopera amore e pietà,
la famiglia, il pezzetto di terra, a legarci le mani.

[30 agosto - 11 settembre 1932]

Parole del politico

Si passava sul presto al mercato dei pesci
a lavarci lo sguardo: ce n'era d'argento,
di vermigli, di verdi, colore del mare.
Al confronto col mare tutto scaglie d'argento,
la vincevano i pesci. Si pensava al ritorno.

Belle fino le donne dall'anfora in capo,
ulivigna, foggiata sulla forma dei fianchi
mollemente: ciascuno pensava alle donne,
come parlano, ridono, camminano in strada.
Ridevamo, ciascuno. Pioveva sul mare.

Per le vigne nascoste negli anfratti di terra
l'acqua macera foglie e racimoli. Il cielo
si colora di nuvole scarse, arrossate
di piacere e di sole. Sulla terra sapori
e colori nel cielo. Nessuno con noi.

Si pensava al ritorno, come dopo una notte
tutta quanta di veglia, si pensa al mattino.
Si godeva il colore dei pesci e l'umore
delle frutta, vivaci nel tanfo del mare.
Ubriachi eravamo, nel ritorno imminente.

[1935]

Mito

Verrà il giorno che il giovane dio sarà un uomo,
senza pena, col morto sorriso dell'uomo
che ha compreso. Anche il sole trascorre remoto
arrossando le spiagge. Verrà il giorno che il dio
non saprà piú dov'erano le spiagge d'un tempo.

Ci si sveglia un mattino che è morta l'estate,
e negli occhi tumultuano ancora splendori
come ieri, e all'orecchio i fragori del sole
fatto sangue. È mutato il colore del mondo.
La montagna non tocca piú il cielo; le nubi
non s'ammassano piú come frutti; nell'acqua
non traspare piú un ciottolo. Il corpo di un uomo
pensieroso si piega, dove un dio respirava.

Il gran sole è finito, e l'odore di terra,
e la libera strada, colorata di gente
che ignorava la morte. Non si muore d'estate.
Se qualcuno spariva, c'era il giovane dio
che viveva per tutti e ignorava la morte.
Su di lui la tristezza era un'ombra di nube.
Il suo passo stupiva la terra.

Ora pesa
la stanchezza su tutte le membra dell'uomo,
senza pena: la calma stanchezza dell'alba
che apre un giorno di pioggia. Le spiagge oscurate
non conoscono il giovane, che un tempo bastava
le guardasse. Né il mare dell'aria rivive
al respiro. Si piegano le labbra dell'uomo
rassegnate, a sorridere davanti alla terra.

[ottobre 1935]

Il paradiso sui tetti

Sarà un giorno tranquillo, di luce fredda
come il sole che nasce o che muore, e il vetro
chiuderà l'aria sudicia fuori del cielo.

Ci si sveglia un mattino, una volta per sempre,
nel tepore dell'ultimo sonno: l'ombra
sarà come il tepore. Empirà la stanza
per la grande finestra un cielo piú grande.
Dalla scala salita un giorno per sempre
non verranno piú voci, né visi morti.

Non sarà necessario lasciare il letto.
Solo l'alba entrerà nella stanza vuota.
Basterà la finestra a vestire ogni cosa
di un chiarore tranquillo, quasi una luce.
Poserà un'ombra scarna sul volto supino.
I ricordi saranno dei grumi d'ombra
appiattati cosí come vecchia brace
nel camino. Il ricordo sarà la vampa
che ancor ieri mordeva negli occhi spenti.

[11-16 gennaio 1940]

Semplicità

L'uomo solo – che è stato in prigione – ritorna in prigione
ogni volta che morde in un pezzo di pane.
In prigione sognava le lepri che fuggono
sul terriccio invernale. Nella nebbia d'inverno
l'uomo vive tra muri di strade, bevendo
acqua fredda e mordendo in un pezzo di pane.

Uno crede che dopo rinasca la vita,
che il respiro si calmi, che ritorni l'inverno
con l'odore del vino nella calda osteria,
e il buon fuoco, la stalla, e le cene. Uno crede,
fin che è dentro uno crede. Si esce fuori una sera,
e le lepri le han prese e le mangiano al caldo
gli altri, allegri. Bisogna guardarli dai vetri.

L'uomo solo osa entrare per bere un bicchiere
quando proprio si gela, e contempla il suo vino:
il colore fumoso, il sapore pesante.
Morde il pezzo di pane, che sapeva di lepre
in prigione, ma adesso non sa piú di pane
né di nulla. E anche il vino non sa che di nebbia.

L'uomo solo ripensa a quei campi, contento
di saperli già arati. Nella sala deserta
sottovoce si prova a cantare. Rivede
lungo l'argine il ciuffo di rovi spogliati
che in agosto fu verde. Dà un fischio alla cagna.
E compare la lepre e non hanno piú freddo.

[ottobre 1935]

L'istinto

L'uomo vecchio, deluso di tutte le cose,
dalla soglia di casa nel tiepido sole
guarda il cane e la cagna sfogare l'istinto.

Sulla bocca sdentata si rincorrono mosche.
La sua donna gli è morta da tempo. Anche lei
come tutte le cagne non voleva saperne,
ma ci aveva l'istinto. L'uomo vecchio annusava
– non ancora sdentato –, la notte veniva,
si mettevano a letto. Era bello l'istinto.

Quel che piace nel cane è la gran libertà.
Dal mattino alla sera gironzola in strada;
e un po' mangia, un po' dorme, un po' monta le cagne:
non aspetta nemmeno la notte. Ragiona,
come fiuta, e gli odori che sente son suoi.

L'uomo vecchio ricorda una volta di giorno
che l'ha fatta da cane in un campo di grano.
Non sa piú con che cagna, ma ricorda il gran sole
e il sudore e la voglia di non smettere mai.
Era come in un letto. Se tornassero gli anni,
lo vorrebbe far sempre in un campo di grano.

Scende in strada una donna e si ferma a guardare;
passa il prete e si volta. Sulla pubblica piazza
si può fare di tutto. Persino la donna,
che ha ritegno a voltarsi per l'uomo, si ferma.
Solamente un ragazzo non tollera il gioco
e fa piovere sassi. L'uomo vecchio si sdegna.

[gennaio 1936]

Paternità

Uomo solo dinanzi all'inutile mare,
attendendo la sera, attendendo il mattino.
I bambini vi giocano, ma quest'uomo vorrebbe
lui averlo un bambino e guardarlo giocare.
Grandi nuvole fanno un palazzo sull'acqua
che ogni giorno rovina e risorge, e colora
i bambini nel viso. Ci sarà sempre il mare.

Il mattino ferisce. Su quest'umida spiaggia
striscia il sole, aggrappato alle reti e alle pietre.
Esce l'uomo nel torbido sole e cammina
lungo il mare. Non guarda le madide schiume
che trascorrono a riva e non hanno piú pace.
A quest'ora i bambini sonnecchiano ancora
nel tepore del letto. A quest'ora sonnecchia
dentro il letto una donna, che farebbe l'amore
se non fosse lei sola. Lento, l'uomo si spoglia
nudo come la donna lontana, e discende nel mare.

Poi la notte, che il mare svanisce, si ascolta
il gran vuoto ch'è sotto le stelle. I bambini
nelle case arrossate van cadendo dal sonno
e qualcuno piangendo. L'uomo, stanco di attesa,
leva gli occhi alle stelle, che non odono nulla.
Ci son donne a quest'ora che spogliano un bimbo
e lo fanno dormire. C'è qualcuna in un letto
abbracciata ad un uomo. Dalla nera finestra
entra un ansito rauco, e nessuno l'ascolta
se non l'uomo che sa tutto il tedio del mare.

[ottobre 1935]

Lo steddazzu

L'uomo solo si leva che il mare è ancor buio
e le stelle vacillano. Un tepore di fiato
sale su dalla riva, dov'è il letto del mare,
e addolcisce il respiro. Quest'è l'ora in cui nulla
può accadere. Perfino la pipa tra i denti
pende spenta. Notturno è il sommesso sciacquío.
L'uomo solo ha già acceso un gran fuoco di rami
e lo guarda arrossare il terreno. Anche il mare
tra non molto sarà come il fuoco, avvampante.

Non c'è cosa piú amara che l'alba di un giorno
in cui nulla accadrà. Non c'è cosa piú amara
che l'inutilità. Pende stanca nel cielo
una stella verdognola, sorpresa dall'alba.
Vede il mare ancor buio e la macchia di fuoco
a cui l'uomo, per fare qualcosa, si scalda;
vede, e cade dal sonno tra le fosche montagne
dov'è un letto di neve. La lentezza dell'ora
è spietata, per chi non aspetta piú nulla.

Val la pena che il sole si levi dal mare
e la lunga giornata cominci? Domani
tornerà l'alba tiepida con la diafana luce
e sarà come ieri e mai nulla accadrà.
L'uomo solo vorrebbe soltanto dormire.
Quando l'ultima stella si spegne nel cielo,
l'uomo adagio prepara la pipa e l'accende.

[9-12 gennaio 1936]

Appendice[1]

Il mestiere di poeta (a proposito di *Lavorare stanca*)

La composizione della raccolta è durata tre anni.

Tre anni di giovinezza e di scoperte, durante i quali è naturale che la mia idea della poesia e insieme le mie capacità intuitive si sian venute approfondendo. E anche ora, benché questa profondità e quel vigore siano molto scaduti ai miei occhi, non credo che tutta, assolutamente tutta, la mia vita si sia appuntata per tre anni nel vuoto. Farò o non farò altri tentativi di poesia, mi occuperò d'altro o ridurrò ancora ogni esperienza a questo fine: tutto ciò, che già mi ha preoccupato, voglio per ora lasciare in disparte. Semplicemente, ho dinanzi un'opera che m'interessa, non tanto perché composta da me, quanto perché, almeno un tempo, l'ho creduta ciò che di meglio si stesse scrivendo in Italia e, ora come ora, sono l'uomo meglio preparato a comprenderla.

Invece di quella naturale evoluzione da poesia a poesia che ho accennato, qualcuno preferirà scoprire nella raccolta ciò che si chiama una costruzione, una gerarchia di momenti cioè, espressiva di un qualche concetto grande o piccolo, per sua natura astratto, esoterico magari, e così, in forme sensibili, rivelato. Ora, io non nego che nella mia raccolta di questi concetti se ne possano scoprire, e anche più di due, nego soltanto di averceli messi.

Mi si intenda bene: io stesso mi sono fermato pensieroso davanti ai veri o presunti canzonieri costruiti (*Les Fleurs du Mal* o *Leaves of Grass*), dirò di più, anch'io sono giunto a invidiarli per quella loro vantata qualità; ma al buono, al tentativo cioè di comprenderli e giustificarmeli, ho dovuto riconoscere che di poesia in poesia non c'è passaggio fantastico e nemmeno, in fondo, concettuale. Tutt'al più, come nell'*Alcione*, si tratta di un legame

[1] Unisco, in appendice all'edizione definitiva di questo mio libro (che integra e sostituisce la prima edizione licenziata nell'ottobre 1935), due studi con cui cercai successivamente di chiarirmene il significato e gli sbocchi. Il primo, *Il mestiere di poeta*, lo scrissi nel novembre 1934, e ha per me un interesse ormai soltanto documentario. Quasi tutte le sue affermazioni e i suoi orgogli appaiono rientrati e superati nel secondo, *A proposito di certe poesie non ancora scritte*, composto nel febbraio 1940. Qualunque sia per essere il mio avvenire di scrittore, considero conclusa con questa prosa la ricerca di *Lavorare stanca*.

temporale, fantasie da giugno a settembre. Un po' diverso naturalmente sarà il discorso a proposito di un racconto o poema, dove il passaggio fantastico e concettuale insieme è dato proprio dall'elemento narrativo, dalla consapevolezza cioè di un'unità ideale insieme e materiale che raccoglie i diversi momenti di un'esperienza. Ma allora bisogna rinunciare alla pretesa di costruire un poema semplicemente giustapponendo delle unità: si abbia il coraggio e la forza di concepire l'opera di maggior mole con un solo respiro. Come due poemi non formano un unico racconto (si fermano tutt'al piú a legami di parentela tra i rispettivi personaggi o consimili ripieghi), cosí due o piú poesie non formano un racconto o costruzione, se non a patto di riuscire ciascuna per sé non finita. Dovrebbe bastare alla nostra ambizione, e basta in questa raccolta alla mia, che nel suo giro breve ciascuna poesia riesca una costruzione a sé stante.

Tutto ciò pare quasi elementare, ma, non so se per ingenuità mia iniziale o per un gusto poetico che tuttora respiro nell'aria, è proprio in un lungo travaglio intorno a quest'identità – ogni poesia, un racconto – che tecnicamente si giustificano tutti i tentativi compresi in questo libro.

Il mio gusto voleva confusamente un'espressione essenziale di fatti essenziali, ma non la solita astrazione introspettiva, espressa in quel linguaggio, perché libresco, allusivo, che troppo gratuitamente posa a essenziale. Ora, il falso canzoniere-poema giunge appunto all'illusione costruttiva attraverso gli addentellati che una pagina presta all'altra per mezzo dell'evanescenza delle sue voci e della concettosità dei suoi motivi.

Seguire il mio gusto e non cadere nel canzoniere-poema fu quindi una sola esigenza, tecnica per il rispetto sotto cui l'ho considerata sinora, ma, ben s'intende, impegnativa di tutte le mie facoltà.

Andava intanto prendendo in me consistenza una mia idea di poesia-racconto, che agli inizi mal riuscivo a distinguere dal genere poemetto. Naturalmente non è soltanto questione di mole. Le riserve del Poe, che ancora reggono, sul concetto di poema vanno integrate appunto di considerazioni contenutistiche, che saranno poi una cosa sola con quelle esteriori sulla mole di un componimento. È qui che, agli inizi, non vedevo chiaro ed anzi, con una certa baldanza, mi lusingavo bastasse un energico atto di fede nella poesia, che so io, chiara e distinta, muscolosa, oggettiva, essenziale, ed altri traslati. Parlavo in principio di evoluzione. E l'evoluzione è tutta qui. Nella crescente consapevolezza di questo problema, che ancor oggi mi pare, dal canto mio, tutt'altro che esaurito.

La prima realizzazione notevole di queste velleità è appunto la prima poesia della raccolta: *I mari del Sud*. Ma va da sé che, fin dal primo giorno che ho pensato a una poesia, ho lottato col presentimento di questa difficoltà. E innumerevoli tentativi hanno preceduto *I mari del Sud*, cui l'esperienza concomitante di una prosa narrativa, o soltanto discorsiva, toglieva ogni gioia di realizzazione e rivelava nella loro disperante banalità.

Come nettamente io sia passato da un lirismo tra di sfogo e di scavo (povero scavo che sovente dava nel gratuito e sfogo vizioso che sempre finí nell'urlo patologico) al pacato e chiaro racconto dei *Mari del Sud*, ciò mi spiego soltanto ricordando che non d'un tratto è avvenuto, ma per quasi un anno prima dei *Mari del Sud* non ho seriamente pensato a poetare e intanto, come già prima, ma con maggiore intensità, andavo da una parte occupandomi di studi e traduzioni dal nordamericano, dall'altra componendo certe novellette mezzo dialettali e, in collaborazione con un amico pittore, una dilettantesca pornoteca, di cui troppo piú che non sia lecito dovrei dire qui. Basti che questa pornoteca risultò un corpo di ballate, tragedie, canzoni, poemi in ottave, il tutto vigorosamente sotadico, e questo poco importa ora, ma anche, ciò che importa, vigorosamente immaginato, narrato, goduto nell'espressione, diretto a un pubblico di amici e da alcuno apprezzatissimo, ragione pratica, questa di un pubblico, che mi pare da supporsi quasi concime alla radice di ogni vigorosa vegetazione artistica.

Il rapporto di queste occupazioni coi *Mari del Sud* è dunque molteplice: gli studi letterari nordamericani ponendomi in contatto con una realtà culturale in male di crescita; i tentativi novellistici avvicinandomi a una migliore esperienza umana e oggettivandone gli interessi; e finalmente la mia terza attività, tecnicamente intesa, rivelandomi il *mestiere* dell'arte e la gioia delle difficoltà vinte, i limiti di un tema, il gioco dell'immaginazione, dello stile, e il mistero della felicità di uno stile, che è anche un fare i conti con l'ascoltatore o lettore possibile. E insisto in specie sulla lezione tecnica di questa mia ultima attività, perché gli altri influssi, cultura nordamericana ed esperienza umana, sono troppo facilmente comprensibili nell'unico concetto di esperienza che tutto, e quindi nulla, spiega.

Ancora. Per un rispetto piú sottilmente tecnico le tre attività che ho detto hanno influito sui convincimenti e disegni, dati i quali ho posto mano ai *Mari del Sud*. Nei tre casi, entrai variamente in contatto con l'avvenimento di una creazione linguistica a fondo dialettale o per lo meno parlato. Intendo la scoperta del volgare nordamericano nel campo dei miei studi e l'uso del gergo torinese o piemontese nei miei naturalistici tentativi di prosa dialogata; entrambi, entusiastiche avventure di giovinezza, e tali su cui fondai piú di un pensamento, presto dissolto e integrato dall'incontro con la teoria identificatrice di poesia e linguaggio.

In terzo luogo, lo stile sempre parodistico della versificazione sotadica mi abituò a considerare ogni specie di lingua letteraria come un corpo cristallizzato e morto, in cui soltanto a colpi di trasposizioni e d'innesti dall'uso parlato, tecnico e dialettale si può nuovamente far correre il sangue e vivere la vita. E sempre, questa triplice e unica esperienza mi mostrava, nel groviglio donde diramano i diversi interessi espressivi e pratici, la fondamentale interdipendenza di questi motivi e il bisogno di un continuo rifarsi ai principî, pena l'isterilimento; mi preparava cioè all'idea che condizione di ogni slancio di poesia, comunque alto, è sempre un attento riferimento alle esigenze etiche, e naturalmente anche pratiche, dell'ambiente che si vive.

I mari del Sud, che viene dopo questa naturale preparazione, è dunque il mio primo tentativo di poesia-racconto e giustifica questo duplice termine in quanto oggettivo sviluppo di casi, sobriamente e quindi, pensavo, fantasticamente esposto. Ma il punto sta in quell'*oggettività* del divenire dei casi, che riduce il mio tentativo a un poemetto tra il psicologico e il cronistico; comunque, svolto su una trama naturalistica. Insistevo allora sulla *sobrietà* stilistica per fondamentale posizione polemica: c'era da raggiungere l'evidenza fantastica fuori di *tutti gli altri* atteggiamenti espressivi viziati, a me pareva, di retorica; c'era da provare a me stesso che una sobria energia di concezione portava con sé l'espressione aderente, immediata, essenziale. Nulla di piú ingenuo che il mio contegno di allora davanti all'*immagine* retoricamente intesa: non ne volevo nelle mie poesie e non ce ne mettevo (se non per sbaglio). Era per salvare l'adorata immediatezza e, pagando di persona, sfuggire al facile e slabbrato lirismo degli imaginifici (esageravo).

È naturale che con un tale programma di semplicità si veda la salvezza unicamente nell'aderenza serrata, gelosa, appassionata all'oggetto. Ed è forse soltanto la forza di questa passione e non la sobrietà oggettiva, che salva qualcosa di quelle prime poesie. Poiché non tardai a sentire l'impaccio dell'argomento, ossia dell'oggetto, inevitabile in una simile concezione materialistica del racconto. Mi scoprivo sovente ad almanaccare argomenti, e questo è il meno male: lo faccio tuttora con indubbio profitto. Ciò che non va, è cercare un argomento disposti a lasciarlo svilupparsi secondo la sua natura psicologica o romanzesca e prender atto dei risultati. Ossia, identificarsi con questa natura e supinamente lasciarne agire le leggi. Questo è cedere all'oggetto. Ed è quanto facevo.

Ma quantunque già allora l'inquietudine congenita a un tale errore non mi lasciasse pace, pure motivo di soddisfazioni ne avevo. Anzitutto, proprio lo *stile oggettivo* mi dava qualche consolazione con la sua solida onestà: il taglio incisivo e il timbro netto che ancora gli invidio. Si accompagnava anche a un certo piglio sentimentale di misogino virilismo di cui mi compiacevo e che, in definitiva, con qualche altro piglio compagno formava la vera trama, il vero *sviluppo di casi*, della mia poesia-racconto, che io fantasticavo oggettiva. Poiché, lodando il cielo, se sovente si teorizza bene e realizza male, qualche volta accade il contrario. E insomma, dopo anni di evanescenze e strilli poetici, ero giunto a far sorridere una mia poesia – una figura in una poesia – e questo mi pareva il suggello tangibile del conquistato stile e dominio dell'esperienza.

Mi ero altresí creato un verso. Il che, giuro, non ho fatto apposta. A quel tempo, sapevo soltanto che il verso libero non mi andava a genio, per la disordinata e capricciosa abbondanza ch'esso usa pretendere dalla fantasia. Sul verso libero whitmaniano, che molto invece ammiravo e temevo, ho detto altrove la mia e comunque già confusamente presentivo quanto di oratorio si richieda a un'ispirazione per dargli vita. Mi mancava insieme il fiato e il temperamento per servirmene. Nei metri tradizionali non avevo fiducia, per quel tanto di trito e di gratuitamente (cosí mi pareva) cincischiato ch'essi portano con sé; e del resto troppo li avevo usati parodisticamente per pigliarli ancora sul serio e cavarne un effetto di rima che non mi riuscisse comico.

Sapevo naturalmente che non esistono metri tradizionali in senso assoluto, ma ogni poeta rifà in essi il ritmo interiore della sua fantasia. E mi scopersi un giorno a mugolare certa tiritera di parole (che fu poi un distico dei *Mari del Sud*) secondo una cadenza enfatica che fin da bambino, nelle mie letture di romanzi, usavo segnare, rimormorando le frasi che piú mi ossessionavano. Cosí, senza saperlo, avevo trovato il mio verso, che naturalmente per tutto *I mari del Sud* e per parecchie altre poesie fu solo istintivo (restano tracce di questa incoscienza in qualche verso dei primi, che non esce dall'endecasillabo tradizionale). Ritmavo le mie poesie mugolando. Via via scopersi le leggi intrinseche di questa metrica e scomparvero gli endecasillabi e il mio verso si rivelò di tre tipi costanti, che in certo modo potei presupporre alla composizione, ma sempre ebbi cura di non lasciar tiranneggiare, pronto ad accettare, quando mi paresse il caso, altri accenti e altra sillabazione. Ma non mi allontanai piú sostanzialmente dal mio schema e questo considero il ritmo del mio fantasticare.

Dire, ora, il bene che penso di una simile versificazione è superfluo. Basti che essa accontentava anche materialmente il mio bisogno, tutto istintivo, di righe lunghe, poiché sentivo di aver molto da dire e di non dovermi fermare a una ragione musicale nei miei versi, ma soddisfarne altresí una logica. E c'ero riuscito e insomma, o bene o male, in essi *narravo*.

Che è il gran punto in esame. Narravo, ma come? Ho già detto che giudico le prime poesie della raccolta materialistici poemetti di cui è caritatevole concedere che il *fatto* costituisce nulla piú che un impaccio, un residuo non risolto in fantasia. Immaginavo un caso o un personaggio e lo facevo svolgersi o parlare. Per non cadere nel genere poemetto, che confusamente sentivo condannabile, esercitavo una vigliacca economia di versi e in ciascuna poesia prefissavo un limite al loro numero, che, parendomi di far gran cosa ad osservare, non volevo nemmeno troppo basso, per il terrore di dare nell'epigramma. Miserie dell'educazione retorica. Anche qui mi salvò un certo silenzio e un interessamento per altre cose dello spirito e della vita, che non tanto mi portarono un loro contributo, quanto mi permisero di meditare ex novo sulla difficoltà, distraendomi dallo zelo feroce con cui facevo pesare su ogni mia velleità inventiva l'esigenza della *virile oggettività* nel racconto. Per restare in biblioteca, un nuovo interesse fu la rabbiosa passione per Shakespeare e altri elisabettiani, letti tutti, e postillati, nel testo.

Capitò che un giorno, volendo fare una poesia su un eremita, da me immaginato, dove si rappresentassero i motivi e i modi della conversione, non riuscivo a cavarmela e, a forza d'interminabili cincischiature ritorni pentimenti ghigni e ansietà, misi invece insieme un *Paesaggio* di alta e bassa collina, contrapposte e movimentate, e, centro animatore della scena, un eremita alto e basso, superiormente burlone e, a dispetto dei convincimenti anti-imaginifici, «colore delle felci bruciate». Le parole stesse che ho usato lasciano intendere che a fondamento di questa mia fantasia sta una commozione pittorica; e infatti poco prima di dar mano al *Paesaggio* avevo veduto e invidiato certi nuovi quadretti dell'amico pittore, stupefacenti per evidenza di colore e sapienza di costruzione. Ma, qualunque lo stimolo, la novità di quel tentativo è ora per me ben chiara: avevo scoperto l'*immagine*.

E qui diventa difficile spiegarmi, per la ragione che io stesso non ho ancora esaurito le possibilità implicite nella tecnica di *Paesaggio*. Avevo dunque scoperto il valore dell'immagine, e quest'immagine (ecco il premio della testardaggine con cui avevo insistito sull'oggettività del racconto) non la intendevo piú retoricamente come traslato, come decorazione piú o meno arbitraria sovrapposta all'oggettività narrativa. Quest'immagine era, oscuramente, il racconto stesso.

Che l'eremita apparisse colore delle felci bruciate non voleva dire che io istituissi un parallelo tra eremita e felci per rendere piú evidente la figura dell'eremita o quella delle felci. Voleva dire che io scoprivo un *rapporto fantastico* tra eremita e felci, tra eremita e paesaggio (si può continuare: tra eremita e ragazze, tra visitatori e villani, tra ragazze e vegetazione, tra eremita e capra, tra eremita e sterchi, tra alto e basso) *che era esso argomento del racconto*.

Narravo di questo rapporto, contemplandolo come un tutto significativo, creato dalla fantasia e impregnato di germi fantastici passibili di sviluppo; e nella nettezza di questo complesso fantastico e insieme nella sua possibilità di sviluppo infinito, vedevo la *realtà* della composizione. (A questo piano si era trasferita la mania di oggettività, che ora si chiariva bisogno di concretezza).

Ero risalito (o mi pareva) alla fonte prima di ogni attività poetica, che avrei potuto cosí definire: sforzo di rendere come un tutto sufficiente un complesso di rapporti fantastici nei quali consista la propria percezione di una realtà. Continuavo a sprezzare, evitandola, l'immagine retoricamente intesa, e il mio discorso si manteneva sempre diretto e oggettivo (della nuova oggettività, s'intende), eppure era finalmente cosa mia il senso tanto elusivo di quel semplice enunciato che essenza della poesia sia l'immagine. Le immagini formali, retoricamente parlando, le avevo incontrate a profusione nelle scene degli Elisabettiani, ma appunto andavo in quel tempo faticosamente persuadendomi che la loro importanza non stava tanto nel significato retorico di termine di paragone, quanto piuttosto in quel mio significato, ultimamente intravveduto, di parti costitutive d'una totalitaria realtà fantastica, il cui senso consistesse nel loro rapporto. Favoriva questa scoperta la natura peculiare dell'immagine elisabettiana, cosí piena straripante di vita, e ingegnosa, e compiaciuta di questa sua ingegnosità e pienezza come della propria giustificazione ultima. Per cui molte scene di quei drammi mi parevano trarre il loro respiro fantastico esclusivamente nell'atmosfera creata dalle loro similitudini.

La storia delle mie composizioni successive al primo *Paesaggio* è naturalmente, in un primo tempo, una storia di ricadute nell'oggettività precedente, psicologia o cronaca; come accade ad esempio per *Gente che non capisce*, tutta percorsa però anch'essa di brividi nuovi. In seguito, la traduzione in fantasia di ogni motivo dell'esperienza mi si venne facendo quasi metodica, sempre piú sicura, istintiva; e fu a questo punto che presi coscienza del nuovo problema da cui non sono ancora uscito.

Va bene, dicevo, sostituire al dato oggettivo il racconto fantastico di una piú concreta e sapiente realtà; ma dove si dovrà fermare questa ricerca di rapporti fantastici? cioè, quale giustificazione di opportunità avrà la scelta di un rapporto piuttosto che un altro? Mi impensieriva, in una poesia come *Mania di solitudine*, la sfacciata preminenza data all'io (che fin dal tempo dei *Mari del Sud* era stato mio polemico vanto ridurre a mero personaggio e talvolta abolire), non tanto intendendolo argomento oggettivo, ché era ormai timore puerile, quanto perché alla preminenza dell'io mi pareva di vedere accompagnarsi un piú sregolato gioco di rapporti fantastici. Quando, insomma, la potenza fantastica diventa arbitrio? La mia definizione dell'immagine non mi diceva nulla in proposito.

Ancor adesso non sono uscito dalla difficoltà. La ritengo perciò il punto critico di ogni poetica. Intravvedo tuttavia una possibile soluzione, che però poco mi soddisfa perché poco chiara. Comunque, essa ha il pregio ai miei occhi di riportarmi a quella convinzione della fondamentale interdipendenza tra motivi pratici e motivi espressivi, di cui parlavo a proposito della mia formazione linguistica. Consisterebbe, il criterio di opportunità nel gioco della fantasia, in una *discreta* aderenza a quel complesso logico e morale che costituisce la personale partecipazione alla realtà spiritualmente intesa. Va da sé che questa partecipazione è sempre mutevole e rinnovabile e quindi il suo effetto fantastico incarnabile in infinite situazioni. Ma la debolezza della definizione risulta da quella *discrezione* cosí necessaria e cosí poco concludente agli effetti del giudizio sull'opera. Bisognerà dunque affermare la precarietà e superficialità di ogni giudizio estetico? Si sarebbe tentati.

Ma intanto smaniavo sotto l'assillo creativo, e faticosamente inciampando in modo vario sempre nella stessa difficoltà, mettevo insieme altre narrazioni d'immagini. Ormai mi compiacevo anche in rischi virtuosistici. In *Piaceri notturni*, per esempio, volli costruire un rapporto, a contrasto, di notazioni tutte sensoriali, e senza cadere nel sensuale. In *Casa in costruzione*, nascondere il gioco delle immagini in un'apparente narrazione oggettiva. Nella *Cena triste*, rinarrare a modo mio, a intrico di rapporti fantastici, una trita situazione.

Per ciascuna di queste poesie rivivevo l'ansia del problema di come intendere e giustificare il complesso fantastico che la costituiva. Diventavo sempre piú capace di sottintesi, di mezze tinte, di composizione ricca, e sempre meno convinto dell'onestà, della *necessità* del mio lavoro. Al confronto, talvolta mi parve piú giustificato il nudo e quasi prosastico verso dei *Mari del Sud* o di *Deola* che non quello vivido, flessibile, pregnante di vita fantastica, di *Ritratto d'autore* e del *Paesaggio IV*. Eppure tenevo fede al chiaro principio della sobria e diretta espressione di un rapporto fantastico nettamente immaginato. Tenevo duro a narrare e non potevo certo perdermi nella decorazione gratuita. Ma è un fatto che le mie immagini – i miei rapporti fantastici – andavano sempre piú complicandosi e ramificando in atmosfere rarefatte.

[novembre 1934]

A proposito di certe poesie non ancora scritte

È un fatto che va osservato: dopo un certo silenzio, ci si propone di scrivere non *una* poesia ma *delle* poesie. Si giudica la pagina futura come un'esplorazione rischiosa di quello che da domani in poi sapremo fare. Parole taglio situazione ritmi da domattina ci promettono un campo piú largo del singolo pezzo che scriveremo.

Se questo slargo sul futuro mancasse di orizzonte, e cioè coincidesse con *tutto* il nostro futuro possibile, sarebbe il normale desiderio di campare e lavorare a lungo, e buona notte. Ma succede che una certa dimensione o durata spirituale gli è implicita, e per quanto non se ne vedano i limiti questi sono presenti nella stessa logica interna della novità che stiamo per creare. La poesia che stiamo per scrivere aprirà delle porte alla nostra capacità di creare, e noi passeremo per queste porte – faremo altre poesie –, sfrutteremo il campo e lo lasceremo spossato. Qui è l'essenziale. La limitatezza, cioè la dimensione, della nuova provincia. La poesia che faremo domani ci aprirà alcune porte, non tutte le possibili: verrà cioè un momento che faremo delle poesie stanche, vuote di promessa, quelle appunto che segneranno la fine dell'avventura. Ma se l'avventura ha un principio e una fine, vuol dire che le poesie in essa composte formano blocco e costituiscono il temuto canzoniere-poema.

Non è facile accorgersi quando una simile avventura finisca, dato che le poesie stanche, o poesie-conclusione, sono forse le piú belle del mazzo, e il tedio che accompagna la loro composizione non è gran che diverso da quello che apre un nuovo orizzonte. Per esempio, *Semplicità* e *Lo steddazzu* (inverno 1935-36) le hai composte con inenarrabile noia e, forse proprio per sfuggire alla noia, tratteggiate in modo cosí bravo e allusivo che piú tardi a rileggerle ti sono parse pregne di avvenire. Il criterio psicologico del tedio non è quindi sufficiente a segnare il trapasso a un nuovo gruppo, dato che la noia, l'insoddisfazione, è la molla prima di qualunque scoperta poetica, piccola o grande.

Piú attendibile è il criterio dell'*intenzione*. Per esso le nostre poesie si definiscono stanche e conclusive, oppure iniziali e ricche di sviluppo, a seconda che si sceglie noi di considerarle. Evidentemente questo criterio non è arbitrario, poiché mai ci verrà in mente di decretare a capriccio la portata di una poesia, ma sceglieremo per farle fruttare quelle appunto che non solo componendole ci hanno promesso avvenire (che sarebbe ben raro, per la ragione sopraddetta del tedio) ma che, rimeditate una volta composte, ci offrono concrete speranze di ulteriori composizioni. Con che si viene a dire che l'unità di un gruppo di poesie (il poema) non è un astratto concetto da presupporsi alla stesura, ma una circolazione organica di appigli e di significati che si viene via via concretamente determinando. Succede anzi che, composto tutto il gruppo, la sua unità non ti sarà ancora evidente e dovrai scoprirla sviscerando le singole poesie, ritoccandone l'ordine, intendendole meglio. Mentre l'unità materiale di un racconto si fa per cosí dire da sé ed è cosa naturalistica per il meccanismo stesso del raccontare.

Hai intanto escluso che la costruzione del nuovo gruppo possa essere un disegno autobiografico, che sarebbe narrazione nel suo significato naturalistico.

Devi ora decidere se certe poesie sciolte (non comprese nel primo *Lavorare stanca*) sono la conclusione di un vecchio gruppo e l'inizio di uno nuovo. Che componendole tu avessi l'intenzione di superare *Lavorare stanca*, risulta per lo meno dal fatto che allora (inverno 1935) il libro era già in tipografia. L'inverno del '35-36 segnò la crisi di tutto un ottimismo basato su vecchie abitudini e l'inizio di nuove meditazioni sul tuo mestiere, che si espressero in un diario e si allargarono via via a un approfondimento prosastico della vita intera, e attraverso preoccupazioni successive (1937-39) t'indussero a tentare novelle e romanzi. Ogni tanto facevi una poesia – l'inverno 1937-38 ne produsse parecchie sotto un ritorno materiale alle condizioni del 1934, l'anno di *Lavorare stanca* – ma sempre piú ti convincevi che il tuo attuale campo era la prosa, e le poesie rappresentavano un *afterglow*. Poi il 1939 non ne vide piú. Ora che con l'inizio del 1940 ci sei tornato, si domanda se quelle estravaganti rientrano in *Lavorare stanca* o presagiscono il futuro.

Sta il fatto che riprendendo in mano il libro e rimaneggiandone l'ordine per includervene alcune censurate nel 1935, le nuove vi hanno trovato posto agevolmente e sembrano comporre un tutto. La questione è quindi praticamente risolta, ma resta che l'*intenzione* delle estravaganti ti faceva chiaramente sperare un nuovo canzoniere.

Vediamo. Queste sbandate poesie cadono in due gruppetti, anche cronologici. Inverno 1935-36, la liquidazione del confino: *Mito*, *Semplicità*, *Lo steddazzu*; inverno 1937-38, la rabbia sessuale: *La vecchia ubriaca*, *La voce*, *La puttana contadina*, *La moglie del barcaiolo*. È chiaro che questi due momenti sono già in *Lavorare stanca*, e il primo mazzo si riconnette a *Terre bruciate* e *Poggio Reale*; il secondo a *Maternità* e *La cena triste*. La gran questione è se qualcosa nel loro accento giustifica l'intenzione di erogarle nel futuro canzoniere, come senza dubbio componendole speravi.

Non pare. La novità di *Lo steddazzu* era solo apparente. Il mare, la montagna e la stella, l'uomo solo, sono elementi o fantasie che si trovano già in *Ulisse*, in *Gente spaesata*, in *Mania di solitudine*. Né il ritmo del fantasticare è diverso o anche solo piú ricco che in passato. Non si esce dalla figura umana veduta nei suoi gesti essenziali e attraverso questi raccontata. Lo stesso puoi dire dei ritratti di donne nel secondo gruppo (*La vecchia ubriaca* e *La moglie del barcaiolo*), che, a parte la novità tutta esteriore del sogno, ripetono la presentazione figurativa di *Ulisse* e *Donne appassionate* ricorrendo all'immagine interna (un particolare del quadro, usato come termine di paragone nel racconto) e non giungendo quindi nemmeno al nebuloso ideale dell'immagine-racconto avanzato già nel 1934. Quanto alla sobrietà di tratti della *Moglie del barcaiolo*, siamo ancora addirittura a *Deola*.

A dire il vero, in questi anni l'intenzione costruttiva piú che nelle nuove poesie si esprime nelle meditazioni diaristiche che le accompagnarono e alla fine soffocarono (1937-39). E siccome solo la consapevolezza critica conclude un ciclo poetico, questo continuo insistere con note di prosa sul problema dei tuoi versi è la prova vera che una crisi di rinnovamento s'andava svolgendo. Diremo quindi che, se nel travaglio sei giunto insensibilmente a definirti *Lavorare stanca*, tanto che ultimamente l'hai ripreso e rimaneggiato scoprendovi una costruzione (ciò che ti pareva assurdo nel 1934), tu miravi piú in là. Esaminando la poetica dei gruppi estravaganti e scoprendola coerente col resto di *Lavorare stanca*, manifestavi la velleità di una nuova poetica e ne delineavi la direzione. Qual'è dunque la molla di queste ripetute e frammentarie indagini prosastiche che hai esercitato per tre anni?

Definito *Lavorare stanca* come l'avventura dell'adolescente che, orgoglioso della sua campagna, immagina consimile la città, ma vi trova la solitudine e vi rimedia col sesso e la passione che servono soltanto a sradicarlo e gettarlo lontano da campagna e città, in una piú tragica solitudine che è la fine dell'adolescenza – hai scoperto in questo canzoniere una coerenza formale che è l'evocazione di figure tutte solitarie ma fantasticamente vive in quanto saldate al loro breve mondo per mezzo dell'*immagine interna*. (Esempio. Nell'ultimo *Paesaggio* della nebbia, l'aria inebria, il pezzente la respira come respira la grappa, il ragazzo beve il mattino. Tale è tutta la vita fantastica di *Lavorare stanca*).

Ora, tanto l'avventura vissuta come la sua tecnica evocativa in questi quattro anni si sono dissolte. La prima si è conclusa con l'accettazione pratica e la giustificazione della solitudine virile, la seconda con la provata esigenza e qualche scarno tentativo di nuovi ritmi e nuove figurazioni. Com'era giusto, la tua critica si è accanita sopratutto sul concetto d'immagine. L'ambiziosa definizione del 1934, che l'immagine fosse essa stessa argomento del racconto, si è chiarita falsa o per lo meno prematura. Tu hai sinora evocato figure reali radicandole nel loro campo con paragoni interni, ma questo paragone non è mai stato esso stesso argomento del racconto, per la sufficiente ragione che argomento era un personaggio o paesaggio naturalisticamente inteso. Non è un caso infine che tu abbia intravisto la possibile unità di *Lavorare stanca* soltanto sotto forma di avventura naturalistica. Quale il canzoniere, tale la singola poesia.

Sia detto chiaramente: la tua avventura di domani deve avere altre ragioni.

Questo nuovo canzoniere porterà in sé la sua luce quando sarà fatto, quando cioè dovrai negarlo. Ma due premesse risultano dal sin qui detto:

1) la sua costruzione sarà analoga a quella di ogni singolo pezzo poetico;
2) non sarà riassumibile in racconto naturalistico.

Ciò che in questi due punti è gratuito – l'esigenza di una poesia non riducibile a racconto – è tuttavia il lievito di domani. È l'elemento arbitrario, precritico, che solo in quanto tale può stimolare la creazione. È un'intenzione, una premessa irrazionale, che sarà giustificata soltanto dall'opera. Quattro anni di velleità e d'introspezione te l'impongono, come nel 1931-32 una voce t'imponeva di *raccontare* versi.

È logico che davanti a quest'esigenza scompaia quella, inconcludente, di sapere che cosa dirà la nuova poesia. Lo dirà la poesia stessa, e quando l'avrà detto sarà cosa del passato, come ora *Lavorare stanca*.

È certo che anche stavolta il problema dell'immagine terrà il campo. Ma non sarà questione di *raccontare immagini*, formula vuota, come s'è visto, perché nulla può distinguere le parole ch'evocano un'immagine da quelle ch'evocano un oggetto. Sarà questione di descrivere – non importa se direttamente o immaginosamente – una realtà non naturalistica ma simbolica. In queste poesie i fatti avverranno – se avverranno – non perché cosí vuole la realtà, ma perché cosí decide l'intelligenza. Singole poesie e canzoniere non saranno un'autobiografia ma un giudizio. Come succede insomma nella Divina Commedia – (bisognava arrivarci) –, avvertendo che il tuo simbolo vorrà corrispondere non all'allegoria ma all'immagine dantesca.

Al canzoniere sarà inutile pensare. Come s'è visto con *Lavorare stanca*, basterà di volta in volta assorbirsi nella singola poesia, superare in essa il passato. Se la prima delle due degnità è vera, basterà fare una sola poesia nuova – e forse è già fatta – e sarà assicurato l'intero canzoniere-poema. Non solo, ma dato un verso tutto vi sarà implicito. Verrà un giorno che una tranquilla occhiata porterà l'ordine e l'unità nel laborioso caos che domani incomincia.

[febbraio 1940]

La terra e la morte

Terra rossa terra nera,
tu vieni dal mare,
dal verde riarso,
dove sono parole
antiche e fatica sanguigna
e gerani tra i sassi –
non sai quanto porti
di mare parole e fatica,
tu ricca come un ricordo,
come la brulla campagna,
tu dura e dolcissima
parola, antica per sangue
raccolto negli occhi;
giovane, come un frutto
che è ricordo e stagione –
il tuo fiato riposa
sotto il cielo d'agosto,
le olive del tuo sguardo
addolciscono il mare,
e tu vivi rivivi
senza stupire, certa
come la terra, buia
come la terra, frantoio
di stagioni e di sogni
che alla luna si scopre
antichissimo, come
le mani di tua madre,
la conca del braciere.

[27 ottobre 1945]

Tu sei come una terra
che nessuno ha mai detto.
Tu non attendi nulla
se non la parola
che sgorgherà dal fondo
come un frutto tra i rami.
C'è un vento che ti giunge.
Cose secche e rimorte
t'ingombrano e vanno nel vento.
Membra e parole antiche.
Tu tremi nell'estate.

[29 ottobre 1945]

Anche tu sei collina
e sentiero di sassi
e gioco nei canneti,
e conosci la vigna
che di notte tace.
Tu non dici parole.

C'è una terra che tace
e non è terra tua.
C'è un silenzio che dura
sulle piante e sui colli.
Ci son acque e campagne.
Sei un chiuso silenzio
che non cede, sei labbra
e occhi bui. Sei la vigna.

È una terra che attende
e non dice parola.
Sono passati giorni
sotto cieli ardenti.
Tu hai giocato alle nubi.
È una terra cattiva –
la tua fronte lo sa.
Anche questo è la vigna.

Ritroverai le nubi
e il canneto, e le voci
come un'ombra di luna.
Ritroverai parole
oltre la vita breve
e notturna dei giochi,
oltre l'infanzia accesa.
Sarà dolce tacere.
Sei la terra e la vigna.
Un acceso silenzio
brucerà la campagna
come i falò la sera.

[30-31 ottobre 1945]

Hai viso di pietra scolpita,
sangue di terra dura,
sei venuta dal mare.
Tutto accogli e scruti
e ripudi da te
come il mare. Nel cuore
hai silenzio, hai parole
inghiottite. Sei buia.
Per te l'alba è silenzio.

E sei come le voci
della terra – l'urto
della secchia nel pozzo,
la canzone del fuoco,
il tonfo di una mela;
le parole rassegnate
e cupe sulle soglie,
il grido del bimbo – le cose
che non passano mai.
Tu non muti. Sei buia.
Sei la cantina chiusa,
dal battuto di terra,
dov'è entrato una volta
ch'era scalzo il bambino,
e ci ripensa sempre.
Sei la camera buia
cui si ripensa sempre,
come al cortile antico
dove s'apriva l'alba.

[5 novembre 1945]

Tu non sai le colline
dove si è sparso il sangue.
Tutti quanti fuggimmo
tutti quanti gettammo
l'arma e il nome. Una donna
ci guardava fuggire.
Uno solo di noi
si fermò a pugno chiuso,
vide il cielo vuoto,
chinò il capo e morí
sotto il muro, tacendo.
Ora è un cencio di sangue
e il suo nome. Una donna
ci aspetta alle colline.

[9 novembre 1945]

Di salmastro e di terra
è il tuo sguardo. Un giorno
hai stillato di mare.
Ci sono state piante
al tuo fianco, calde,
sanno ancora di te.
L'agave e l'oleandro.
Tutto chiudi negli occhi.
Di salmastro e di terra
hai le vene, il fiato.

Bava di vento caldo,
ombra di solleone –
tutto chiudi in te.
Sei la voce roca
della campagna, il grido
della quaglia nascosta,
il tepore del sasso.
La campagna è fatica,
la campagna è dolore.
Con la notte il gesto
del contadino tace.
Sei la grande fatica
e la notte che sazia.

Come la roccia e l'erba,
come terra, sei chiusa;
ti sbatti come il mare.
La parola non c'è
che ti può possedere
o fermare. Cogli
come la terra gli urti,
e ne fai vita, fiato
che carezza, silenzio.
Sei riarsa come il mare,
come un frutto di scoglio,
e non dici parole
e nessuno ti parla.

[15 novembre 1945]

Sempre vieni dal mare
e ne hai la voce roca,
sempre hai occhi segreti
d'acqua viva tra i rovi,
e fronte bassa, come
cielo basso di nubi.
Ogni volta rivivi
come una cosa antica
e selvaggia, che il cuore
già sapeva e si serra.

Ogni volta è uno strappo,
ogni volta è la morte.
Noi sempre combattemmo.
Chi si risolve all'urto
ha gustato la morte
e la porta nel sangue.
Come buoni nemici
che non s'odiano piú
noi abbiamo una stessa
voce, una stessa pena
e viviamo affrontati
sotto povero cielo.
Tra noi non insidie,
non inutili cose –
combatteremo sempre.
Combatteremo ancora,
combatteremo sempre,
perché cerchiamo il sonno
della morte affiancati,
e abbiamo voce roca,
fronte bassa selvaggia
e un identico cielo.
Fummo fatti per questo.
Se tu od io cede all'urto,
segue una notte lunga
che non è pace o tregua
e non è morte vera.
Tu non sei piú. Le braccia
si dibattono invano.

Fin che ci trema il cuore.
Hanno detto un tuo nome.
Ricomincia la morte.
Cosa ignota e selvaggia
sei rinata dal mare.

[19-20 novembre 1945]

E allora noi vili
che amavamo la sera
bisbigliante, le case,
i sentieri sul fiume,
le luci rosse e sporche
di quei luoghi, il dolore
addolcito e taciuto –
noi tendemmo le mani
alla viva catena
e tacemmo, ma il cuore
ci sussultò di sangue,
e non fu piú dolcezza,
non fu piú abbandonarsi
al sentiero sul fiume –
– non piú servi, sapemmo
di essere soli e vivi.

[23 novembre 1945]

Sei la terra e la morte.
La tua stagione è il buio
e il silenzio. Non vive
cosa che piú di te
sia remota dall'alba.

Quando sembri destarti
sei soltanto dolore,
l'hai negli occhi e nel sangue
ma tu non senti. Vivi
come vive una pietra,
come la terra dura.
E ti vestono sogni
movimenti singulti
che tu ignori. Il dolore
come l'acqua di un lago
trepida e ti circonda.
Sono cerchi sull'acqua.
Tu li lasci svanire.
Sei la terra e la morte.

[3 dicembre 1945]

Verrà la morte e avrà i tuoi occhi

To C. from C.

You,
dappled smile
on frozen snows–
wind of March,
ballet of boughs
sprung on the snow,
moaning and glowing
your little «ohs»–
white-limbed doe,
gracious,
would I could know
yet
the gliding grace
of all your days,
the foam-like lace
of all your ways–
to-morrow is frozen
down in the plain–
you dappled smile
you glowing laughter.

[11 marzo 1950]

In the morning you always come back

Lo spiraglio dell'alba
respira con la tua bocca
in fondo alle vie vuote.
Luce grigia i tuoi occhi,
dolci gocce dell'alba
sulle colline scure.
Il tuo passo e il tuo fiato
come il vento dell'alba
sommergono le case.
La città abbrividisce,
odorano le pietre –
sei la vita, il risveglio.

Stella sperduta
nella luce dell'alba,
cigolío della brezza,
tepore, respiro –
è finita la notte.

Sei la luce e il mattino.

[19-20 marzo 1950]

Hai un sangue, un respiro.
Sei fatta di carne
di capelli di sguardi
anche tu. Terra e piante,
cielo di marzo, luce,
vibrano e ti somigliano –
il tuo riso e il tuo passo
come acque che sussultano –
la tua ruga fra gli occhi
come nubi raccolte –
il tuo tenero corpo
una zolla nel sole.

Hai un sangue, un respiro.
Vivi su questa terra.
Ne conosci i sapori
le stagioni i risvegli,
hai giocato nel sole,
hai parlato con noi.
Acqua chiara, virgulto
primaverile, terra,
germogliante silenzio,
tu hai giocato bambina
sotto un cielo diverso,
ne hai negli occhi il silenzio,
una nube, che sgorga
come polla dal fondo.
Ora ridi e sussulti
sopra questo silenzio.
Dolce frutto che vivi
sotto il cielo chiaro,
che respiri e vivi
questa nostra stagione,
nel tuo chiuso silenzio
è la tua forza. Come
erba viva nell'aria
rabbrividisci e ridi,
ma tu, tu sei terra.
Sei radice feroce.
Sei la terra che aspetta.

[21 marzo 1950]

Verrà la morte e avrà i tuoi occhi –
questa morte che ci accompagna
dal mattino alla sera, insonne,
sorda, come un vecchio rimorso
o un vizio assurdo. I tuoi occhi
saranno una vana parola,
un grido taciuto, un silenzio.
Cosí li vedi ogni mattina
quando su te sola ti pieghi
nello specchio. O cara speranza,
quel giorno sapremo anche noi
che sei la vita e sei il nulla.

Per tutti la morte ha uno sguardo.
Verrà la morte e avrà i tuoi occhi.
Sarà come smettere un vizio,
come vedere nello specchio
riemergere un viso morto,
come ascoltare un labbro chiuso.
Scenderemo nel gorgo muti.

[22 marzo 1950]

You, wind of March

Sei la vita e la morte.
Sei venuta di marzo
sulla terra nuda –
il tuo brivido dura.
Sangue di primavera
– anemone o nube –
il tuo passo leggero
ha violato la terra.
Ricomincia il dolore.

Il tuo passo leggero
ha riaperto il dolore.
Era fredda la terra
sotto povero cielo,
era immobile e chiusa
in un torpido sogno,
come chi piú non soffre.
Anche il gelo era dolce
dentro il cuore profondo.
Tra la vita e la morte
la speranza taceva.

Ora ha una voce e un sangue
ogni cosa che vive.
Ora la terra e il cielo
sono un brivido forte,
la speranza li torce,
li sconvolge il mattino,
li sommerge il tuo passo,
il tuo fiato d'aurora.
Sangue di primavera,
tutta la terra trema
di un antico tremore.

Hai riaperto il dolore.
Sei la vita e la morte.
Sopra la terra nuda
sei passata leggera

come rondine o nube,
e il torrente del cuore
si è ridestato e irrompe
e si specchia nel cielo
e rispecchia le cose –
e le cose, nel cielo e nel cuore,
soffrono e si contorcono
nell'attesa di te.
È il mattino, è l'aurora,
sangue di primavera,
tu hai violato la terra.

La speranza si torce,
e ti attende ti chiama.
Sei la vita e la morte.
Il tuo passo è leggero.

[25 marzo 1950]

Passerò per Piazza di Spagna

Sarà un cielo chiaro.
S'apriranno le strade
sul colle di pini e di pietra.
Il tumulto delle strade
non muterà quell'aria ferma.
I fiori, spruzzati
di colori alle fontane,
occhieggeranno come donne
divertite. Le scale
le terrazze le rondini
canteranno nel sole.
S'aprirà quella strada,
le pietre canteranno,
il cuore batterà sussultando
come l'acqua nelle fontane –
sarà questa la voce
che salirà le tue scale.
Le finestre sapranno
l'odore della pietra e dell'aria
mattutina. S'aprirà una porta.
Il tumulto delle strade
sarà il tumulto del cuore
nella luce smarrita.

Sarai tu – ferma e chiara.

[28 marzo 1950]

I mattini passano chiari
e deserti. Cosí i tuoi occhi
s'aprivano un tempo. Il mattino
trascorreva lento, era un gorgo
d'immobile luce. Taceva.
Tu viva tacevi; le cose
vivevano sotto i tuoi occhi
(non pena non febbre non ombra)
come un mare al mattino, chiaro.

Dove sei tu, luce, è il mattino.
Tu eri la vita e le cose.
In te desti respiravamo
sotto il cielo che ancora è in noi.
Non pena non febbre allora,
non quest'ombra greve del giorno
affollato e diverso. O luce,
chiarezza lontana, respiro
affannoso, rivolgi gli occhi
immobili e chiari su noi.
È buio il mattino che passa
senza la luce dei tuoi occhi.

[30 marzo 1950]

The night you slept

Anche la notte ti somiglia,
la notte remota che piange
muta, dentro il cuore profondo,
e le stelle passano stanche.
Una guancia tocca una guancia –
è un brivido freddo, qualcuno
si dibatte e t'implora, solo,
sperduto in te, nella tua febbre.

La notte soffre e anela l'alba,
povero cuore che sussulti.
O viso chiuso, buia angoscia,
febbre che rattristi le stelle,
c'è chi come te attende l'alba
scrutando il tuo viso in silenzio.
Sei distesa sotto la notte
come un chiuso orizzonte morto.
Povero cuore che sussulti,
un giorno lontano eri l'alba.

[4 aprile 1950]

The cats will know

Ancora cadrà la pioggia
sui tuoi dolci selciati,
una pioggia leggera
come un alito o un passo.
Ancora la brezza e l'alba
fioriranno leggere
come sotto il tuo passo,
quando tu rientrerai.
Tra fiori e davanzali
i gatti lo sapranno.

Ci saranno altri giorni,
ci saranno altre voci.
Sorriderai da sola.
I gatti lo sapranno.
Udrai parole antiche,
parole stanche e vane
come i costumi smessi
delle feste di ieri.

Farai gesti anche tu.
Risponderai parole –
viso di primavera,
farai gesti anche tu.

I gatti lo sapranno,
viso di primavera;
e la pioggia leggera,
l'alba color giacinto,
che dilaniano il cuore
di chi piú non ti spera,
sono il triste sorriso
che sorridi da sola.
Ci saranno altri giorni,
altre voci e risvegli.
Soffriremo nell'alba,
viso di primavera.

[10 aprile 1950]

Last blues, to be read some day

'T was only a flirt
you sure did know
some one was hurt
long time ago.

All is the same
year has gone by–
some day you came
some day you'll die.

Some one has died
long time ago–
some one who tried
but didn't know.

[11 aprile 1950]

Prima di «Lavorare stanca»

1923-1930

A partire da questa sezione sono presentate tutte le poesie comprese negli anni di *Lavorare stanca* (1931-35, I ed.; autunno 1935-40, II ed.) e scartate dall'autore (le quattro confluite in *Ciau Masino*, le *Poesie del disamore*, altre sparse); inoltre trovano qui posto i componimenti anteriori al 1930 che Pavese organizzò sotto forma di canzonieri. Per quanto riguarda i criteri di scelta e di organizzazione dei testi che compongono il volume, si rimanda alla nota di Mariarosa Masoero.

Sfoghi

I

Finché il mio sforzo fu di imitare altri.

C. PAVESE

1°

Oh, vagare con lei la sera scura,
  perderci tra le piante ed ascoltare
  le strida rauche su per la pianura
  tremule come la luce stellare!
Oh, soffermarci al tepido alitare
  del vento e ritrovar la sua figura
  stretta al mio volto e sentirla tremare,
  sentir tremare la sua bocca pura!

[ottobre 1923]

2°

Infinito stellato, tu, la notte alla mente
  che ti sta ansiosa dici che sei il mistero;
  il giorno efimero ti nasconde allo sguardo,
  il giorno che è nulla nell'immenso tuo,
  il giorno che è tutta la vita dell'uomo.
Infinito oscuro, stellato,
  solo al tuo silenzio comprende l'uomo
  che tra un'eternità tu gli sarai ancora un mistero,
  sempre un mistero.

[marzo 1924]

3°

Beata Beatrix

Innanzi al quadro di D. G. Rossetti

Tenue, velata dal sogno divino
che gonfiò l'anima del suo poeta
angoscïosamente una segreta
passione mostra sul volto supino.
Sorge dall'ombra ed un lento mattino
le piove tra le mani una quieta
luce che il cuore pianamente acqueta
e le imbianca il volto alabastrino.
Assorta in un pensiero ella l'amore
del pauroso giovane non sente,
abbassa gli occhi sul volto rapito,
sul volto che protende a un infinito
dolore, muta rassegnatamente
e un colombo le posa in grembo un fiore.

[aprile 1924]

II

Dacché il mio sforzo è di rendere me stesso con arte mia.

1°

Sempre sentirmi meschino meschino,
sempre rifare e sempr'esser da capo
lottare senza posa e pur sapere
che questo sarà sempre il mio destino!

[novembre 1923]

2°

Perché la sera, se mi cade il capo
incosciente sui fogli e sto godendo
quasi senza saperlo quel sopore,
perché mi rialzo d'un tratto e riprendo
lo sforzo, irrigidendomi, per poi
risocchiudere gli occhi e ricadere?

[agosto 1924]

3°

Le vigne tutte non hanno piú un grappolo,
corron rossastre sul fianco dei colli,
l'aria è piú fresca e il bel verde lontano
sta imbrunendo: io cammino pensoso,
senza un'idea che m'accenda l'anima,
calpestando nel fango le foglie aggrinzite.

[settembre 1924]

4°

Oh, quando mai ritroverò un'idea
con cui rialzarmi[1] a riamare la vita?
Quando m'avvamperà ancora nel cuore
questa[2] fiamma che è ora agonizzante?
Oh! se tutta la gloria che ho sognato
deve finire in questo buio orrendo,
perché la pregustai e sopravissi?

[novembre 1924]

[1] *con cui rialzarmi*: per innalzarmi *in interlinea inferiore.*
[2] *questa*: quella *in int.*

5°

Per un'attrice di cinematografo giovanissima, straniera, lontana.

Ti vidi un giorno per alcuni istanti
e so che mai potrò piú rivederti.
Tu mi passavi leggera dinnanzi
levando il viso pieno di dolcezza,
ravvolta nei capelli evanescenti.
Eri lontana, fors'anche diversa,
forse ad altri vendevi quel tuo riso,
forse lo vendi ancora, ma il sorriso
il tuo sorriso doloroso, mai
me lo potrò scordare. So che il tempo
mi caccierà l'amarezza dal cuore
e che mai piú ti rivedrò in mia vita
ma è tanto dolce sognare con te.

[20 dicembre 1924]

6°

D'estate

I.

Mi ondeggia[1] ancora innanzi agli occhi il ramo
donde come una freccia s'è involato
l'uccello via pe 'l cielo azzurro. L'erba,
dove siedo, scintilla di rugiade
al sol nascente e su dai larghi boschi,
di tra le foglie umide e verdi, sale
innumerevole e vivo nel cielo
un pigolio un cinguettio immenso
inneggiante al risorger della luce.

[7 luglio 1925]

II.

Molli le rame s'agitano in alto,
sul cielo azzurro pallido, e un susurro
vasto trascorre per le verdi fronde
a ondate, or lento or rapido, col vento.
Dietro la chioma densa[2] di un ontano
sta il sole e a tratti getta scintillii
per le foglie fluttuanti. Tutto il resto
è quiete, silenzio. Odo lontano
sui colli circonfusi nella luce
spandersi l'armonia che pe' i sensi
mi colma il cuore...

[30 giugno 1925]

[1] *ondeggia*: oscilla *in int.*
[2] *densa*: fitta *in int.*

III.

Tutto il cielo s'accende nel tramonto,
nuvole sparse brillano vermiglie
sul cupo azzurro in alto e sopra i mon[ti],
dov'è scomparso il sole, strati splendidi
s'ammassan rossi, argentei, dorati.

[30 agosto 1925]

IV.

M'accarezza sul volto un vento tiepido
che mi giunge tra i pini, cupi, ritti
sul cielo pallido crepuscolare.
La vallata imbrunisce nella sera
e con netto profilo le colline
distaccan scure su uno sfondo roseo,
tenero, inesprimibile. Le case
sparse sui larghi fianchi verdeggianti
di boschi e prati paion riposarsi
nella freschezza dolce. Sol lontano,
lontano, ad occidente, dove s'apre
la valle e si distende lunga, azzurra
la catena dei monti, ancor s'accende
d'un rosso tenue l'immenso orizzonte.

[26 agosto 1925]

V.

Un profumo freschissimo di foglie
mi giunge nella notte. Alberi enormi
si rizzan scuri frondeggiando. Lungi,
per i colli vanenti[3] nel leggero
lume lunare, rauchi a tratti i cani

[3] *vanenti*: velati *in int.*

abbaiano. La brezza ingagliardisce,
poi cade, ed incessante sale al cielo
lo stridio monotono d'un grillo
perduto chi sa dove: sale tremulo
fino a una grande stella scintillante
sull'immensa campagna addormentata.

[30 giugno 1925]

7°

Mi atterrisce il pensiero che io pure
dovrò un giorno lasciare questa terra
dove i dolori stessi mi son cari
perché spero di renderli nell'arte.
E piú tremo pensando all'agonia
alla lunga terribile agonia
che forse andrà dinanzi alla mia morte.
Che cos'è mai la vita ai moribondi
che ancor comprendono e si senton lenti
lenti spirare in una stanza tetra
soli in se stessi? Oh, conoscessi un Dio[1],
cosí vorrei pregarlo: quando il petto
mi si gonfia ricolmo d'un'ondata
di poesia ardente e dalle labbra
mi sfuggon rotte sillabe che ansioso
tento di collegare in forma d'ar[te,]
quando piú riardo e piú deliro, oh, allor[a]
mi si schianti una vena accanto al cuo[re]
e soffochi cosí senza un rimpianto!

[21 luglio 1925]

[1] *conoscessi un Dio*: se credessi in Dio *in int.*

8°

Un verde torbido riveste i colli
che salgono su al cielo entro le nubi
grigie ed il sole ch'è quasi al tramon[to]
spunta e riluce in una plaga azzurra.
Buffi di vento, carichi di odore
del verde umido e fresco, tra le foglie
passano e le sconvolgono, gagliardi
le tormentano, freddi, senza posa.

[10 luglio 1925]

9°

Oh immensità, dolcezza del crepuscolo
su questa larga valle! Le colline
imbruniscon lontano e ad occidente
una striscia piú limpida, infocata
si stende sopra i monti. In alto il cielo
è pallido, leggero e già una stella
vi spunta tremolante... Oh, qui, nell'erba
potermi addormentare in questo sogno!

[27 luglio 1925]

10°

Per la gran notte sol rompe il silenzio
lo strider rauco e tremulo dei grilli.
Alberi scuri m'avvolgono[1] intorno
e azzurrina risplende nel ciel pallido
la luna che sui colli, tutti boschi,
getta il suo lume come un velo lieve.
Oh, chi sa mai che illumina lassú,
sopra le vette, dove le radure
s'aprono solitarie tra le piante?

[6 luglio 1925]

[1] *m'avvolgono*: mi chiudono *in int.*

11°

Dolce settembre col suo cielo limpido
curvato immenso sovra i campi, pieni
di frutta ben mature! Dolci nubi
rigonfie, miti sparse sull'azzurro!

[5 settembre 1925]

12°

Logoro, disilluso, disperato
di mai riuscire a suscitar nell'anima
degli uomini una vampa di passione
con un'arte ben mia; cosí vivo
triste nei lunghi giorni... eppure a trat[ti]
mi sento traboccare d'una vita
caldissima, potente che, oh! se mai
riuscissi a esprimere sarebbe colma
tutta la mia esistenza.

[10 ottobre 1925]

13°

Oh, la gioia, la gioia di creare
esseri umani, sí che tutti piangano,
ridano, vivano, rapiti in essi,
nella loro esistenza ardente, oh nu[lla,]
null'altro al mondo vale questa gioia[!]

[14 ottobre 1925]

14°

Mi strugge l'anima perdutamente
il desiderio d'una donna viva,
spirito e carne, da poterla stringere
senza ritegno e scuoterla, avvinghiato[1]
il mio corpo al suo corpo sussultante,
ma poi, in altri giorni piú sereni,
starle d'accanto dolcemente, senza
piú un pensiero carnale, a contemp[lare]
il suo viso soave di fanciulla,
ingenuo[2], come avvolto in un dolore
e ascoltare la sua voce leggera
parlarmi lentamente, come in sogno...

[24 ottobre 1925]

[1] *avvinghiato*: allacciato *in int*.
[2] *ingenuo*: ignaro *in int*.

15°

O colli dove nacqui, sempre v'avrò nel cuore,
distesi alla gran luce del meriggio d'estate,
silenziosi, coperti i larghi fianchi di boschi,
dov'io, fanciullo ignaro, scorrazzavo e già i primi
sogni mi tormentavano e struggimenti di gloria,
colli, oh colli ove nacqui, che svanite lontano,
oh sapessi io mai dire ciò che siete per me!
E vi rivedo ancora profilarvi nel cielo
infiammato al tramonto e riodo levarsi
su dalle coste vostre i canti che, dai filari,
lieti i vendemmiatori levavano[1] alla brezza
della sera: rivedo me stesso ancor fanciullo,
steso nell'erba fresca, spaziare lo sguardo
perdutamente in alto, negli incendî di nubi...
Oh! quando mi sovvengo di questi rapimenti
che chiuso in mezzo a voi m'ebbi, ancor sí fanciullo,
mi s'acqueta nell'anima ogni dubbio e confido.

[4-5 settembre 1925]

[1] *levavano*: gettavano *in int.*

16°

Andare per le vie tristemente[1]
tormentato in continuo dal terrore
di vedermi svanire sotto gli occhi
le creazioni a lungo vagheggiate:
sentire indebolirsi[2] dentro all'anima
l'ardore, la speranza tutto...tutto...
E restare cosí senz'un amore,
una grandezza, piccolo, volgare,
dannato alla tristezza quotidiana
e al pensiero incessante che infiniti
uomini han già sofferto quel ch'io soffro
ora e son morti oscuri, senza sorgere
a una luce di gloria, disperati.
Nel mio dolore nulla m'è lasciato,
neppur l'orgoglio di sentirmi il solo!

[14 novembre 1925]

[1] *tristemente*: solitario *in int. inf.*
[2] *indebolirsi*: affievolirsi *in int.*

Oh nulla nella vita c'è che valga
 la mia anima gonfia in quest'istante,
 il suo struggimento doloroso
 in cui si fondon tutte le speranze
 tutte le angosce della mia esistenza.

[17 dicembre 1925]

Vedo lontano le colline perdersi
in una nebbia grigia e tutto il verde
della campagna arrossa e infracidisce.
Non piú l'azzurro in cielo non piú il sole
non piú i vivi rumori dell'estate
ma un tedio freddo e grave che ravvolge
ogni cosa. Sol rapide, tra gli alberi,
passano a tratti gelide ventate
scrollandone le fronde ischeletrite.

[30 settembre 1925]

Senza una donna da serrarmi al cuore!
Mai l'ebbi e mai l'avrò. Solo, stremato
da desideri immensi di passione
e pensieri incessanti, senza meta.

[18 aprile 1926]

Rinascita

I'm all alone
every night
how I mean
and how I fight – those B. C. B.

I walk for miles
place to place
but no one smiles
or helps me chose – those B. C. B.

I'm like a little child
I need a lot of tenderness and care
all I got is just a lot of sorrow and dispair.

Won't someone please
talk to me, don't refuse
hear my prayer and help me loose – thos B. C. P.[1].

[1] Alla poesia proemiale seguono, con varianti, i componimenti 7, 16, 15, [17], 14, [19] della seconda parte di *Sfoghi*, qui omessi.

Oh! Chioma d'Oro, bella ballerina,
che muti tante volte in una sera
i tuoi costumi, ma il tuo viso sempre
dura immutato tra i capelli biondi,
il tuo bel viso chiaro e pensieroso
tra quei capelli corti, da bambina,
oh Chioma d'Oro, bionda ballerina,
dal bel corpo scoperto tra le vesti,
alta e composta tra le tue compagne,
perché mi sei apparsa cosí strana
e in quel trionfo di colori e luci,
di carni e forme nude, sulla scena,
io non so piú vedere che il tuo corpo
e i tuoi grandi occhi chiari, da bambina?
Oh Chioma d'Oro, bella ballerina?

[27 ottobre 1926]

Oh ballerine dalle coscie nude
fino ai fianchi, e le spalle e i seni e schiena,
dal costume leggero stretto al corpo
sí che tutto vi appare, oh corpi belli
e visi belli, quando penso a voi
se fate le puttane o vi cedete
a chi solo vi piace o siete ignare,
soffro tremendamente e insieme godo
al pensiero che forse vi potrò
possedere in un letto.
Eppure sogno,
sollevandomi fuori del reale,
se qualcuna di voi fosse una buona
fanciulla, dai grandi occhi misteriosi.
Ma debbo rinnegarmi da me stesso
e parlare di voi con un sorriso,
convinto io stesso che il mio sogno è stupido,
ch'è romantico e falso, da impotente.
Oh un poco d'aria pura, d'aria pura!

[ottobre 1926]

Sono andato una sera di dicembre
per una strada buia di campagna,
tutta deserta, col cuore in tumulto.
Avevo dietro me una rivoltella.
Quando fui certo d'esser ben lontano
d'ogni abitato, l'ho rivolta a terra
ed ho premuto.
Ha sussultato al rombo,
d'un rapido sussulto che mi è parso
scuoterla come viva in quel silenzio.
Davvero mi è tremata tra le dita
alla luce improvvisa che sprizzò
fuor della canna.
Fu come lo spasimo,
l'ultimo strappo atroce, di chi muore
di una morte violenta.
L'ho riposta
ancor tepida, allora nella tasca
e ho ripreso la via.
Cosí, andando
tra gli alberi spogliati, immaginavo
quando afferrando quella rivoltella,
nella notte che l'ultima illusione
e i terrori mi avranno abbandonato,
io me l'appoggerò contro una tempia,
il sussulto tremendo che darà,
spaccandomi il cervello.

[gennaio 1927]

– Profumi –

Sovente mi fermo davanti alle vetrine
dei profumieri. E tutti quei colori
disposti in nitide boccette
ornate di bei nastrini,
tra i piumini, le ciprie, gli specchi
e i piccoli strumenti fragili
lucidi lucidi
che passeranno per tenui mani feminee
e pare che nell'attesa ne abbian già assunto l'esilità e la forma di sogno,
i deliziosi ovali delle saponette,
gli spruzzetti, le reticelle,
ma sopratutto i profumi, i bei profumi gettati
in un ordine strano
sulle scansie di cristallo
dove fondono diafani i colori piú belli,
sopratutti i profumi mi prendono l'anima
e costringono gli occhi,
i miei occhi incapaci d'estraneo rozzo,
a fissarsi sospesi
sul prodigio fatto di mille minuscole meraviglie
ed allora un pensiero mi riempie la mente:
pensiero che nessuna fiorita terrestre, vivente nel sole,
palpitante, o agitata dal vento
o umida sotto il cielo;
odorante un suo odore sano e selvaggio;
e non le piú belle mescolanze di fiori
accordate da mani leggere,
da cui pure s'esalano stordimenti di profumo:
nulla nulla che abbia nome natura,
stagioni, doni strappati dall'uomo alla terra,
nulla mi può valere il giardino agghiacciato
nitido, immobile sotto i cristalli,
dove le offerte piú meravigliose delle stagioni,
i colori e i profumi,
sono raccolte divinamente in piccoli vetri
e han la forma del sogno femineo:
un'esilità trasparente,
quasi purezza cristallina,

che talvolta canta una sua nota leggera, indicibilmente
serena,
ma talaltra, compresa
di un'intensa anima verde,
o cupa, disperata,
s'esala d'intorno
in stanchezze di decadenza,
in labirinti di depravazione,
in tonfi di morte.
E d'accanto mi passano femmine
dall'abito breve sul corpo,
rivelante ogni forma,
talune nel viso e nel corpo tutte impregnate
e travagliate, consunte
terribilmente, senza piú scampo,
dai piccoli oggetti di sogno
immobili dietro il grande cristallo;
altre, tutte freschezza,
come se il loro corpo, la loro vita
non fosse che un pieno ininterrotto e inebriante canto
e tutte, di questa forma e diverse,
e infinite non mai conosciute,
creano un altro meraviglioso giardino
vasto quanto la terra,
di cui questo di cristallo non è se non l'immagine superba
raccolta in breve spazio, profumo in una boccetta.
E con le stelle nel cielo,
l'altissimo giardino intessuto di ombra e di luce,
tanto semplice che fa battere le mani ai bambini,
tanto tremendo che fa rabbrividire i santi,
essi formano il mio grande giardino della vita,
dove soffro e gioisco ininterrottamente
e, dolorando per dare qualche canto ai miei fiori,
attendo la morte, l'ultimo canto, il piú bello.
Ed è per questo che avviene che mi fermo
davanti alle fantastiche vetrine dei profumieri.

[5 agosto 1927]

Dopo essermi scoraggiato di ogni cima piú alta,
dopo aver perduto ogni rispetto di me stesso,
ridotto a un povero straccio umano
senza piú forma,
per un istante accanto a te ho rivissuta la fiamma
che mi accendeva negli anni piú belli:
povera fiamma che sta per spegnersi,
che, come te, è una mia illusione
di cui non sono degno:
pure m'ha riacceso e sorrido.

[11 agosto 1927]

I tuoi capelli biondi
sono piú evanescenti e leggeri del fumo della tua sigaretta.
Oh! Vorrei respirarli i tuoi capelli di sogno,
come respiro questo fumo!

[agosto 1927]

Al lento vacillare stanco
di un'altra fiamma perduta,
al lento disfarsi e svanire
del mio amore ormai lontano,
che pure mi diede tant'ala
a levarmi sul mondo
e tante cose dolci e segrete
mi cantò nell'orecchio,
o, piú profondo, nel cuore vivo,
cose trepide di dolcezza,
che nessuno saprà mai,
che mai saprò ridire,
al dileguarsi inesorabile di tutti i miei sogni,
al morire di un'altra illusione:
mi ritorna nell'anima il monotono ritmo di un tempo,
la vita orrenda, sempre uguale,
e il martellare dei pensieri inutili,
l'interminabile struggermi grigio
in mezzo allo spettacolo del mondo
sempre uguale,
ma tanto misterioso e terribile
di gioie e dolori,
che fa chiudere gli occhi e raccogliersi in sé,
quasi a un rombo improvviso
che rintroni il cervello.
Ma nella vita cosí fatua e triste,
dileguato lontano il bel sogno sereno,
mi riafferrano a tratti,
ferocemente improvvisi,
struggimenti di desiderio,
soffocamenti folli,
lancinanti come ferite
che si riaprano d'improvviso
ad un urto violento,
ali tronche e rabbiose
d'un grande sogno che vivo
senza comprendere certo
che cosa sia mai.
Desiderio per tutte le donne che passano in strada,
per un viso, un bel corpo,
una febbre sensuale che mi rugge nel sangue.

Io le seguo con l'occhio perduto le donne che passano
e ogni volta mi par di lasciare
sul loro cammino,
ch'è cosí tiepido e profumato,
della carne strappata e del sangue, una brama viva.
E tutte mi sfiorano e poi:
dileguate per sempre.
Invidia dei meravigliosi suicidi d'amore,
quando l'ultima stretta folle s'inonda di sangue,
violento, porpureo,
e se ne bagnano i cuscini e la rivoltella,
e tutto è come esaltato,
rintronato dal rombo;
e gli occhi malcerti muoiono
negli occhi del viso supino che già si raffredda,
ma la bocca disperatamente
cerca ancora la bocca adorata.
Desiderio pazzo di un'impresa eroica,
che mi sollevi sul mondo
e possa rinchiudermi in me, sopraffatto d'orgoglio,
che almeno nei gesti si plachi,
per un istante di gloria
tutta la febbre che mi freme nel cuore
e quando tace mi è piú spaventosa.
Esaltamento che mi stringe dinanzi ad ogni opera grande,
ad ogni spettacolo immenso e titanico,
davanti a una grande stazione,
su un molo lanciato nel mare,
tra le navi enormi
e la forza presente degli argani,
dei sibili, delle antenne
protese sull'infinito.
Ma dopo queste povere spasmodiche fiamme,
le invidie violente e gli struggimenti d'amore,
dopo gli esaltamenti di gloria,
senza scampo, sempre,
come un colpo che mi tolga ogni forza,
ma mi faccia rabbrividire
di un dolore tremendo,
mi strazia e mi piange nel cuore
la coscienza improvvisa del mio male,
la coscienza della miseria dell'anima mia,
la miseria tremenda

che è fatta di stanchezza e di tedio
di debolezza vile
e di disperazione.
E talvolta per un pensiero improvviso quest'orrore m'assale
mentre su un libro famoso
io m'esalto nell'anima grande
di un poeta,
ed allora d'un tratto mi lacera l'anima,
mi soffoca in cuore
ogni alito bello,
mi raggela ogni fiamma
ed io in un attimo altissimo, mi guardo d'intorno,
senza sangue piú nelle vene,
pallido colle guancie ardenti,
sentendomi gonfio di pianto
come un bambino battuto,
ma in una grande solitudine
che mi fa silenzioso e m'inchioda ogni gesto ribelle,
quasi in uno stupore di spasimo,
una pausa religiosa
di dolore indicibile,
che mi contorce l'anima spietatamente,
ma in un profondo silenzio.
Ma poi subito mi alzo e il mio corpo si torce,
rabbrividisce, scattando
in gesti sfrenati
e grand'urli mi fremono in gola,
mi scuotono il petto a schiantarlo,
senza ritegno, e soffro
soffro tremendamente,
senza una speranza,
perduto nella mia rovina immensa.
E nemmeno piú il pensiero del suicidio
che altre volte mi sorrideva
mi leva piú quel macigno dal cuore,
ma soffro soffro tremendamente.
Poi, piú malsicuro e avvilito,
dolorando,
sotto una calma fremente,
riprendo il monotono ritmo di prima,
la vita orrenda sempre uguale,
e il martellare dei pensieri inutili,

l'interminabile struggermi grigio,
senza piú veder nulla sentir nulla,
se non l'eco disperata
della mia grande rovina.
  Ed erro per le vie,
silenzioso,
solo,
e piú nulla mi scuote
e sento il mio freddo ma nulla mi vale
ché nel cuore non ho che il rimpianto
di ciò che ho perduto,
per la miseria dell'anima mia,
l'orribile miseria che è fatta di stanchezza e di tedio
e di disperazione.
  E cosí torno ad assistere allo spettacolo del mondo
lo spettacolo sempre sempre uguale.
  Vita vita tremenda
che mi agitavi in un dolore ardente
e mi sconvolgevi nel cuore
ogni goccia di sangue,
in una pienezza indicibile,
che mi mutava il colore la voce e fin gli ultimi gesti
ad ogni apparire leggero
dei suoi occhi profondi,
scuri cupi,
perduti
nel viso pallido triste
sotto la lieve nuvola bionda,
fragile come il suo corpo,
dei tenui capelli evanescenti:
vita vita di sogno
perché ti sei spenta
cosí nel mio cuore?

[17 agosto 1927]

Sul fianco d'una collina
si stende un sentiero sassoso
dalle larghe curve che s'indugiano nell'ascesa lenta
alla vetta lontana.
E a tratti la via dinanzi si fa cosí ripida
che dopo qualche passo balza nel cielo
e chi sale non può piú scorgere
che il limite breve dell'infinito,
il ciglione del colle
dove pendono erbe,
proteso sul cielo, alto, azzurro,
ma di un azzurro cosí intenso e lieve
che le nuvole bianche vaganti
nella volta cosí vicina ed alta,
accrescendone la leggerezza diafana
non possono farlo piú puro.
Sul ciglione estremo,
colle radici nel terreno sassoso ed i rami nel cielo,
un melo, piccolo tronco,
unisce contorcendosi la terra all'infinito.
E nulla si muove
tranne il lieve respiro
che accarezza tutto d'intorno
e discende dal cielo.
Qui la vita è dei sogni.
Ed appena io vi giungo
e levo gli occhi in alto
il suo ricordo mi trema nel cuore
e mi gonfia il petto.
Qui ho sognato il mio sogno piú bello.
Venire con lei
fin dinanzi a questo infinito
e arrestarci in silenzio
al battito sconvolto del cuore.
Dirci le cose piú dolci
cosí, sommessamente,
come il lieve respiro
che s'agita intorno.
Guardarla negli occhi, negli occhi profondi
ma tanto sereni,
travagliati anch'essi

di sogni e di pianto,
come la mia povera anima
che si perde ora dietro a questo sogno struggente
ma sereno e dolce come il cielo azzurro.
  E parlarle parlarle sommesso
stretto a lei, al suo corpo fragile
fatto di esilità e di profumo,
che palpita di una vita di sogno
che non potrei non potrei credere umana
se non fosse di quegli occhi e del volto
logori dal dolore.
  E quando, solo sotto il cielo,
dinanzi all'infinito
cosparso di nuvole bianche,
fantastico cosí d'esserle accanto,
mi si contraggono le labbra e bruciano
nello spasimo di un bacio
che mai le potrò dare
e mi resta nel cuore,
dolcissimo e avvelenato.
  E nulla si muove d'intorno
tranne il respiro del vento.
  I miei capelli si agitano
come le erbe sul ciglione,
come le nuvole in cielo,
mossi dallo stesso soffio.
  Tutto tutto è sempre uguale intorno,
un paesaggio d'infinito e di sogno
ma io giro gli occhi smarrito
e sono solo solo.

[agosto 1927]

Ti son caduto accanto.
Tu stavi muta colle ciglia chiuse.
Ti baciavo la nuca
e quasi non sapevo.
Sono triste, angosciato,
piú nulla ti so dire.
Oh mi pare che tu non voglia piú!
È tanto triste adesso quell'istante.
Ho paura che tutto sia finito.
Non mi dici piú nulla.
Sono solo terribilmente solo
e avvilito.
Prima almeno speravo
e trepidavo ignaro.
Ora non so,
ma sto male
tanto male.
Oh come mi ha lasciato solo
il tuo bacio!
Tu ricordi, bambina:
«Senza una donna da serrarmi al cuore
mai l'ebbi e mai l'avrò. Solo; stremato
da desideri immensi...»
Mi par di ritornare in quell'inferno
quando scrivevo quei versi.
Ma allora ero già tanto rassegnato.
Ora ho nel sangue un veleno terribile
e il disgusto del fumo
che ho respirato per sognare di te
mi rivolta la gola.
Tu non senti piú nulla?
Oh una tua tenerezza
in questa sera maledetta
mi ridarebbe la vita.
Ma tu non mi hai detto piú nulla
e mi pare vorrai cosí per sempre.
Oh non potevo crederlo
di essere amato!
Di avere una donna,
un corpo vivo, un'anima,

un povero e divino cuore umano
che sognasse di me.
  Eppure l'ho sperato,
accanto a te l'ho sperato,
nei baci dolci,
nelle parole sommesse
moribonde di tenerezza.
  L'ho ripensato nel cuore ardente
trepidante di un tuo sorriso.
  Oh se fosse uno spasimo,
se potessi urlare
tutto sconvolto
come ho fatto tante volte
prima dei tuoi baci,
ma no, è una sofferenza
atroce ma stanca,
che mi avvelena il sangue
colla nausea del fumo
e il ribrezzo
e l'incertezza.
  Tornare adesso a far la vita buia
sterile, stanca,
dopo tutto quel paradiso
non posso piú non posso.
  Ho bisogno di averti d'accanto
e di stringerti a me
e vederti sorridere
e piangere e sognare
e socchiudere gli occhi
a tanti baci
e ridirmi parole
per me solo per me solo.
  Oh che nausea che angoscia orribile!
Solo piú stretto a te
posso reggere in vita.
  Sarà egoismo senz'amore,
me ne vergognerò anche,
ma ti supplico fammi ancora sentire
il tuo amore bello,
fammi credere ancora
coi tuoi capelli devastati,
colle tue palpebre scure abbassate
come viole appassite,

che io nella vita non sono un mendicante
rifiutato da tutti.
Fammi dimenticare questo
nei tuoi baci divini.
Oh bambina se tu sapessi quanto ho sofferto
quando stasera non mi hai detto nulla.

[notte 30 agosto 1927]

Le tue mani pallide
mi paiono due mistici gigli
fioriti sull'esile stelo,
nero fino al calice,
delle braccia sottili.
E il tuo corpo che traspare profumato
a tratti, di tra i veli neri,
ha una strana luminosità bianca,
immensamente lontana,
un pallore accorato,
fatto di dolore profondo
e di umiltà misteriosa e sublime.
Oh baciarlo e stringerlo al cuore
il tuo corpo di carne, in gramaglie!
Mi parrebbe di stringere al cuore
in un atto divino e sacrilego
una lampada ardente,
che, sospesa a una gran cattedrale,
nel silenzio notturno
velato di viola
delle navate profonde,
getta sui marmi di gelo
vacillanti riflessi rossastri.
Oh il tuo corpo divino,
nel silenzio dei suoi veli neri!
Esso ha la bellezza misteriosa
della mistica lampada solitaria
racchiusa nella sua luce,
simbolo di un dolore
che si vela in sé stesso
traendo soltanto conforto
dal silenzio profondo
o simbolo forse di gioia,
di estasi,
di un'estasi tanto intensa e sublime
che si racchiude
e si vela,
ardendo,
per non struggere chi la contempla.

[1° settembre 1927]

Tu sei per me una creatura triste,
un fiore labile di poesia,
che, nell'istante stesso che lo godo
e tento inebriarmene,
sento fuggire lontano
tanto lontano,
per la miseria dell'anima mia,
la mia miseria triste.
Quando ti stringo pazzamente al cuore
e ti suggo la bocca,
a lungo, senza posa,
sono triste, bambina,
perché sento il mio cuore tanto stanco
di amarti cosí male.
Tu mi dài la tua bocca
e insieme ci sforziamo di godere
il nostro amore che sarà mai lieto
perché l'anima in noi è troppo stanca
dei sogni già sognati.
Ma sono io sono io il vile,
e tu sei tanto in alto
che, quando penso a te,
non mi resta che struggermi d'amore
per quel poco di gioia che mi dài,
non so se per capriccio o per pietà.
La tua bellezza è una bellezza triste
quale avrei mai osato di sognare,
ma, come tu mi hai detto, è solo un sogno.
Quando ti parlo le cose piú dolci
e ti stringo al mio cuore
e tu non pensi a me,
hai ragione, bambina:
io sono triste triste e tanto vile.
Ecco, tu sei per me
null'altro che una fragile illusione
dai grandi occhi di sogno,
che per un'ora mi si stringe al cuore
e mi ricolma tutto
di cose dolci, piene di rimpianto.
Cosí mi accade quando stancamente

mi struggo a infondere nei versi lievi
un mio spasimo triste.
  Un fiore labile di poesia,
nulla di piú, mio amore.
  Ma tu non sai, bambina,
e mai saprai ciò che mi fa soffrire.
  Continuerò, piccolo fiore biondo,
che hai già tanto sofferto nella vita,
a contemplarti il viso che ti piange
anche quando sorride
– oh la dolcezza triste del tuo viso!
non saprai mai, bambina –
continuerò a adorare accanto a te
le tue piccole membra melodiose
che han la dolcezza della primavera
e son tanto struggenti e profumate
che io quasi impazzisco
al pensiero che un altro le amerà
stringendole al suo corpo.
  Continuerò a adorarti,
e a baciarti e a soffrire,
finché tu un giorno mi dirai che tutto
dovrà essere finito.
  E allora tu non sarai piú lontana
e non mi sentirò piú stanco il cuore,
ma urlerò dal dolore
e ribacerò in sogno
e mi stringerò al petto
l'illusione svanita.
  E scriverò per te,
per il tuo ricordo straziante
pochi versi dolenti
che tu non leggerai piú.
  Ma a me staranno atroci
inchiodati nel cuore
per sempre.

[4 settembre 1927]

Ti amo, bambina,
di una febbre sensuale
che mi rugge nel sangue
quando dal primo bacio,
carezzevole sulla guancia fresca,
ti passo sulle labbra,
le serro nelle mie
e ti lambisco la lingua
umida di amore,
libidinosamente,
e scontro i denti forti
nitidi nei miei denti,
e tutti e due mordiamo,
suggiamo senza posa
e una mia mano timida
dalla tua gola fresca
ti scivola sul petto
e si contragge e stringe sopra un seno,
piccolo, cedevole,
molle di amore
come la tua bocca è bagnata.
O quando lontano da te
dinanzi al tuo ritratto
mi struggo a contemplare
dove di tra lo scialle
il tuo corpo è nascosto,
ma s'indovina nitido
e in basso tra le frange,
appaiono accavallate
le belle gambe nervose,
ma molli come i seni,
e le lunghe fila nere s'indugiano
in perfide ambagi
sulle ginocchia
sulle cosce strette
che mai mai amerò.
E questo è pure quell'amore triste
– ma oh come lontano
in questa sera trepidante di speranza –
che si perdeva in sogno a contemplare
i tuoi capelli lievi,

il tuo viso distrutto
dal segreto soffrire,
i tuoi grandi occhi spalancati
vigili sul dolore
– ma come tutto questo è stanco e pallido! –
  Mi tenta in questa sera
una gioia piú forte,
una speranza piú ardente,
che mi freme nel cuore
al pensiero sensuale di te.
  Eppure tu eri bella
in quel sogno lontano,
in quell'ardore triste,
e ancora mi riafferri,
tentatrice, cosí.
  Oh potere divino
di confondere in te
le due gioie diverse
e lambirti d'amore
in un'oscurità piena di luce,
che mi lasci negli occhi
il tuo sogno e il tuo pianto,
ma mi bruci e mi scuota le membra
sussultanti,
strette contro le tue membra
frementi,
in un delirio d'anima e di sangue.
  Questo, bambina.
Non ti fa paura?

[6 settembre 1927]

Ho tentato baciarti e tu mi hai morso,
tutto tutto è perduto.
Possedevo un divino paradiso
in quei giorni lontani.
Vivevo in un gran sogno
che i timori malcerti
di una fine e i rimorsi
mi facevano solo piú bello.
Ora ho perduto tutto.
Per volere sapere,
per il mio male implacabile
che non crede al futuro
mi sono gettato nel buio...
....

[9 settembre 1927]

La rosa che mi hai data è tanto triste.
La tua piccola anima
che soffre e serve, nella vita,
si era agitata un istante
sognando un sogno immenso,
furtivo e immenso per te,
piccola ridente triste bionda,
che hai incontrato nella vita
un giovane sognatore triste
pieno del fascino misterioso
che hanno per te le cose di quel mondo
fatto di arte, di sogno e di tristezza
che ti dà qualche elevazione struggente
in mezzo a tanta dolce malinconia.
E per un istante
hai voluto aggrapparti
al suo cuore oscuro
e dirgli che l'amavi,
trepidando.
Ma, piccola bambina,
anch'egli ha un cuore umano
che ora hai ridotto a carne sanguinante.
Il suo cuore, bambina,
quando l'hai carezzato
ha sussultato ansioso
e non poteva credere alla tua dolcezza inebbriante.
Stretto, piangendo di poesia
e di sogni,
alla tua anima triste,
gioioso in mezzo ai suoi pensieri atroci,
quella figura pallida ha vissuto di te,
ti ha amata e si è sforzata sanguinando
di amarti per sempre.
Ti ha stretta sul suo petto,
ti ha baciata la bocca
e ti ha sentito i seni palpitare
sotto la mano fredda.
Ti ha contemplata negli occhi,
a lungo, adorando,
tentando di suggerti l'anima,
parlandoti dolce.

Ti ha sognata a ispirargli poesia
e ha cantato per te
cose meravigliose.
Tu in questo mondo altissimo tacevi
e godevi perduta in silenzio
col capo arrovesciato,
avidamente le sue gioie tristi.
Ma ad [un] tono sconvolto
della sua voce ignara,
tu hai compreso che andando ti perdevi
in un mondo troppo diverso dal tuo mondo
dove la vita fredda
ti riattendeva dal tuo breve sogno.
E hai avuto paura
di perderti lontano:
la tua piccola anima,
la tua anima triste di sartina
che si guadagna la vita,
coi grandi occhi sbarrati,
s'è atterrita al pensiero del futuro,
il tuo triste futuro
che un tempo ti sorrideva dolce,
ma ora appariva grigio
e pallido, terribile,
dinanzi all'ardore piú terribile
che ti aveva sfiorata,
e abbagliata un istante.
E hai dovuto stroncare
il tuo bel paradiso
e tornare a soffrire in silenzio
sperando nel futuro
come vuole la legge del tuo mondo.
È triste questa rosa che mi hai dato.
Ed io sono restato solo,
solo senza piú nulla,
solo col buio e i miei pensieri atroci
e il tuo ricordo straziante.
E talvolta mi afferra come un brivido al cuore
la tua visione bionda
e allora se potessi caccerei
urli cosí terribili

da schiantarmi la gola
e sentire piú nulla.
  Ma tu sei buona, piccola biondina,
tu non hai colpa alcuna
del tuo gran sogno trepido
di malinconica sartina
promessa...

Qua seguivano alcuni versi volgarissimi, tanto quanto la cosa di cui trattavano. E poi:

  ... E hai cercato lenire
coi tuoi gesti piú dolci,
colle tue parole piú tenere,
con sorrisi e carezze martorianti
di sacrificio,
quella grande tempesta dolorosa
che mi piange nel cuore.
  Ma, piccola biondina, non ne hai colpa:
tu mi hai solo cosí ancor piú sconvolto
e donati pensieri ancor piú tristi.
  La rosa che mi hai dato è tanto triste.
Io non posso guardarla,
ché in essa vi è qualcosa
di crudelmente stroncato,
di serrato dolorosamente
che solo si può rivelare
per i petali sgualciti
e il tenue incarnato in mezzo al verde.
  Serrata tra le pagine
di una tua lettera bella
questa rosa mi muore
lentamente, ma senza pietà
e mi pare l'amore perduto
dei giorni sovrumani.
  E tento ancora disperatamente
di poggiarvi le labbra e risuggerne
i petali lievi,
molli tiepidi freschi e profumati,
come la tua guancia di rosa,
che mai piú potrò ribaciare.
  E di ora in ora

sento che questo fiore,
l'amore che tu mi hai dato
sta per morire è morto.
   Oh è tanto triste raccogliere i fiori!

[10 settembre 1927]

O ballerina ballerina bruna,
o anima di carne appassionata,
mentre sotto le musiche e le luci
che paion fatte, colla loro gloria
e i lor brividi intensi, sol per te,
tu muovi sempre uguale e sempre splendida
io nel buio lontano mi divoro
e contorco febbrile, da distruggermi
nel rombo delle luci, con nell'anima
tutti gli strazi tesi nell'azzurro,
gli schianti e i grandi sogni lancinanti
levati in alto in alto adosso a te.

[25 dicembre 1927]

Ti ho sempre soltanto veduta,
senza parlarti mai,
nei tuoi istanti piú belli.
Ma ho l'anima ormai tanto tesa,
schiantata dalla tua figura,
che non trovo piú pace
al suo brivido atroce.
E non posso parlarti,
nemmeno avvicinarmi,
ché cadrebbero tutti i miei sogni.
Oh se tale è il tremore orribile
che ho nell'anima questa notte,
e non ti conoscerò mai,
che cosa diverrebbe il mio povero cuore
sotto l'urto del sangue,
alla sublimità di te?
Se ora mi par di morire,
che vertigine folle,
che palpiti moribondi,
che urli di voluttà e di languore
mi darebbe la tua realtà?
Ma io non posso parlarti,
e nemmeno avvicinarmi:
nei tuoi istanti piú belli
ti ho sempre soltanto veduta,
sempre soltanto sognata.

[27 dicembre 1927]

Sono solo, appoggiato nella nebbia
al tronco d'un viale
e non ho che nel cuore
il ricordo di te
pallido, immenso,
perduto nelle fredde luci lontano
da ogni parte tra gli alberi.
Ma a tratti una fitta piú febbrile
mi rabbrividisce nel cuore
e allora mi piego, stringendomi,
quasi per prolungare, per sentire piú ardente,
per rinserrare in me,
questo tremore atroce.
Tutto quello che mi resta di te
è solo piú questo poter soffrire,
nella solitudine fredda,
la tua figura perduta,
la tua anima bionda,
l'ardore triste della tua esistenza,
morta morta per sempre per me.
Non chiedo piú che di potermi stringere
sommesso a un tronco nero
e soffrire soffrire nel mio cuore
il tuo ricordo ridente
straziante di dolcezza
ma tanto tanto triste e doloroso
che è diventato tutta la mia anima.
Soffrire, solo al mondo,
nella nebbia che avvolge, lontana,
atrocemente,
in silenzio.

[18 ottobre 1927]

Un tempo nel mondo si sono cantate forse altre cose, ma ora, che cosa cantare altro che ebbrezze?

Ebbrezze di vino, di poesia, ebbrezze di amore, di sigarette e di rinuncia?

Per me non ha piú pensieri il mondo, o, se ha pensieri, questi senza scampo ormai non li sento che come ebbrezze.

Ebbrezze, esaltamenti di poesia.
Anche il pianto, il dolore per me sono solo piú ebbrezze.

Che cosa vi è mai stato d'altro?
Sublimità, lotta ideale, rinuncia, sacrificio, martirio, che cosa sono altro che ebbrezze?

Tutto ciò per cui valga vivere non è che ebbrezza.
Non è forse la vita stessa una sola lunga lentissima ebbrezza, accesa solo a tratti e squassata, sconvolta, da accessi piú profondi e spasmodici?

C. P.

Mio povero vecchio
che in questa notte nebbiosa d'inverno,
sotto il freddo atroce,
dormi sotto il portico della grande piazza,
disteso sulla grata
di una cantina,
che ti regala un po' di caldo,
e sei tutto lungo, attrappito
nella coperta sudicia dei tuoi cenci e della tua gran barba
come un nero cadavere informe,
e sogni avidamente sotto gli spruzzi di neve fangosa
uno di quei cibi meravigliosi
che hai veduto stasera nella vetrina splendente:
mio povero vecchio,
che non hai nulla al mondo,
se non quel sogno tiepido e un odio disperato,
io mi struggo di essere come te,
io che vengo da tanto piú lontano,
ma che ho nel cuore il tuo odio
e sogno i tuoi stessi sogni.
Verrà una notte, forse domani,
che m'accascierò come te
sotto la nebbia in una via deserta,
colla tempia spaccata,
e sognerò l'ultima volta in quell'istante
un cibo meraviglioso
che anch'io ho veduto in una vetrina splendente,
un cibo che tu non capiresti,
perché io vengo da troppo piú lontano,
un cibo indicibile di sogni
deliranti, sognati sopra un volto
e un corpo, pieni d'anima e di luce.
Un gran cielo di sogni
inaccessibile alla realtà,
fatto di colori struggenti
pallidi tiepidi, rapimenti di tenerezza,
rotto da urli di arte e di passione
e da voci sommesse
come le cose piú segrete,
un mondo che sia tutta l'esistenza
di quel suo corpo e quei grandi occhi nudi.

Cadere nella nebbia e dentro il fango
colla tempia spaccata,
o mio povero ignoto mendicante,
come sei disteso tu ora,
e sognare il mio sogno.
Perché noi abbiamo in cuore
la stessa stanchezza
e lo stesso odio disperato
contro la vita che non può mutare
e lascia me nell'orrore del buio
e te nel morso gelido e digiuno.
Perché solo nel sogno e nella morte,
o mio povero vecchio,
noi possiamo trovare noi stessi.

[29 dicembre 1927]

Penso, bambina, quando accanto a te
potrò ancora sognare per un'ora
stringendoti una mano,
e nessuno vedrà,
nessuno saprà mai,
forse neppure tu
che non sai quante cose dentro al cuore
mi hai sconvolte e straziate di dolcezza.
Quelle rade carezze di pietà,
ricordati, bambina,
me le hai fatte sul cuore,
sul cuore vivo che pulsava forte
e rimarrà in silenzio,
per sempre, inanzi a te.
Ho sognato, bambina,
un sogno di dolcezza sovrumana
guardandoti negli occhi,
negli occhi grandi e nudi
in mezzo al volto che vivrà per sempre.
Vivo una lunga vita
soltanto per potere in qualche istante
essere accanto a te
e donare al tuo viso
le mie cose piú belle.
Piango tra me ma sono rassegnato:
la vita inesorabile
ti ha strappata lontano
a un avvenire immenso
che io ho soltanto turbato.
Non m'importa se soffro di vergogna,
mi basta di sentire accanto al cuore
un tuo pensiero dolce,
e sognare che ancora qualche volta,
nell'avvenire grigio
dell'inverno lontano,
sarà per me la tua esistenza triste.
Penso, bambina, quando accanto a te
potrò ancora sognare per un'ora
e nessuno vedrà,
nessuno saprà mai,
la nostra gioia triste.

[25 settembre 1927]

Ma perché prendersela tanto coi poveri suicidi?

Li trattate da stupidi, da imbecilli, da vili, come se ciascuno di essi non avesse le sue ragioni terribili e immense.

Tanto volgare e grettamente utilitaria è proprio dunque sempre la pietà umana e divina, da mostrare sfacciatamente davanti a questo punto supremo, che tutto il sacrificio, la rinuncia, la «morale» altissima non sono che interessi, vilissimi interessi, valori creati per l'interesse dell'uomo?

È chiaro. Se voi, disposti pure a tante cose sublimi, davanti al fatto compiuto della sottrazione volontaria dal commercio del mondo, mostrate di non aver pietà. La pietà finché vi rende, ma, quando un uomo si è sottratto alla possibilità di rendervi, allora vi mostrate interi, bestie, bestie, che voi non volete essere.

Ebbene io vi dico che il suicida è un martire, martire tanto degno quanto i martiri di tutte le religioni. E per religione intendo ogni ardore dell'anima umana, Dio o Idee che sono poi tutte altrettanti iddii.

Se martire è colui che testimonia colle sue sofferenze e il suo sangue la sincerità del suo pensiero e dei suoi sentimenti, fusi, la sincerità della sua anima non piú volgare, perché non ha da essere un martire anche un suicida che, piuttosto di mentire (a se stesso e quindi agli altri), di costringersi con uno sforzo che sente inutile, a un assestamento diverso che tanto sente inutile e non suo, preferisce uccidersi, darsi quel grande dolore, il supremo di tutti i dolori?

Finitela di mostrarvi negozianti di virtú gridando all'empietà se un uomo mostra, nella sua idea, di superare la morte, di considerare la vita e la morte dall'alto della sua coscienza di sincerità.

È sempre, certo, utilitarismo anche il suo (e che cosa non è utilitarismo nella vita?), ma almeno è un utilitarismo diverso dal commercio di salami, è un utilitarismo che gonfia l'animo e lo sconvolge e lo leva in alto in un'ebbrezza sublime.

Certo, tutto è utilitarismo nella vita, ma la mia anima sa scegliere tra i valori. In alcuni si trova meglio. E perché allora non dovrei gettarmici a corpo perduto?

E perché dev'essere obbligatorio blasfemare cosí spietatamente tutti quelli che si sacrificano alla loro sublimità?

[21 ottobre 1927] C. PAVESE

[*Le febbri di decadenza*]

21 Dicembre - 1928

Composte nell'annata dei ventanni.
E disposte cosí in architettura rappresentativa,
per vedere di oggettivarmi innanzi la vita passata
e perderla.

C. P.

30 Dic. '28

The rest is silence

Pavese, non fare il cretino

25 Genn. '29

Tutta la perfezione
è nel sogno della tua danza, ballerina bruna.
Come l'ignaro slancio primitivo
delle cose piú belle.
Muovi come un grande sorriso
dolcissimo e vivo,
ma profondo, raccolto
in un'intensità che stordisce
nella spontaneità meravigliosa
dei fiori delle nubi e della gioia
di tutte le cose.
Anche quando esprimi il dolore
nei movimenti stanchi
e negli occhi assenti,
sempre
il tuo corpo vibrante nel tuo viso
è il grido ignaro,
modulato nel tirmo,
della gioia fremente del tuo sogno.
O giovanissima
che forse inconsciamente
crei tanto splendore,
io ti seguo cogli occhi, perdutamente,
vivificando nello slancio ignaro
di questa tua vita di sogno,
l'agonia disperata
della mia anima delusa
pazza e stanca di sforzi
anelanti verso l'alto,
devastata d'amore
e di ali rabbiose
contenute e schiacciate
in un buio fremente.
Un'agonia atroce
come di chi già stremato
debba ancora avanzare.
E dimentico in te
il mio lento morire.
Anch'io o giovanissima
ho scelto nella mia vita

di creare per gli uomini il mio sogno
e gettarlo nel mondo.
  Ma è un tremendo dolore
che mi làcera l'anima
lento e febbrile
e me ne lascia in volto
le traccie disperate.
  Io sovente barcollo:
dinanzi alla tua gioia
non sono, o danzatrice,
che una pallida cosa in rovina.
  E un amore segreto
come tutte le cose piú belle
mi distrugge per te.
  E per la mia abbiezione,
per la tua, per tutto il dolore,
talvolta mi soffoca l'anima,
mi accascia nel buio;
ed io non sono piú, non sono piú.
  Ma a tratti mi accende
brividi intensi al cuore
e mi riarde mi soffoca di gioia
il pensiero che sopra tutto il fango,
sopra la morte,
quelle poche parole disperate
ch'escono limpide dal mio dolore,
sono le stesse che tu esprimi,
e non ti conoscerò mai,
nel rapimento ignaro
della verginità del tuo sogno.

[2 gennaio 1928]

Mi struggo di pensare
che queste parole disperate
che scrivo per te,
sono tutta la gioia del mio amore,
la sua realtà vertiginosa,
i baci che mai ti darò
posati su di te all'urto del cuore
che vien meno di gioia.
Non credo piú al futuro
e appena forse alla luce di gloria
tanto pallida e vuota.
Fantastico che queste mie parole
siano tutta la stretta del tuo amore,
il sorriso del tuo corpo
e del tuo volto, miei
nella nostra passione disperata.
Fantastico lontano
come se questi sogni
fossero i sogni di una nostra vita.
Ma tu non sai nemmeno
e i sorrisi e gli sguardi noncuranti
di quelli che ti possiedono viva
e ti scuotono l'intimo sangue
mi distruggono muto
nella coscienza della mia miseria.

[4 gennaio 1928]

Mi dicono che queste mie parole
che scrivo per te,
non sono un sogno bello
di arte divina;
ch'esse sono soltanto
urli lanciati al cielo
difformi come gli urli del vento
delle piante, di tutta la natura,
come i colori dell'aurora
dei fiori e delle nuvole.
Ma questa è la mia gioia,
cantare come tu vivi la vita
forse soffrendo
e ti senti pulsare nel sangue
il ritmo della danza
gioioso e doloroso
nel tuo grido di giovinezza.
Vorrei solo poterti susurrare
queste stesse parole
stretto all'orecchio in un brivido solo,
e fare di questo sogno
un'unica vita
libera e palpitante
come la grande natura.
Ma mi debbo piegare
nella mia rinunzia lancinante
in un gelido buio
e susurrare al nulla
questi spasimi stanchi
come tu doni al mondo piú volgare
la tua vita di sogno.

[11 gennaio 1928]

Lontano, nella notte, oltre la morte
sopra una stella azzurra
tra esistenze meravigliose
ancora quest'anima convulsa
nelle sue insoffribili vergogne
esasperanti
senza scampo, per tutto l'universo
dove dovrò passare
e il pensiero che infine, nella luce
suprema soffrirò ancora il tormento
di non aver urlato
che tanto era inutile.
O forse questa vita
è la sola concessa
e allora mi esaspera, mi taglia il respiro,
il pensiero di non aver urlato,
per la mia anima vile,
confuso a tutti i poveri impotenti
che marciscono sulla terra.

[7 marzo 1928]

Un piccolo pesce rosso
s'aggira stanco nel cristallo limpido,
sospeso a mezz'acqua,
coi grandi occhi stupiti.

La mia anima ora
è un abisso dell'oceano
dove tutte le scosse piú profonde
tacitamente muoiono.
Nel gran gelido amaro
paiono e passano paurosamente
fosforescenti brividi.
La mia anima è un abisso
tutto striato di febbri.
L'immensità del buio
la soffoca di silenzio.

Il pesce rosso ora
s'agita nel cristallo
e a tratti viene a sbattervi
coi grandi occhi stupiti.

[7 maggio 1928]

In nessun luogo trovo piú una pietra
dove posare il capo.
Tutte le cose mi hanno presa l'anima,
l'hanno accesa e sconvolta,
e poi lasciata stanca
a mordere se stessa.
Vertiginosamente
mi han bruciato negli occhi
visioni di infiniti paradisi
posti tanto lontano,
ma appena vi giungevo
erano cose vane,
piene di tanto tedio e tanto orribili
che dovevo fuggire.
E la mia anima stanca
tornava a divorarsi
di desiderio feroce.
Oh tutto mi è sfuggito
di tra le mani infrante.
Mi son erto in orgoglio
a schiacciare la vita
e ho trovato soltanto da compiangerla.
Ho cercato di scenderle nel cuore,
di umiliarmi al suo fianco,
di ascoltarne le voci piú segrete,
i palpiti silenziosi,
ma tutto tutto come un lungo brivido,
mi torceva d'amore
e mi lasciava poi nella mia febbre.
Insaziabile anima
che mi trascini sempre piú lontano
e ogni passo è una nausea piú grande.
Ho cercata la pace di me stesso
accordando il mio cuore
col ritmo cieco delle cose mute.
Mi son dissolto nella forza vergine
del vento delle cime,
ma dopo il rapido oblio
mi son sentita l'anima ululare
e dibattersi ancora,
raffica ansiosa e anelante in eterno.

Fin le cose remote
che non ho mai raggiunto
le ho precorse col grande desiderio,
e le vedo ormai piú
sotto un cielo di nebbia
soffocate di tedio.
E ancora dopo tante strade stanche
sono solo in balia della mia anima
che a tratti mi pare
voglia strapparsi via
tanto si torce e sanguina.
Sono tanto stremato.
Dal primo giorno ardente
che ho levata la fronte
a cercare me stesso,
in nessun luogo piú
ho trovata una pietra
dove posare il capo.

[11 maggio 1928]

a M____.

Tutto mi è morto intorno
e sono come un povero viandante
che trema di stanchezza dentro il buio.

O ricordo lontano,
fragile ultima stella
della mia notte atroce,
ritornerai mai piú,
piccolo fiore biondo,
miracolo di luce e di profumo
a riscaldarmi di una tua carezza?
Da quando ti ho perduta,
tutte le strade buie
non mi son state che una lunga febbre
di morte allucinante.
Fino la tua memoria
ch'era un tenero cielo a primavera,
sa solo piú crearmi
nel desiderio il brivido
del tuo fiore d'ebbrezza
che sboccia in ombre bionde
nelle tue membra pallide.
E son tanto stremato
e tanto vile, che mai oserò
strapparti ciò che solo mi darebbe
la forza di una vita piú sincera,
rotto l'incanto che ci tiene muti.
Ma, mia stella tremante,
per conoscere questo
dovremmo poter vivere in un cielo,
sopra di un mondo splendido
dove non fosse tutta l'esistenza
che un sussulto allacciato
dell'anima e del corpo, in una luce.

Ora, cosí distrutto,
non posso che curvarmi e scomparire.

O ricordo lontano,
ultima stella pallida
della mia notte atroce,
oserò mai strapparti
ciò che sola possiedi?

[19 maggio 1928]

Dove mi arresterò mai con me stesso?
Non so piú nulla, sento che mi sfugge
con strappi atroci all'anima[1]
anche l'ultimo sogno.
È questa è questa ancora la mia anima.

Da tanto tempo vinta
s'era già abbandonata
sotto il grande deserto notturno
del cielo palpitante e impenetrabile;
non osava piú vivere
per l'impotenza della sua vergogna,
era soltanto piú un orrore esangue
come di una ferita in un cadavere.
Ma la fragilità
di una voce improvvisa
sommessa e dolce come la parvenza
femminile, che la rivestiva,
l'incantò ancora come una carezza
ridonandogli il sangue
caldo della sua vita.
Non sapeva piú credere,
quest'anima stravolta,
alla promessa muta di quel bene
che l'avvolgeva tutta silenzioso,
l'accarezzava e la mutava in sé,
quasi un altro se stesso.
Fin che un giorno la vita,
le poche cose immense della vita,
le riapparvero tutte
trasformate, raccolte,
dentro quegli occhi pallidi,
gravi di sofferenza rattenuta.
Tutta la limpidezza,
la semplicità sovrumana,
dell'universo le pulsò d'accanto,
nel profumo di nuvola sul vento,
nel tepore di vita nel mattino,
nella fragilità d'acqua e di cielo.

[1] *all'anima*: al cuore *in margine tra parentesi tonde.*

E fino il desiderio, nella febbre
dell'ansia, le scoperse in quelle membra
la gioia piú straziante della vita:
il tremore del corpo che si dona,
mentre gli occhi incupiti quasi piangono
e i baci sono gemiti.
   Tanta bellezza trepida
che persino il dolore
s'addolciva a quest'anima:
tutte le sofferenze della terra
non le eran piú un mistero
d'atrocità, ma soltanto il riscatto
di un attimo di luce.
   Ed ora siamo soli, anima mia.
Quella gioia è svanita,
come tutte le cose del passato,
come accadrà per tutto l'avvenire.
Anima, che hai distrutto in te quel sogno,
abbandonati ormai
senza urli piú, al cammino disperato.
   Siamo tornati sulla nostra via.
Piega il capo e cammina:
la vita inesorabile
s'accenderà ancora di un'altra luce,
che noi distruggeremo
dopo averla adorata,
e poi di un'altra, di tante altre ancora
che ci passeranno negli occhi,
vertiginose di gioia e di nausea,
e mai ci arresteremo.
   Giungeremo alla fine
che avremo ancora questi occhi di febbre
che cercheranno cercheranno sempre.
Ma piú nessuna voce
sorgerà dal deserto della vita.
   E allora, anima mia,
anche di te la nausea
ci spegnerà questi occhi finalmente.

[9-10 settembre 1928]

Brevi attimi di gioia
che rompono da tanta sofferenza
lasciandola piú atroce
a tormentarsi stanca:
che cosa sono poi queste parole
altro che la frenetica
ebbrezza disperata dell'abbraccio
di un corpo a un corpo nudo?
Mi hanno tutte promessa una vertigine
di gioia nell'istante del possesso
per poi lasciarmi infranto
e pazzo di ricordo.
Altro non fanno di questo mio corpo
le carezze febbrili delle membra
femminili e i sussulti di passione.
Eppure fin che un corpo lancinante
avrà il potere di schiantarmi il petto
queste parole stanche
saranno le terribili
mie amanti di una notte
dal fascino stupendo
che al ricordo si sòffoca
in un pozzo di tedio.

[13 agosto 1928]

Pover'anima pallida,
dalle fiacche energie
che nell'istante stesso che ti esaltano
ti fan tanto tremare,
anima mia, vivente
in mezzo a tanta forza
della città d'acciaio e di pietra
che ti sovrasta altissima
e noncurante,
povera mia agonia,
mi fai tanta pietà.
Penso all'orribile casino
soffocato tra i muri sporchi,
dove si contorcono i corpi
per strappare ai nervi spossati
un po' di gioia violenta
e si dilaniano le ribellioni
piú tragiche e sante:
poveri volti esangui
in mezzo a tanta carne
addossata e richiusa
nel martirio di tutta la vita.
Fuori canta il cielo
e i brividi sani del vento
portan l'uomo lontano,
puro di forza, di fronte
alla città gigantesca.
O povera anima mia,
da questo esasperante lupanare
di stanchezza e viltà,
non uscirai mai piú contro la vita?

[20 aprile 1928]

tango –

Mi son visto una notte
in una sala chiusa
e l'abbraccio dei corpi che danzavano,
sollevati e schiantati dalla musica,
sotto la luce livida
che filtrava nei muri, di lontano,
mi soffocava il cuore
come in fondo a un abisso, sotto il buio,
tra bagliore e bagliore,
giungono spaventose
scosse di una tempesta,
che impazzisce là in alto, sopra il mare.
Mi giungevano a tratti,
pallide e stanche,
le ombre dei danzatori,
vibrazioni di un mare moribondo.
E vedevo i colori,
delle donne abbraccianti[1]
illividirsi anch'essi,
e tutto rilassarsi
di spossatezza oscena,
e i corpi ripiegarsi,
strisciando sulla musica.

Solo ancora splendeva
su quella febbre stanca
il corpo di colei
che fiorisce in un volto
tanto giovane e chiaro
da fare male all'anima.
Ma era solo il ricordo.
Io la guardavo immobile
e la vedevo, dolorosamente,
nella luce del sogno.
Ma passava strisciando,
senza scatti piú, languida,
con un respiro lento

[1] *abbraccianti*: allaccianti *in marg. tra parentesi tonde.*

e mi pareva un gemito d'amore,
ma l'uomo a cui s'abbandonava nuda
forse non la sentiva.
E un'ubbriachezza pallida
le pesava sul volto,
sul volto tanto giovane e stupendo
da fare male all'anima.

Tutti tutti tacevano di ebbrezza,
travolti dentro il gorgo
di quella luce livida,
posseduti di musica,
nelle carezze ritmiche di carne,
e stanchi tanto stanchi.
Io solo non potevo abbandonarmi:
cogli arsi occhi sbarrati,
mi fissavo smarrito
su quel corpo strisciante.

[23-26 giugno 1928]

E anche questo dolore sarà vano.

Coll'ultima rinunzia
ti ho sollevata pura
sulla nausea di tutte le cose,
come un giorno dal mondo si levò
su tutte le vergogne e sul dolore
un calice di luce.
Ho tentato strapparti entro quest'anima
alla sorte di tutte le cose
che l'han sfiorata un attimo
spente dalla sua corsa di vertigine.
Tu mi hai seguito muta
ed ogni istante della tua bellezza
mi era un tal sacrificio
che mi pareva l'ultimo tuo dono.
Per te ho sofferto tanto
dinanzi alla tua vita
che la tua forma limpida
mi parve un giorno solo piú l'immagine
di quello stesso strazio che soffrivo.

E ora che ti ho perduta,
anche questa rinunzia sarà vana.
Ché i tuoi occhi di lutto
mi guarderanno sempre
come se il loro sguardo fosse l'ultimo.

[5 settembre 1928]

Un riflesso lassú nelle vetrate,
l'anima del crepuscolo.

Il cuore che moriva
soffocato dal peso
che avevano tutte le cose,
fin le piante lontano
tra le nubi di perla
rivive per un attimo.
Sulle vetrate calme
in un colore pallido
che non ha forma ed è come un profumo
si accoglie tutta l'anima
delle piante e del cielo.
Come un'esile fiala di profumo
racchiude la dolcezza
femminile di un fiore.
Fiamme irreali,
sono come il ricordo sullo specchio
di una donna scomparsa.

Nella sera che cade,
al ritmo del mio cuore doloroso,
la vetrata s'oscura.
C'è tanto amore in quei riflessi smorti
che hanno perduta ogni forma carnale,
tanto sogno struggente
di carezze profonde sulla carne,
di parole leggere che sconvolgono,
di abissi di capelli dove tremano
nel fondo, le pupille spalancate.

Colori senza forma,
anima che si strazia,
ma nell'alito freddo del crepuscolo
anche ormai quella traccia s'è spenta.

[17 agosto 1928]

Come uno che si lasci cadere
per non muoversi piú.
Una folla immensa d'intorno
sento affaticarsi e avanzare,
ma forse è solo l'illusione
dei sensi stremati.
La meta è ancor tanto lontana
ma tanti e tanti ormai
l'hanno anelata e raggiunta
ch'io posso tremando
solo piú annichilirmi nel buio.
Ma forse è solo la vertigine
del desiderio in agonia.
Come uno che si lasci cadere
e non si muova piú.

[16 aprile 1928]

O Titano fallito
senza rupe e catena,
senza pure l'enorme grandezza
del dolore del mondo,
non sconvolgerti piú.
Nella folla che passa,
o fantoccio da ridere,
piega il capo e scompari.
Ma non muovere piú, non fiatare,
accasciati per sempre
dentro il gorgo piú buio.
Ché, passando lontano,
un'altr'ombra gigante
non ti riaccenda in petto
le tue stelle tremanti.

[23 maggio 1928]

Negli istanti di gioia piú grande
o di stanchezza buia,
quando il peso di tanta sofferenza
degli uomini nel fango
mi si accascia d'intorno
ch'io non oso levare lo sguardo
per la pietà del male,
o quando mi stravolgo nella febbre,
che pulsa intorno al mondo
cogli urli dell'acciaio e della forza
tanto che dà vertigini
e non fa piú pensare,
ma solo afferra l'anima
e la scaglia rovente in un'aurora
imposta dagli uomini nel cielo;
quando tutto l'orgoglio e la miseria
mi contorcono e schiantano
colle lor mille voci
che passano sul mondo:
sempre,
nel ricordo lontano,
mi sorge dentro gli occhi la visione
della povera terra faticosa
che mi ha dato il respiro
e l'ansia di quest'anima.

Sono grandi colline
calcinate di sole
e, piú a monte, lassú, per la vallata,
oscurate di boschi
in un cielo di bruma
immenso e silenzioso.
Sempre uguali dal giorno lontano
che sono nato in fondo alla vallata,
mentre il vento cantava
nei grandi alberi dentro i prati fondi.
Coi poveri compagni sbrindellati
giocavo nella polvere
e i contadini magri
discendevano lenti,

bruciacchiati e ricurvi,
per lo stradone bianco.
   Avevano l'aspetto sconsolato
della terra tremenda sotto il sole
e delle case povere, annerite,
l'uniche cose al mondo
che avean mai conosciuto.
   Ed io per un attimo,
dimenticavo inconsciamente il gioco
e sognavo, perduto,
gli alberi solitari dentro il vento
in cima ai campi altissimi
e i festoni di carta colorata
sopra i camini rozzi
delle case, da secoli.
   Fissavo le figure scure e gravi
e non sapevo che un giorno lontano
avrei sentito in esse
il dolore, l'eterno, della vita.

   Tutto ciò che ho sofferto
per conoscere in me nell'esistenza
l'ho già vissuto un giorno
dell'infanzia lontana
nella pianura in fondo alla vallata.

   Mi son svegliato tanto
allo stormire immenso
dei quattro pioppi altissimi,
pieni di nidi, sopra la mia casa.
   E ricordo la sera prodigiosa
che scopersi nel cielo
le fantastiche forme delle nubi
possedute di vento.
   E nei dolci crepuscoli,
quando fin le pozzanghere
son ricolme di cielo,
io mi rivedo steso,
sotto il calmo singhiozzo della luce,
dentro l'erba freschissima
cogli occhi nelle nubi
ascoltando lo scroscio musicale
di un mulino lontano.

Fin che a un tratto la valle
echeggiava d'un fischio improvviso
che la scuoteva tutta,
attonita al passaggio
di un treno fragoroso
sopra un ponte di ferro.
Io balzavo contratto
e alla penombra pallida
della gran sera immobile
scovavo tra le piante
la traccia azzurra e poi l'ululo nero
dell'ordigno perfetto
che spariva alla svolta di una costa,
verso colli lontani.

E come ora mi allúcino
dinanzi allo spettacolo del mondo,
non avevo piú pace
ma cogli occhi smarriti
nel crepuscolo immenso,
nel buio del mio sogno
cercavo ancora disperatamente
le sfumature pallide
di altre colline basse
dall'immensa distanza,
che quel treno ansimando traversava,
e al di là nascondevano nel cielo
città piene di luci,
di una vita febbrile,
e tante forme nuove
vedute in una corsa
vertiginosa, una vita pulsante
fatta d'acciaio, del respiro rosso
dell'acciaio pulsante.

[25-27 luglio 1928]

Penso la mia vecchiezza solitaria.

Saremo come morti, anima mia,
sotto gli urli di un mondo
che non conosceremo
e nessuno degli uomini
ci guarderà piú in viso.

Ma sapremo esser soli e silenziosi.

Ascolteremo nella calma stanca
la musica remota
della nostra tremenda giovinezza
che in un giorno lontano
si curvò su sé stessa
e sorrideva come inebbriata
dalla troppa dolcezza e dal tremore.
Sarà come ascoltare in una strada
nella divinità della sera
quelle note che salgono slegate
lente come il crepuscolo
dal cuore di una casa solitaria.
Battiti della vita,
spunti senz'armonia,
ma che nell'ansia tesa del tuo amore
ci crearono, o anima,
le tempeste di tutte le armonie.
Ché da tutte le cose
siamo sempre fuggiti
irrequieti e insaziati
sempre solo portando nel cuore
l'amore disperato
verso tutte le cose.

Questo ricorderemo
quando saremo soli come morti.
E nessuno degli uomini
ci guarderà piú in viso.

[25 agosto 1928]

In un caffè

Ho trovato me stesso.
Riflesso nello specchio
infinito, scintillante,
sto, curvo, ravvolto di fumo
e non so nemmen piú
se proprio quella è un'illusione
o sono io invece
la sua immagine vuota.
Tanto brusio mi si muove intorno,
ma le forme sprofondano
nell'atmosfera di cristallo,
si velano di tutta la sua luce
e son tanto lontane
che non le sento piú.
Sono solo, ricurvo,
e non soffro piú nulla.
Laggiú, forse,
a quel me stesso piú pallido
l'anima trema
di non so che dolore.
Io non soffro piú nulla.
Vedo me stesso e gli altri
contorcersi febbrili,
dentro quel cielo splendido.

[30 aprile 1928]

All'alta rupe sul mare
ancora è inchiodato il Titano.
Il tempo gli ha uccisi i sussulti
e le urla di spasimo.
Non è piú che una forma
grigia addossata alla montagna,
gelida e riarsa come la pietra
nelle nuvole fredde e nel sole.
Intorno gli crescono sterpi.
Il volto informe
l'ha ripiegato sul petto,
sull'antico inferno atroce
dove un tempo gli ardeva la fiamma
donata agli uomini.
Sta immobile
nelle nubi e nel sole
dalla rupe sul mare.

Anche è cessato il canto
dell'ultima oceanina.
Il susurrio leggero
che gli straziava[1] il cuore
d'uno spasimo dolce,
come l'alito azzurro
dei primi venti, gonfi
d'ebbrezza palpitante.
Mormorava all'orecchio dolorante
il sogno di speranza
velato nelle profondità del mare
fievoli di voci lontane,
vivido negli ardori dell'aurora,
nei fiori e nelle forme
del desiderio ardente,
in tutta l'anima femminea
delle cose piú belle.

E il capo del Titano
si rialzava e gli schianti
scuotevano la rupe

[1] *straziava*: prendeva *in marg. tra parentesi tonde.*

e rabbrividivano il mare.
    Ora è cessato il canto
dell'ultima oceanina
e la sua forma pallida
s'è contratta sul fianco del Titano,
come il fiore delicato
di una medusa morta.

L'ultima sfida
s'è perduta lontano
in un'angoscia stanca.
Sul capo reclinato
passano le stagioni:
il cielo s'accende sul mare
sotto le grandi nuvole sognanti
e in un'oscurità paurosa
si riversa la neve.
Il capo reclinato
è come la pietra dove poggia e si confonde
la forma straziata.
Pare che pesi
sull'inferno di quel cuore
tutta l'immobilità delle cose.
Solo a tratti si ode
sotto le grandi stelle
un ansito stanco.

[26 gennaio 1928]

E ancora questa notte, anima mia,
torneremo a sfogliare
il libro della tua maledizione.

Siamo soli dinanzi a un po' di luce
che si sprigiona sopra questo tavolo.
Sul nostro capo s'innalzano oscuri
i libri del passato
che hanno infiammato il mondo.
Ci cantano nell'anima
da tanto tempo ormai
la loro disperata sinfonia.
Ci tentano, ma tu,
anima maledetta,
questa notte ritorni a insanguinarti.
Ritorni a rinnegarti
perché hai sentito ridere,
ridere freddamente,
sopra tutta la vita che è la tua.

Dobbiamo rassegnarci, anima mia,
mai noi comprenderemo l'altra vita.
Ci ripugnano e straziano,
da quei volumi fatti nostro sangue,
i sogni piú severi,
le nostalgie piú vane d'abbandono.
E nel sangue ci brucia
l'orgoglio disperato dei bambini
contrastati e battuti.
Non possiamo piú vivere
in questa spaventevole agonia.
Bambini miserabili bambini
che han giocato alla gloria.

Povera ribellione,
e il dolore piú atroce
è che domani ancora tornerai
sempre l'uguale.

[16 settembre 1928]

Ti vedo vivermi accanto leggera,
vestita di tanto profumo,
fragile come un vetro di profumo
e diafana come esso.
Quasi mi pare assurdo
che tu possa trascorrere la vita
e respirarne assorta
l'ansito formidabile,
l'alito impuro e atroce
che offusca fino il cielo.
E mi sei tanto fragile,
nuvola di profumo,
che ti sento tremare
e svanire, non mia.

Mi saresti lontana,
troppo, come la luce di una stella.
L'ansito formidabile
della vita, mi affàscina
colla sua lotta atroce,
colla sua febbre impura.
Eppure tu sarai per me per sempre
la mia anima piú vera
che mai conoscerò,
perché racchiudi in te
l'ansia della mia vita,
la limpidezza azzurra delle origini,
il gran sogno sereno,
che si travaglia dentro l'esistenza
e si trasforma nella febbre atroce
che mi rigetta e affàscina.

Ché anche a te l'esistenza
ha lasciato negli occhi un segno d'ombra
e nel corpo segreto
lascivie misteriose.

[1-2 agosto 1928]

Per tutta l'esistenza
ti avrò, fragilità,
nella stanchezza ardente del mio sangue.

Mi sei venuta accanto
colla promessa viva di un'aurora,
sconvolgendomi il sangue
come un grande tesoro
che si potrà conoscere
e possedere fino a sazietà.
Racchiudevi un mistero di dolore
e di gioia profonda, sconosciuta.
Oh un attimo solo di te
e mi saresti stata per la vita
un ricordo di sogno.
Ma non ti sei svelata.
Hai saputo il tuo gioco.
Sei ritornata a un tratto in mezzo al mondo
rinascondendo in te
il segreto degli occhi arrovesciati,
della tua bellezza piú grande,
dell'attimo che gioia e sofferenza
si fanno un solo brivido.

Mi hai strappate le lacrime dal cuore.

E da quel giorno buio
dinanzi al tuo ricordo
per tutta l'esistenza
dovrò soffrire ancora
la febbre del mistero che ho perduto.

[12 agosto 1928]

Sei scomparsa per sempre
nella stagione moribonda
che si matura all'ultimo sole
ed è triste di tutta la dolcezza
dei suoi ultimi doni.

Tu sei stata per me la giovinezza
della vita, adombrata dal terrore
della fine o chissà, della tristezza
del desiderio sazio.
E mi ritorni in cuore
colla calma straziante della terra
che si raccoglie languida nel sole
e gli offre a rattenerlo
per un attimo ancora
tutta la sua bellezza.

È nell'aria il sapore dolce ed umido
della tua bocca triste di passione,
sotto l'ardore biondo
delle foglie arrossate,
delle nuvole accese,
e l'azzurro cupissimo del cielo
pesa, come negli occhi la tua anima,
dalla disperazione della vita.
I frutti vengon meno
acri dalla dolcezza,
e si disfanno sotto le rugiade,
come il tuo corpo triste,
come il tuo seno stanco dell'attesa.
Presto l'ultimo addio
cadrà e la terra morirà di gelo.

Sei sparita non mia,
tu che un giorno lontano,
l'unica, mi hai amato.
E dovunque tu viva sulla terra,
per sempre ormai, per tutta l'esistenza,
nell'agonia autunnale,
mi struggerà quest'anima
la tua tristezza bionda.

[1-2 settembre 1928]

O ballerina bruna,
anima nuda di carne agilissima,
che ti bruci di folli colori,
sotto tempeste di musica,
che ti scuotono rapide un istante
ma sono per te tutta l'esistenza,
come ti contorci di amori
che ti mordono e schiantano,
ma rinnovano sempre:
o ballerina nuda,
tu chiudi in te il segreto
di una vita divina,
ch'io ho tant'anni cercata,
sanguinando nel buio,
finché l'anima ormai
mi s'è afflosciata stanca.

Eppure tu la vivi
questa limpida vita,
semplicemente, come
dài il passo alla danza
ed il corpo all'amore.
Dentro gli occhi, nel volto,
negli scatti e nei brividi del corpo,
sotto musiche nuove,
com'è nel cielo e nel battito
della vita degl'uomini.

E io, piegato e distrutto,
me la sento pulsare d'intorno
formidabile e viva,
ma l'ho anelata tanto
che non ho ormai piú forza
di levare la fronte
a fissarla e comprenderla.

E mi accascio in un buio dolorante
rabbiosamente a torcermi.

Mentre tu, o anima nuda,
o giovanissima,
ne sei il sogno inconscio.

[9 giugno 1928]

Stasera, per un attimo,
sul palcoscenico aperto
hai danzato per me.

Tra le povere scene di carta,
sotto le luci false,
nel frastuono di note e nel respiro
della folla piegata,
s'è fatta per un attimo
una pausa altissima,
un brivido di estatica purezza,
e hai sfiorato i tappeti
in un cielo d'aurora.

Sei stata per me, un attimo,
la raffica di musica
che da una porta schiusa
si riversa in un turbine
nella strada notturna.

Per un attimo solo,
in una luce splendida,
poi sei tornata nuda.

[15 giugno 1928]

Sopra questa pianura, dentro il vento,
tu mi vivi d'intorno
diffusa nella notte.
Dinanzi agli occhi, enorme,
la casa di operai dove sei nata
annera il cielo e la città lontana.
Poche case isolate
sorgono in queste strade.
E un terrapieno erboso
allinea i pali di una via ferrata
nella notte, lontano.

Tu stai ora danzando
nella città che dietro alla tua casa
s'accende della febbre
che arrossa fino il cielo.
Sotto un occhio abbagliante di splendori
che ti possiede e brucia
stai ora liberando dal tuo corpo
gli scatti e i voli che ti trasfigurano.
E una folla sospesa e silenziosa
s'inginocchia al tuo sogno.
Tu la trascorri rapida
e forse è la tua ebbrezza
che alla città invisibile
accende nella notte questo spasimo.
Ma tu sei tanto giovane e sincera
che vivi e passi inconscia
su quella febbre impura,
tu che hai l'anima gonfia
del profumo gioioso e misterioso
della notte fremente di freschezze,
e nel corpo e nel volto
la sanità serena
della tua casa immensa
aperta sopra prati
e fabbriche lontane.

Sei stata la bambina
che ha respirato il sole
delle barriere, piene di lavoro,

tra gli alberi pesanti di fogliame,
stupendi e sorridenti come te:
forse una delle sudicie bambine
che hanno una sola bambola di straccio,
tu che sei ora il fiore
vertiginoso, la bambola viva,
che ogni sera si muta di colori
sbocciando in una nuova primavera
e vibra, nel ritmo perfetto
di una musica nuova.

Oh la città febbrile
ti possiede stanotte,
ma tu mi muovi intorno
e sei viva e sorridi
nel profumo del buio del tuo cielo.

[28-29 giugno 1928]

Sono ormai tanto stanco
che non mi arresto piú.
Ogni cosa che accosto
è soltanto una nausea,
e bisogna che fugga piú lontano.
Oh le donne lascive
che il libertino esausto,
come un ragazzo in sogno,
stringe frenetico e non gode piú.
Corsa vertiginosa
che non vede nemmeno piú le stelle
perché son tanto stanche.
Come posso piú ormai,
tra tutti questi brividi,
queste striature livide,
fermare la mia vita,
ch'è un gran brivido buio,
come una cieca folgore?
E anche gli occhi son spenti.
Il nero della notte
mi caccia piú lontano.

[1° giugno 1928]

Solo, senza neanche piú me stesso.

Ho amato tante cose
dell'amore piú fervido,
ma finalmente so,
ora che sono infranto come un vecchio,
che l'amore è creato per saziare
delle cose che si amano.

Ho vomitata tutta la mia anima.

E neanche ubbriaco
trovo piú un po' di pace.
Il sangue che mi brucia
tutto il corpo, implacabile,
mi romba nel cervello.

E mi pare di urlare
di urlare di urlare,
e di cadere in uno spazio immenso
a una velocità vertiginosa,
dentro il rombo del vento,
senza riposo e senza piú respiro.

[23 giugno 1928]

Ogni notte, tornando dalla vita,
dinanzi a questo tavolo
prendo una sigaretta
e fumo solitario la mia anima.

La sento spasimare tra le dita
e consumarsi ardendo.
Mi sale innanzi agli occhi con fatica
in un fumo spettrale
e mi ravvolge tutto,
a poco a poco, d'una febbre stanca.
I rumori e i colori della vita
non la toccano piú:
sola in sé stessa è tutta macerata
di triste sazietà
per colori e rumori.

Nella stanza è una luce violenta
ma piena di penombre.
Fuori, il silenzio eterno della notte.

Eppure nella fredda solitudine
la mia anima stanca
ha tanta forza ancora
che si raccoglie in sé
e brucia d'un'acredine convulsa.
Mi si contrae fra mano,
poi, distrutta, si fonde e si dissolve
in una nebbia pallida
che non è piú se stessa
ma si contorce tanto.

Cosí ogni notte, e non mi vale scampo,
in un silenzio altissimo,
io brucio solitario la mia anima.

[14 maggio 1928]

Le febbri luminose-I

Le luci enormi sopra i grattacieli,
immobili, violente,
li nascondono e dominano sole.

Ma tutto il loro inferno
s'infrange sulla folla
sfigurandola in volto,
sprofondandola come in un incendio
negli abissi oscurati del selciato.
Fiamme livide, dolgono negli occhi
d'intensità insensate.
Che cos'è piú il mio sangue
sotto questa vertigine di forza?

La folla non s'accorge,
passa oltre nel frastuono.

Io darei la mia vita,
le ebbrezze piú nauseanti della vita,
per sapere passare in quelle luci
come passa quel giovane
che le ha calme nel sangue,
com'è passata quella donna accesa
che ne ha intorno e negli occhi[1]
tutta la limpidezza allucinante.

Lontano, per le strade vellutate,
si sgranano abbaglianti
le collane bianchissime
di lampioni e lampioni.
Null'altro vive al mondo
che l'inferno di tutta quella febbre.

[1] *intorno ... occhi*: in volto e nel corpo *in marg. tra parentesi tonde*.

Negli[2] uomini e nel cielo:
fin le stelle son spente
offuscate di febbre.

[22 settembre 1928]

[2] *Negli*: Sugli *in marg. tra parentesi tonde*.

Le febbri luminose-II

Era una strada buia.
Andavo senza mèta, irrequieto,
come un'anima in pena.
Fuor del buio, ad un angolo,
da due vetrine che si riscontravano
divampava un inferno.
E un mendicante come me sostava
sull'orlo della tenebra
sí che a pena un riflesso illividito
gli insanguinava il volto.

La freddezza d'elettricità
di quell'ardore rosso
lo faceva piú atroce, piú insensato.
E il mendicante non osava entrare
dentro il gorgo di luce.
Io fissavo il suo volto
come un'anima in pena.
Il buio ove tremava
era a pena sfiorato dal rossore,
ma un alone violetto
vi giungeva piú livido
come un brivido lungo d'agonia.

Pareva tanto stanco
il vecchio senza mèta.
Certo il sangue batteva
nelle sue vene livide
con quello stesso tremito
che correva spettrale
lungo gli steli vitrei di luce.
Io li guardavo immobili
consumarsi nel buio.

E nella via perduta
andavano nell'ombra,

povere anime in pena,
puttane senza mèta, irrequiete.

[25 settembre 1928]

Le febbri luminose-III

Urla e gesti scomposti
sotto le luci d'incubo,
le fredde scritte enormi
accese sulle case.
Poi nuovamente un sòffoco di buio
che ci nasconde e chiude nel delirio
della febbre di tutte le luci
che divampano, anima,
solo piú nel tuo cielo,
bruciandoci negli occhi
d'un riflesso di spasimo,
e noi quasi vorremmo
cadere per la via,
confonderci nell'ombra.

È l'agonia della nostra vita.

Poi, nei giorni monotoni,
ci risale e tormenta su dal sangue
tutta la gran follia.
Ci sfuggono quei gesti allucinati
che abbiam veduto in febbre nella notte.
Tutto ciò ch'è piú semplice,
piú volgare e meschino nella vita,
s'accende ai nostri sguardi
e lo vediamo muoversi
nell'atmosfera rossa di quel cielo,
scosso sempre di brividi
che ci paiono immensi, anima mia,
e son soltanto il male
che ti deforma e strazia.
Nulla piú della vita
noi sappiamo accettare
se non quella finzione.
Tutto ci è buio e debolezza vile.
Questo corpo persino
noi lo vediamo odioso
vivere acceso in gesti esasperanti,

come gli schiavi umani
son vissuti di rabbia e di sferzate.
E abbiamo dentro a noi come un abisso
segreto, un gorgo di luce e di tenebre,
che sconvolte di male solo anelano
di raggiungere un giorno
la grande calma forte
di quei fulgori rossi[1].

Urla e gesti scomposti
sotto le scritte enormi,
tra gli uomini sani,
dentro a noi tutto il sòffoco
del buio che ci accoglie nella notte.

[1° ottobre 1928]

[1] *di ... rossi*: degli splendori rossi *in marg. tra parentesi tonde.*

Blues della grande città

1929

La forza primitiva [1]

I.

Tutto il cielo è di fumo
grave del fumo-nebbia di novembre
sulla grande città.
Ma non solo novembre
è disceso sul mondo.
Nelle vallate rigide dei viali
gli alberi neri e bruni
s'arrugginiscono tra i fili e il fumo.
Non han piú linfe gli alberi,
il loro antico palpito
s'è contratto e scomparso.
Nella penombra della grande sera
si ergono per le vie
vivi di un'altra vita.
E accendono tra i rami irrigiditi
fiori enormi e spettrali,
i freddi fiori elettrici
che sbocciano sul mondo.
Le alte case affiancate
li riscontrano immobili,
anch'esse coi grandi occhi allucinati.

II.

Non soltanto novembre
è disceso sul mondo.
La stessa vita che possiede gli alberi
e le case geometriche
s'incrocia e urla sicura in mezzo ad esse.
Sotto la forza immobile
della natura di pietra e di luci
infuria un vortice che non è di acque,
non di vento o di fuoco,
ma, nella nebbia, vibra

[1] Precede la trilogia delle *Febbri luminose*, qui omessa, con varianti.

della stessa passione che s'accende
nei grandi fiori elettrici.
  Alito rosso, anelito d'acciaio
che si dibatte e rugge, ma perfetto
corre per la sua via.
  E gli uomini, nel freddo, come gli alberi,
passano dentro il vortice
vivi di un sangue saldo e irresistibile.

  Sulla città qualcosa ha vinto il mondo,
non soltanto novembre.

[6 novembre 1928]

Un poeta è passato
attraverso l'oceano balenante
dell'atmosfera di pietra e d'acciaio
della città notturna.

Lungo le strade rugghiano
infrangendosi in scoppî
le forze inesorabili,
calmi fiumi di stelle
che impazziscono in gorghi.

Il poeta attraversa
tutto il cielo notturno
e ha gesti grandi, come chi combatta.

Un uomo che cadesse tra le stelle
serrerebbe cosí
le mani dall'angoscia sulle tempia,
rantolando nel ritmo.

Negli aloni di luce
il poeta s'agguaglia nel delirio
agli uragani cosmici di forza
della città notturna.

[17 dicembre 1928]

Luci mute ingioiellano la notte
le collane, nei viali, dei lampioni.

La lunga macerante solitudine
del giorno vile tra le case altissime
si riaccende di tutto il mio sangue
e mi s'aderge agli occhi fino al cielo.
Luci bianche, nei viali di vertigine,
si snodano lontano e senza un suono,
senza un essere vivo.
Io sono solo in mezzo all'universo
di tutte queste luci.
Da ogni parte mi s'aprono nei viali
le polveri azzurrine.
I ricordi vilissimi
tacciono per un attimo.
Ed il cielo è abbagliato, scomparso.

Domani, sotto il sudicio del sole,
riprenderà la vita solitaria.

[1° febbraio 1929]

La nausea da bordello –

Pover'anima stanca e imbellettata,
noi che indugiamo per le vie affollate
logori della vita non vissuta
e tutti intorno ci urtano,
siamo come le povere puttane
che passeggiano lente
e il loro aspetto è un mascherone atroce.
Stringono tra le labbra
la sigaretta rauca
come un ultimo appiglio disperato.
E all'osteria notturna
s'abbandonano a bere il vino sporco,
rosso come le bocche.

Io contemplo cosí la nostra fine,
o anima solitaria,
ché, alle lacrime, il mondo non risponde
e, se infuriamo, siamo una pietà.

Triste triste anima,
che ti senti morire come un tisico,
che cosa mai berremo questa notte?

[25 febbraio 1929]

Il ritorno –

Sotto il silenzio delle luci enormi
seguo sul marciapiedi
il mio pensiero triste, quasi l'ombra
che mi vacilla innanzi.

Tutto lo scalpiccio della folla
è passato e passato su di noi
che ci siam tesi tanto
per le strade notturne, dilaniandoci,
sí che ormai siamo logori
della lucidità spaventosa
che ha l'asfalto di un viale.
Tante tante persone – quante luci
accendono le piazze –
tante figure lente lente lente
ci han calpestata l'anima.

Ricordo, dello strazio
era parte il mio volto impenetrabile
nelle vetrine glauche.
E il pensiero che tutte quelle membra
si torceranno un giorno in agonia.

Ora strascino il passo
sotto le luci enormi, d'ogni parte,
che in gran silenzio hanno offuscato il cielo.
E ancora intorno ho il rombo
dell'immensa caduta nella morte.

[30 marzo 1929]

Ròndini lente
vòlano sul crepuscolo incolore.
Piú tetro non sarò mai piú: soltanto
un po' piú stanco, all'ultima agonia.

Non è viltà la mia:
i moribondi che si lascian stringere
da un rantolo alla gola
sono forse anche vili?

Le ròndini affannose,
prigioniere del cielo,
fanno impazzire di monotonia.

Dentro il rombo del sangue,
mi sconvolge il cervello
un desiderio atroce di follia.

[21 aprile 1929]

Questa città mi ha vinto, come un mare.

Non è piú il cielo quel vuoto lontano
che appare tra le case,
ma il peso della pietra che strapiomba.
Le strade nere o piene di fragore,
dove la folla è forza che sommerge,
si aprono come abissi.
Io mai comprenderò
che sia questa torsione d'ogni spirito,
questa fatica folle,
che ogni giorno riprende sui miei passi
all'apparire delle case enormi
e al ruggito confuso, all'impazzire
di uomini e di luci nella notte.
Mai lo comprenderò,
se non forse sia il vano struggimento
di sentirmi nel petto
la stessa forza salda e irresistibile.
Se questo è il desiderio
mi son soltanto infranto,
ho combattuto solo per piegarmi
sopra il corpo distrutto.

E sulla mia sconfitta
contemplo uscire un gran combattimento,
due forze sovrumane.
Per le alte strade, all'ora del crepuscolo
giú dal cielo infiammato,
un vento che discende sulle luci
già accese, e le tormenta e trasfigura
coi vetri, colle pietre.
Come raffiche in mare, su uno scoglio.

[28 aprile 1929]

A solo, di saxofono –

Fragorosa sul viale
ecco a un tratto l'orchestra si spegne.
Sull'orchestra in sordina,
canta spiegato un saxofono rauco.

Fin la folla si arresta.
Le case indifferenti
gràvano il cielo intorno.

Vibra la voce barbara.

Ecco che la mia vita
s'è frantumata a terra come un vetro.
La stanchezza che prima la reggeva
è scomparsa nel vortice del suono.
Resta l'anima inutile.
E le note si afferrano piú acute
nell'aria, contorcendosi.

È la mia voce stessa
che echeggia questa notte.
Nell'anima smarrita
canta alto, altissimo la solitudine
una canzone ubriaca della vita.
La stanchezza fuggita,
non vivo per un attimo che all'urlo
modulato, esultante.
Tutta l'anima mia
rabbrividisce e trema e s'abbandona
al saxofono rauco.
È una donna in balía
di un amante, una foglia
dentro il vento, un miracolo,
una musica anch'essa.

Rapido, troppo rapido l'istante.

La voce sovrumana,
barbara di dolcezza solitaria,
che, a sollevarmi il capo,
come un amico, impazziva di gioia,
è scomparsa nel gorgo del frastuono.
   Da ogni parte riscoppiano i fragori
sprizzando nelle luci.

   Io torno a camminare solitario
e quasi m'abbandono.
Dal cielo pèsano le case enormi.
E i passanti mi guardano, con occhi
come vuote finestre.

[26 maggio - 5 giugno 1929]

Jazz melanconico –

Il giardino profondo, sulla piazza,
di oscurità e freschezza.
Nella notte, le case
che si perdono enormi nel buio,
mostrano tra le masse qualche luce.
Un deserto pauroso in fondo al cielo,
remoto, tra le stelle.
La grande febbre splendida
s'attutisce giungendo in questo buio.
Qui è silenzio,
l'alta immobilità di un cimitero.

I rumori e le luci
giungono di lontano,
di là da queste piante.
Dentro l'oscurità
sgorgano luci vive,
ululano frenetici
nell'abbandono triste
i suoni piú gioiosi.
Giungono soffocati
a morire nel buio senza fondo,
come suicidi pallidi
folli ancora di amore per la vita.

Ascoltare nel cuore
le passioni remote,
ascoltarle salire nella notte
sul profumo umidiccio della terra.
Una vegetazione sconosciuta
di desiderio, chiusa in questo cielo
di buio e di silenzio.
Uno sboccio di fuoco dentro il buio,
come quel lume rosso
che sànguina tra gli alberi.

[27-29 giugno 1929]

La gran città schiacciata dalle nubi,
in mezzo alla campagna,
si colora di un verde spaurito.

Andare per le vie interminabili,
sotto un cielo nerastro,
spaccato in lontananza
da un orizzonte chiaro,
nell'alito bagnato della pioggia.
Un respiro dell'anima,
via dal tedio e dal freddo,
una porta di liberazione.
Lo sbocco della via
in chiarità lontana
ha l'aspetto di un volto trasognato.
Fantasia di un grand'angelo severo
verde e grigio, librato
dietro le nubi, sopra l'orizzonte.
Ora io vivo in quel bianco spalancato.
E per un attimo d'eternità
levo da terra il capo.

Ma il verde e il grigio che son pioggia e fango
continuano nel vento
il monotono tedio delle vie.
Sotto il cielo nerastro
io mi dibatto in cose senza senso
che mi martellan come litanie.

[1-2 novembre 1929]

Estravaganti scelte

dicembre 1926 - agosto 1930

Una sera d'inverno nella nebbia
ho visto un mendicante che tendeva,
supplicando, la mano e all'amarezza
che mi ha sconvolta l'anima ho pensato:
– Se anch'io fossi cosí! Cosa saresti
allora tu per me? Ti avrei mai vista
nella vita?

[dicembre 1926]

No, io son nato per l'inverno,
per il grigio e il freddo che mi serra d'intorno
per starmene raccolto a stringere sul cuore la mia fiamma,
povera fiamma vacillante.
La bella natura
che si scalda e vive decisa
al sole, ai colori piú sani,
datrice agli eletti di pensieri ed opere forti,
inesorabile come la vita,
universale piena,
a me (piangete o miei poveri sogni)
dà smarrimento e stanchezza,
a me spegne ogni fiamma, fonte piú pura.

[11 agosto 1927]

[I] [1]

Inutilmente spero, ma chissà?
forse un giorno potrò dirti parole
che tu ascolterai sommessamente
e allora verserò dentro l'ampolla
dai molti becchi, dei miei versi belli
tutto il mio sogno, rassegnatamente...
Ascolta Margherita fuori fiocca
dalla bocca del cielo e per le vie
fa un freddo cane!
Oh infinitamente piú cara e preziosa
la calma buona delle latterie.
Entrare al buon tepore, rassegnato,
e sedermi al buon tavolo di marmo
separato dal mondo dalla nebbia
che copre i vetri.

Vedere dentro il fumo profumato
avvanzarsi la tua piccola faccia
O Margherita!
e ai fianchi un buon grembiule di bucato
e chiederti del latte e avidamente
berlo nella scodella di maiolica,
guardandoti negli occhi!
Oh il tuo latte il tuo latte, o dolce Rita,
la tua fronte piú pura del latte!
Bere il latte dei tuoi casti pensieri
alla scodella azzurra dei tuoi occhi!
Sommessamente, poi, senza pretese,
invitarti a sedere accanto a me
e bere il latte insieme.
Oh dolce buona, dolce buona e cara
Rita, il tuo latte!
Oh i miei pensieri già si fan canzone
sommessi e rassegnati
al lento sgocciolio del rubinetto!
E scandisco il tuo nome, o Margherita

[1] Questo componimento poetico è inserito, unitamente ai due successivi, in un breve testo scherzoso ed è messo in bocca all'amico Mario Sturani.

che ha la dolcezza della margarina
come sfoglierei il fiore che ha quel nome.
Tu sei nata cosí bianca di latte,
nel corpo nel tuo simbolo e nel nome,
ed io aspetterò a parlarti
finché non avrai bianche anche le chiome!

[novembre 1927]

[II]

Poter venir sepolto alla mia morte –
oh il piú tardi possibile –
nel cimitero della notte azzurra.
Sprofondare in quel buio sanissimo,
con tutti i miei versi in tasca
e respirar quell'aria di montagna.
Ma la luna, no non la voglio.
Piuttosto rompo l'immagine
e invoco il bel sole d'agosto,
nell'esagerazione folle del mezzogiorno.
Là disteso nei venti dell'abisso
sotto una fiorita di papaveri
sentir salire intorno a me nei brividi
di putrefazione e di morte
le lunghe marcide colonne ammiccanti
tra le sfere dei sogni
in un sommesso cantico di toni
dove le febbri che circolano in terra
nelle pagine della mia vita
siano esaltate e trasformate in forme
di colore sintetico
pieno di musica
e di poesia
e di scultura
e di architettura (perché senza quella non si fa nulla).

E vedere nei campi delle stelle
sui torrenti sanissimi dei raggi
nei fremiti di tutto il paradiso –
nottetempo bambina –
avanzarsi sommessa e rassegnata
apparizione diafana di toni
la piú bella di tutte
vestita d'una seta di soría,
o di piume di augello,
o di una lunga camicia
la tua figura, o Margherita pia,
con un mazzolino selvaggio in mano
e protesa i seni verso le stelle…

[novembre 1927]

[III]

La mia solitudine sommessa
si fa sempre piú rassegnata.
Il mio bel gatto nero
come se avesse posseduta la mia donna
mi fissa da una mensola
cogli occhi sarcastici di un rivale,
e si lecca i baffi:
Non piango no, non urlo
perché sono rassegnato
e non mi muovo per la mia camera
perché in tutti gli angoli, in tutti i buchi in tutti gli oggetti
troverei cose buone e antiche e rassegnate
da paragonare ai miei sogni
spezzati come la spina dorsale di un seduttore.
Ma lasciatemi almeno cantare
in verso libero perché è piú moderno
la dolce bocca della donna mia,
le sue fini narici palpitanti
come le ali degli angeli
e la curva sommessa delle ciglia
che avvolge tutto il volto ovale e bianco,
dove sognano sani gli occhi neri,
d'un'aureola dolce e casalinga
come la sua anima la sua anima buona.
E quello che mi strazia –
lo dirò solo a te pagina bianca
come la sua anima azzurra –
quello che mi strazia non è il suo rifiuto,
io sono brutto e magro, è stato giusto!
lei è buona e può far quel che le pare,
quel che mi strazia è il sorriso sarcastico
del mio gattaccio nero
che par l'incarnazione di pavese
e che dica «io l'ho, tu non ce l'hai,
io l'ho, io l'ho, io l'ho,
e tu non l'avrai mai.
Questo mi piace assai,

e un giorno morirem».
Sentite che poesia schifosa
esce dalla bocca di Pavese merdosa.
Ma un pensiero mi frulla e fa altero:
Pavese a tutti dona il suo cul nero.

[novembre 1927]

Vorrei poter soffocare
nella stretta delle tue braccia
nell'amore ardente del tuo corpo
sul tuo volto, sulle tue membra struggenti
nel deliquio dei tuoi occhi profondi
perduti nel mio amore,
quest'acredine arida
che mi tormenta.
Ardere confuso in te disperatamente
quest'insaziabilità della mia anima
già stanca di tutte le cose
prima ancor di conoscerle
ed ora tanto esasperata
dal mutismo del mondo
implacabile a tutti i miei sogni
e dalla sua atrocità tranquilla
che mi grava terribile
e noncurante
e nemmeno piú mi concede
la pacatezza del tedio
ma mi strazia tormentosamente
e mi púngola atroce,
senza lasciarmi urlare,
sconvolgendomi il sangue
soffocandomi atroce
in un silenzio che è uno spasimo
in un silenzio fremente.
Nell'ebrezza disperata
dell'amore di tutto il tuo corpo
e della tua anima perduta
vorrei sconvolgere e bruciarmi l'anima
sperdere quest'orrore
che mi strappa gli urli
e me li soffoca in gola
bruciarlo annichilirlo in un attimo
e stringermi stringermi a te
senza ritegno piú
ciecamente, febbrile,
schiantandoti, d'amore.

Poi morire, morire,
con te.

Il giorno tetro
in cui dovrò solitario
morire (e verrà, senza scampo)
quel giorno piangerò
pensando che potevo
morire cosí nell'ebbrezza
di una passione ardente.
Ma per pietà d'amore
non l'ho voluto mai.
Per pietà del tuo povero amore
ho scelto, anima mia,
la via del piú lungo dolore.

[12 dicembre 1927]

Come una livida rabbiosa consunzione
ti arde nella bocca il fiore rosso della sigaretta.
E hai nel gesto, nello sguardo,
in tutti i colori che vestono la tua vita
la limpidezza semplice
di un grande sogno azzurro,
una giovinezza sdegnosa
che vive sulla terra, solitaria.
E nella bocca ti arde
il fiore acceso della sigaretta.
Che anima è la tua
in quel battito terribile di giovinezza
e nella consunzione
del tuo volto e del fuoco?
Che cosa è mai il tuo amore
fatto della pienezza del tuo sangue
in questa raffinatezza di passione
accesa a struggersi
sul tuo volto profondo?

[8 gennaio 1928]

Il fango è nell'aria di pioggia
come tra l'erba del fiume.
Nella penombra le finestre velano
le luci trepidanti d'umidità.
Anche i camini delle fabbriche
ne sono impregnati e sporchi.
L'unico brivido puro
è la freschezza del vento
dalle bagnate lontananze.

[9 marzo 1928]

Come il lamento di un bosco,
come il trillo non udito di un usignolo,
si spande l'armonia
ed empie l'aria
e per l'aria ti va nelle orecchie
e nelle cervella e nel cuore.
Vibra vibra l'aria
commossa dal trillo dell'usignolo!
Poi possente completa
la melodia ti domina
e tu la domini
e tutti
gli atomi vibrano di una gioia divina.

Poi quando saturo
di musica lo spirito riposa
come la terra che raccoglie un seme
germoglia e sboccia in mille
immense costruzioni d'armonia.

Frattanto il trillo non era finito.

[7 aprile 1928]

Piove
il madido asfalto
rispecchia i pallidi visi dei lampioni.
Tutto è grigio impuro pesante
non c'è coperta
che ripari dall'umido che penetra
nei capelli nelle spalle nelle ossa.

Stanco
di uno strano riposo che è stanchezza
svogliato vado ed agisco
di un andare che non ha scopo
di un agire che non ha risultato.
E penso senza aver pensieri.

I capelli
scuriti ed appesantiti
come piccolissime ragnatele di stagno
mi cadono sul volto e sulle orecchie
e la gola, solo la gola
è asciutta, come in un'immensa palude
avvolta di nebbia
un grano di rovente sabbia del deserto.

Piove
qualche ombrello lucido come l'asfalto
passando specchia un pallido lampione
non altra musica
che la monotona lacrima d'una grondaia
non altro odore che di stoffa bagnata.

Piove... Piove
(sotto sotto terra
o sopra sopra le nubi
il mio corpo ed ancora piú la mia anima
troverebbero riparo dalla pioggia?)

[7 aprile 1928]

Tu che non sai e splendi di tanta poesia
o donna che fiorisci sopra la mia agonia,
fa ch'io risorga un giorno.
O tu che sei passata nel crepuscolo immondo
di tutti noi e sorgi come l'alba d'un mondo
fa ch'io risorga un giorno.

[aprile 1928]

Nell'oscuro studio fotografico
che sembra uno strano inferno
stampo una fotografia
la tua.

E la tua figura
appare sulla carta umida
fredda.
Sei tu! Sei tu!
Sei bella!

E ti bacio sulla carta umida
fredda.
E ti bacio e mi sembra di baciare
la bocca di un cadavere.

La lampada rosso cupo
illumina poco e tetramente
pare l'occhio di un demonio
potente e strano.

Tu dalla piccola, fredda
fotografia dai riflessi di sangue
certo mi disprezzi
e mi compiange
lo strano occhio di demonio.

[9 ottobre 1928]

Uscire dalla folla che si torce
sotto le luci rosse
dentro il pazzo incrociarsi dei frastuoni
e camminare lungo i viali immensi
del silenzio notturno.
E ora nei lunghi viali silenziosi
gli uomini che passavano,
sotto il frastuono pazzo
erano tante fitte date all'anima
barcollante a cadere
sotto i piedi di tutti.

[gennaio 1929]

Attendendo la morte
cosí, pieno di giovinezza,
di giorno in giorno, senza piú speranze,
mi dibatto nell'ultimo dolore:
questo, di far l'eroe
cogli uomini, cosí, per fissazione.

[24 gennaio 1929]

Il desiderio mi brucia
il desiderio di cose belle
che ho viste e non vissute.
Il desiderio mi brucia
ed impera ardente e solo
nel mio cuore e nel mio cervello.
    Desidero tante cose
che ho viste in trasparenza
di musica fiori e profumi.
    Di luci e di brusii strani
che avvicinano l'anima alla poesia.

    Che è questa voce?
È il mio violino che canta
(Strano. Eppure io non ci sono!)
E questa vertigine insolita?
È quella che provo quando La vedo.
Tutto pare uno strano capogiro di febbre
pieno di tanti frantumi di cristallo
che scintillano e tintinnano
tintinnano, tintinnano e scintillano...
... ed in questa vertiginosa ridda
ancora la vedo, bella e quasi assente
immensamente bella
ma lontana...
                        ... lontana...
                        ... lontana...
... come la musica...
... come l'inebriante profumo...
... come le luci che ora sono
nel silenzio spente.

[8 marzo 1929]

No, la notte, fa freddo, è tanto nera,
colle sue stelle buie
è tanto immensa che non è piú nulla

il tramonto d'oro è dolce
come la nube d'una sigaretta

come la forza di rupe e di cielo
nello spirito umano

muore la grazia dolce del tramonto,
il fiore dolce, la gioia piú acuta

anche a farsi piccini, a scomparire
si è schiacciati ugualmente.

O bella donna dalle membra sode
pensando a te mi trema la schiena,

i riflessi dorati del tramonto
si fanno rosei come di pudore
e il cielo intenerisce come seta.

[6 aprile 1929]

Sono uscito al mattino al freddo e al sole
come a un'impresa eroica.
Ho fatto nulla tutta la giornata
finché stremato della[1] gran fatica[2]
son ritornato a stento, moribondo.
Cosí ogni giorno ripasso la vita
che mi è venuta in sorte a questo mondo.

[6 aprile 1929]

[1] *della*: delle *in int. inf.*
[2] *fatica*: parole *in int. inf.*

Ogni giorno che passa è un riandare
tutta la storia grigia della vita.

Una donna che appena mi ha parlato
mi ha messo in cuore come un gran germoglio
gonfio di gioia.

È una gioia vedere tanti rami
verdissimi nel vento e tanti fiori
prepotenti, sboccianti, è una gran gioia
perché nel sangue pure è primavera.

[17 aprile 1929]

È triste la sera
stanca.
Ma è tanto triste
che non piange neppure.

È triste come quel bocciolo di rosa
piccolo chiuso e chino
che pare non s'abbia ad aprire
mai piú
per non vedere la vita.

(Tre grandi margherite
sane, aperte, diritte,
guardano fisso, stupite,
come tre belle bimbe un po' sciocchine).

L'aria è profumata a primavera
e il tenue profumo
con un'ebrezza strana
stringe tanto il cuore
come sul far della sera
in campagna
quando si passa presso il Camposanto.
(Un orologio con tic tac regolare
accompagna il monotono
cinguettio delle rondini).

...È triste la sera
stanca.
Ma nulla piange...

... e silenziosa
... scende la notte
profonda.

(solo ora
dalle tenebre
dense e maestose,
sconsolato
sale
un singhiozzo).

[23 maggio 1929]

Frasi all'innamorata

Vado a spasso in silenzio con una bambina
abbordata per strada, lungo il viale, di sera,
il viale pieno d'alberi e di luci.
È il nostro terzo incontro.
La bambina è difficile nella scelta scabrosa:
al caffè non andiamo perché odiamo la folla,
al cinema neppure, perché la prima volta
siamo stati... perché... non dobbiamo piú farlo,
se tanto non ci amiamo.
Passeggiamo, cosí,
fino a Po, fino al ponte, guarderemo i palazzi
di luce, che i lampioni fan nell'acqua.
La sazietà del terzo appuntamento.
So di lei tutto quanto può sapere un estraneo
che l'ha baciata e stretta in una sala buia,
dove altre coppie buie si stringevano
e l'orchestra – di un piano – suonava l'Aida.
Camminiamo nel viale, tra la gente.
Anche qui c'è un'orchestra che stride, che canta
ha un frastuono metallico come i tram che trabalzano.
Stringo a me la compagna e la guardo negli occhi:
ella mi guarda muta e mi sorride.
So di lei quanto ho sempre saputo di tutte,
che lavora, che è triste e che, se le chiedessero
– «vuoi morire stanotte?» – direbbe di sí.
– «E la nostra avventura?» – «La nostra avventura è diversa,
ci lasceremo noi» (C'è un fidanzato in giro).

O mia bella bambina, stasera non sono il compagno
audace, che ti ha vinta, baciandoti per strada
sotto gli occhi di un vecchio signore stupito.
Questa sera cammino pensando tristezze,
come tu qualche volta pensi che vuoi morire.
Non ch'io voglia morire. È passato quel tempo
e, poi, «noi non ci amiamo». È la folla che passa
che mi preme e mi schiaccia, e anche tu sei la folla,
che, come tutti, mi cammini accanto.
Non ch'io t'odî, bambina – potresti pensarlo? –
ma sono solo e sempre sarò solo.

Ecco il Po. – «Com'è bello!... Stasera è un cristallo.
Le colonne di luce... e la curva del molo:
pare quasi, nel buio, la spiaggia del mare».
La compagna mi parla contenta e mi stringe:
dovrò anch'io abbracciarla piú stretto sul ponte.
Un'orchestra lontana c'insegue fin qui.
Le colline son buie. – «Verresti in collina?»
– «No, in collina. È lontano. Restiamo a guardare...»
Non desidero in fondo, stasera, nemmeno il tuo corpo,
o mia bella bambina, che pure sei viva
alla mano che cerca il tuo fianco.
So di te quanto ho sempre saputo di tutte:
che sei avida sotto la veste di seta azzurrina,
che lavori e sei triste e che un giorno sarai forse mia,
se vincerai – chi sa? – tutti gli scrupoli.
Ma in questo istante taccio e sono solo,
solo come sarò fino alla morte.
Non è orgoglio, bambina, da tempo ho scordato l'orgoglio,
ma non voglio, non voglio nessuno a stornarmi la vita.

– «Vuoi che andiamo un po' in barca, stasera?» – «Fa fresco,
restiamo».
– «Ma no, staremo accanto» – «Ma è buio, si cade».
– «Cosa vuoi fare qui a guardare in aria?»
– «Ma qui è bello» – «Scendiamo. È piú bello dall'acqua.
Ci daranno il fanale». Le parlo, le stringo
la mano dolce e, goffo, le dò un bacio rapido
sulla guancia. Di sotto il caschetto di feltro mi fissa
e poi, quasi compunta, ripete – «Restiamo a guardare».

[4-10 agosto 1930]

Attorno a «Lavorare stanca»

1931-1940

– Le maestrine –

Le mie terre di vigne, di prugnoli e di castagneti
dove sono cresciute le frutta che ho sempre mangiato,
le mie belle colline – hanno un frutto migliore
che fantastico sempre e non ho morso mai.
Quando si hanno sei anni e si viene in campagna
solamente l'estate, è già molto riuscire
a scappar sulla strada e mangiar frutta acerba
coi ragazzotti scalzi, in pastura alle vacche.
Sotto il cielo d'estate, distesi nei prati,
si parlava di donne tra un gioco e una lite
e quegli altri sapevan misteri e misteri
sussurrati ghignando nell'ozio divino.
Sulla strada davanti alla villa si vedono ancora
– la domenica – parasolini passar dal paese;
ma è lontana la villa e non c'è piú ragazzi.

Mia sorella era allora ventenne. Venivano sempre
sul terrazzo a trovarci bei parasolini,
vesti chiare d'estate, parole ridenti:
maestrine. Parlavan magari di libri
imprestati tra loro – romanzi d'amore –
e di balli, di incontri. Io ascoltavo inquieto
e non pensavo ancora alle braccia scoperte,
ai capelli assolati. Il mio solo momento
era quando sceglievano me per guidare il gruppetto
a mangiare dell'uva e sedersi per terra.
Mi scherzavano insieme. Una volta mi chiesero
se non avevo già l'innamorata.
Fui seccato, piuttosto. Io stavo con loro
per distinguermi: come sapevo salire su un albero,
per trovare i bei grappoli e correre forte.

Una volta incontrai sulla Strada Ferrata
la piú schiva di queste ragazze, una faccia un po' assorta
ma bruciata di biondo e parlava italiano.
La chiamavano Flora. Io gettavo in quel mentre
sassi al disco dei treni. L'amica mi chiese
se sapevano a casa di quelle prodezze.
Io confuso. E la povera Flora mi prese con sé

perché andava – mi disse – a trovar mia sorella.
Era un gran pomeriggio dei primi d'estate
e per stare un po' all'ombra e arrivare piú presto
ci buttammo nei prati. Vicino a me Flora
mi chiedeva qualcosa che piú non ricordo.
Arrivammo a un ruscello ed io volli saltarlo:
finii mezzo nell'acqua, tra l'erba.
Dall'altra parte Flora rise forte,
poi si sedé e ordinò che non guardassi.
Ero tutto agitato. Sentivo sciacquare
la corrente, sciacquare e mi volsi improvviso.
Svelta com'era e forte nel corpo nascosto,
la mia amica scendeva la riva, le gambe scoperte,
abbagliante. (Era ricca Flora e non lavorava).
Mi rimproverò un poco coprendosi subito,
ma ridemmo alla fine e le porsi la mano.
Per la via del ritorno ero troppo felice.
Ma quando fummo a casa, niente busse.

Come Flora, a ventine ce n'è ai miei paesi.
Sono il frutto piú sano di quelle colline,
i parenti arricchiti le fanno studiare
e qualcuna ha mietuto nei campi. Hanno volti sicuri
che ti guardano seri e son tanto golosi:
signorine si vestono come in città.
Hanno nomi fantastici presi nei libri,
Flora, Lidia, Cordelia ed i grappoli d'uva,
i filari dei pioppi, non sono piú belli.
Me ne immagino sempre qualcuna che dica:
Il mio sogno è di vivere fino a trent'anni
in una casa in cima a una collina
ben battuta dal vento e accudire soltanto
alle piante selvatiche spuntate lassú.
Sanno bene che cos'è la vita: alle scuole
passano in mezzo a tutte le miserie,
le bestialità aperte di piccoli bruti,
e sono sempre giovani. Da vecchie...
ma non voglio pensarle da vecchie, per me
le avrò sempre negli occhi, le mie maestrine,
col bel parasolino, vestite di chiaro,
– la collina un po' scabra e bruciata, per sfondo –
il *mio* frutto, il piú buono, che ogni anno rinnova.

[ottobre 1931]

– Donne perdute –

Hanno proprio ragione a trattarle cosí.
E certo è meglio che compassionarle
col cuore e poi godersele nel letto.
«È un bisogno piú forte di tutta la vita»
di' piuttosto «e siam tutti dannati a quel passo;
ma se mai la ragazza mi facesse il mestiere,
soffocherei di rabbia o saprei vendicarmi».

Sempre compassionare fu tempo perduto,
l'esistenza è tremenda e non muta per questo,
meglio stringere i denti e tacere.
Una sera
ho viaggiato su un treno che c'era una donna,
vesti sobrie, dipinta, serissima in faccia.
Fuori i lumi un po' pallidi e il verde un po' grigio
cancellavano il mondo. Eravamo isolati
nel vagone – una terza – la donna ed io giovane.
Non sapevo a quei tempi attaccare discorso
e piangevo pensando alle donne. Cosí
feci il viaggio osservando nervoso e quell'altra
mi guardò qualche volta e fumava. Non dissi,
non pensai certo nulla, ma ancora ho nel sangue
quello sguardo diretto, quel riso di un attimo
di chi ha ben lavorato ed ha preso la vita
come occorre, in silenzio.
Un amico, di quelli
che hanno in mente parole, vorrebbe salvare
una donna e asciugarle le lacrime e darle le gioie.
«No, è un bisogno piú forte di tutta la vita.
E noi, siamo dannati che han l'unica forza
in un'anima dura, che non serve a nulla».

Le potete salvare a migliaia le donne
ma le tante che ho visto fumare e guardare
colla faccia sdegnosa o sorridere stanche
– le mie buone compagne – saran sempre vive
a soffrire in silenzio e pagare per tutti.

[novembre 1931]

Il Blues dei blues

Non c'è nulla di male a portare una bimba
nella propria stanza a sentire un gramofono.
Ma veniva il momento che i dischi morivano
soli e nessuno di noi due li ascoltava.
Si capisce – eravamo piú giovani ancora di loro
e quelle arie, quei suoni cantavano forte la vita.

Il male cominciò con me seduto
sul sofà e la ragazza che canterellando scendeva
a rimettere un disco dei soliti – un blues.
Erano cose gaie d'America, anche i blues
ma sentirli ripetere – sempre gli stessi –
e vederli ripetere, sempre, dalla medesima mano.

Ora – parlo soltanto di ieri – ma il giorno è venuto
che darei, darei tanto per tornare a vedere
la ragazza salirsene canterellando da me
e rimettere il disco d'un tempo – anche un blues.

[novembre 1931]

Canzone

Le nuvole sono legate alla terra ed al vento.
Fin che ci saran nuvole sopra Torino
sarà bella la vita. Sollevo la testa
e un gran gioco si svolge lassú sotto il sole.
Masse bianche durissime e il vento vi circola
tutto azzurro – talvolta le disfa
e ne fa grandi veli impregnati di luce.
Sopra i tetti, a migliaia le nuvole bianche
copron tutto, la folla, le pietre e il frastuono.
Molte volte levandomi ho visto le nuvole
trasparire nell'acqua limpida di un catino.
Anche gli alberi uniscono il cielo alla terra.
Le città sterminate somiglian foreste
dove il cielo compare su su, tra le vie.
Come gli alberi vivi sul Po, nei torrenti
cosí vivono i mucchi di case nel sole.
Anche gli alberi soffrono e muoiono sotto le nubi
l'uomo sanguina e muore, – ma canta la gioia
tra la terra ed il cielo, la gran meraviglia
di città e di foreste. Avrò tempo domani
a rinchiudermi e stringere i denti. Ora tutta la vita
son le nubi le piante e le vie, perdute nel cielo.

[12-20 dicembre 1931]

Il vino triste [1]

È un bel fatto che tutte le volte che siedo in un angolo
d'una tampa a sorbire il grappino, ci sia il pederasta
o i bambini che strillano o il disoccupato
o una bella ragazza che passa di fuori,
tutti a rompermi il filo del fumo. «È cosí, giovanotto,
ce lo dico davvero, lavoro a Lucento».
Ma la voce, la voce angosciata del vecchio
quarantenne - non so - che mi ha stretto la mano
nottetempo nel freddo e poi mi ha accompagnato
fino a casa, quel tono da vecchia cornetta,
non lo scordo, neanche se muoio.
Non diceva del vino, parlava con me
perché avevo studiato e fumavo la pipa.
«E chi fuma la pipa» esclamava tremando
«non può essere falso!» Approvai colla testa.

Ho trovato ragazze al ritorno, piú aperte, piú sane,
colle gambe scoperte – digiuno da mesi –
e mi sono sposato soltanto perché ero ubriaco
della loro freschezza – un amore senile.
Ho sposato la piú muscolosa e la piú impertinente
per sapere di nuovo la vita, per non piú morire
dietro un tavolo, dentro un ufficio, dinanzi ad estranei.
Ma anche Nella fu estranea per me e un allievo aviatore
me la vide una volta e ci mise le mani.
Ora è morto quel vile – quel povero giovane –
capotato nel cielo – no sono io il vile.
La mia Nella accudisce un bambino – non so se è mio figlio –
ed è tutta di casa e io sono un estraneo
che non sa accontentarla e non oso dir nulla
e anche Nella non parla, ma solo mi guarda.

E, il piú bello, piangeva quell'uomo a contarla,
come piange uno sbronzo, con tutto il suo corpo,
e mi cadeva addosso e diceva «Tra noi
sempre rispetto» ed io, a tremare nel freddo,
a cercare di andarmene, a dargli la mano.

Fa piacere sorbire il grappino, ma è un altro piacere
ascoltare gli sfoghi di un vecchio impotente
che è tornato dal fronte e vi chiede perdono.
Quali soddisfazioni ho mai io nella vita?
Ce lo dico davvero, lavoro a Lucento.
Quali soddisfazioni ho mai io nella vita?

[dicembre 1931 o primavera 1932]

Il ragazzo che era in me

Va' a sapere perché fossi là quella sera nei prati.
Forse mi ero lasciato cadere stremato di sole,
e fingevo l'indiano ferito. Il ragazzo a quei tempi
scollinava da solo cercando bisonti
e tirava le frecce dipinte e vibrava la lancia.
Quella sera ero tutto tatuato a colori di guerra.
Ora, l'aria era fresca e la medica pure
vellutata profonda, spruzzata dei fiori
rossogrigi e le nuvole e il cielo
s'accendevano in mezzo agli steli. Il ragazzo riverso
che alla villa sentiva lodarlo, fissava quel cielo.
Ma il tramonto stordiva. Era meglio socchiudere gli occhi
e godere l'abbraccio dell'erba. Avvolgeva come acqua.

Ad un tratto mi giunse una voce arrochita dal sole:
il padrone del prato, un nemico di casa,
che fermato a vedere la pozza dov'ero sommerso
mi conobbe per quel della villa e mi disse irritato
di guastar roba mia che potevo e lavarmi la faccia.
Saltai mezzo dall'erba. E rimasi, poggiato le mani,
a fissare tremando quel volto offuscato.

Oh la bella occasione di dare una freccia nel petto di un uomo!
Se il ragazzo non ne ebbe il coraggio, m'illudo a pensare
che sia stato per l'aria di duro comando che aveva quell'uomo.
Io che anche oggi mi illudo di agire impassibile e saldo
me ne andai quella sera in silenzio e stringevo le frecce
borbottando gridando parole d'eroe moribondo.
Forse fu avvilimento dinanzi allo sguardo pesante
di chi avrebbe potuto picchiarmi. O piuttosto vergogna
come quando si passa ridendo dinanzi a un facchino.
Ma ho il terrore che fosse paura. Fuggire, fuggii.
E, la notte, le lacrime e i morsi al guanciale
mi lasciarono in bocca sapore di sangue.

L'uomo è morto. La medica è stata divelta, erpicata
ma mi vedo chiarissimo il prato dinanzi

e, curioso, cammino e mi parlo, impassibile
come l'uomo alto e cotto dal sole parlò quella sera.

[15-16 luglio 1932]

Estate di San Martino

Le colline e le rive del Po sono un giallo bruciato
e noi siamo saliti quassú a maturarci nel sole.
Mi racconta costei – come fosse un amico –
Da domani abbandono Torino e non torno mai piú.
Sono stanca di vivere tutta la vita in prigione.
Si respira un sentore di terra e, di là dalle piante,
a Torino, a quest'ora, lavorano tutti in prigione.
Torno a casa dei miei dove almeno potrò stare sola
senza piangere e senza pensare alla gente che vive.
Là mi caccio un grembiale e mi sfogo in cattive risposte
ai parenti e per tutto l'inverno non esco mai piú.
Nei paesi novembre è un bel mese dell'anno:
c'è le foglie colore di terra e le nebbie al mattino,
poi c'è il sole che rompe le nebbie. Lo dico tra me
e respiro l'odore di freddo che ha il sole al mattino.
Me ne vado perché è troppo bella Torino a quest'ora:
a me piace girarci e vedere la gente
e mi tocca star chiusa finch'è tutto buio
e la sera soffrire da sola. Mi vuole vicino
come fossi un amico: quest'oggi ha saltato l'ufficio
per trovare un amico. *Ma posso star sola cosí?*
Giorno e notte – l'ufficio – le scale – la stanza da letto –
se alla sera esco a fare due passi non so dove andare
e ritorno cattiva e al mattino non voglio piú alzarmi.
Tanto bella sarebbe Torino – poterla godere –
solamente poter respirare. Le piazze e le strade
han lo stesso profumo di tiepido sole
che c'è qui tra le piante. Ritorni al paese.
Ma Torino è il piú bello di tutti i paesi.
Se trovassi un amico quest'oggi, starei sempre qui.

[dicembre 1932]

Lavorare stanca [1]

I due, stesi sull'erba, vestiti, si guardano in faccia
tra gli steli sottili: la donna gli morde i capelli
e poi morde nell'erba. Sorride scomposta, tra l'erba.
L'uomo afferra la mano sottile e la morde
e s'addossa col corpo. La donna gli rotola via.
Mezza l'erba del prato è cosí scompigliata.
La ragazza, seduta, s'aggiusta i capelli
e non guarda il compagno, occhi aperti, disteso.

Tutti e due, a un tavolino, si guardano in faccia
nella sera, e i passanti non cessano mai.
Ogni tanto un colore piú gaio li distrae.
Ogni tanto lui pensa all'inutile giorno
di riposo, trascorso a inseguire costei,
che è felice di stargli vicina e guardarlo negli occhi.
Se le tocca col piede la gamba, sa bene
che si danno a vicenda uno sguardo sorpreso
e un sorriso, e la donna è felice. Altre donne che passano
non lo guardano in faccia, ma almeno si spogliano
con un uomo stanotte. O che forse ogni donna
ama solo chi perde il suo tempo per nulla.

Tutto il giorno si sono inseguiti e la donna è ancor rossa
alle guance, dal sole. Nel cuore ha per lui gratitudine.
Lei ricorda un baciozzo rabbioso scambiato in un bosco,
interrotto a un rumore di passi, e che ancora la brucia.
Stringe a sé il mazzo verde – raccolto sul sasso
di una grotta – di bel capelvenere e volge al compagno
un'occhiata struggente. Lui fissa il groviglio
degli steli nericci tra il verde tremante
e ripensa alla voglia di un altro groviglio,
presentito nel grembo dell'abito chiaro,
che la donna gli ignora. Nemmeno la furia
non gli vale, perché la ragazza, che lo ama, riduce
ogni assalto in un bacio e gli prende le mani.

Ma stanotte, lasciatala, sa dove andrà:
tornerà a casa rotto di schiena e intontito,

ma assaporerà almeno nel corpo saziato
la dolcezza del sonno sul letto deserto.
Solamente, e quest'è la vendetta, s'immaginerà
che quel corpo di donna, che avrà come suo,
sia, senza pudori, in libidine, quello di lei.

[18-19 luglio 1933]

Gente non convinta

Questa pioggia che cade per piazze e per strade,
e in caserma e in collina, va tutta sprecata.
Domattina le piante saranno lavate,
lungo i viali, e il cortile in caserma bel molle,
da sfangarci al ginocchio: i lavori che fanno in città
sembran tutti quest'acqua che cade sui tetti.

(Fuori, piova nel buio per tutte le strade,
finirà che domani per terra c'è l'erba).

Si è veduto stasera venire giú l'acqua
per i fossi, in collina, e la terra ingiallita
dalle foglie e dal fango. Ma, sopra il sentore
della terra, uno sterile tanfo di fiori
che succhiavano l'acqua, e tra i fiori, le ville
che grondavano pioggia. Soltanto dall'altro versante,
arrivare sul vento un sentore di vigna.

(Fuori, piova nel buio per piazze e per strade,
non importa: c'è un vino che viene a scaldarci
di un calore che ancora domani sapremo cos'è).

C'è un odore di pietra nel vento bagnato,
e per terra, soltanto rotaie. Le donne che passano
le conosce nessuno. Le donne in città
sono sempre diverse e non servono a niente.
Nel casino, là sí che gli odori son buoni
e le donne son brave. Ma vivono come in caserma
anche loro e il lavoro che fanno è una stupidità.

(Non importa: le donne verranno a scaldarci
di un calore che ancora domani sapremo cos'è).

[estate 1933]

Fine della fantasia

Questo corpo mai piú ricomincia. A toccargli le occhiaie
uno sente che un mucchio di terra è piú vivo,
ché la terra, anche all'alba, non fa che tacere in se stessa.
Ma un cadavere è un resto di troppi risvegli.

Non abbiamo che questa virtú: cominciare
ogni giorno la vita – davanti alla terra,
sotto un cielo che tace – attendendo un risveglio.
Si stupisce qualcuno che l'alba sia tanta fatica;
di risveglio in risveglio un lavoro è compiuto.
Ma viviamo soltanto per dare in un brivido
al lavoro futuro e svegliare una volta la terra.
E talvolta ci accade. Poi torna a tacere con noi.

Se a sfiorare quel volto la mano non fosse malferma
– viva mano che sente la vita se tocca –
se davvero quel freddo non fosse che il freddo
della terra, nell'alba che gela la terra,
forse questo sarebbe un risveglio, e le cose che tacciono
sotto l'alba, direbbero ancora parole. Ma trema
la mia mano, e di tutte le cose somiglia alla mano
che non muove.
Altre volte svegliarsi nell'alba
era un secco dolore, uno strappo di luce,
ma era pure una liberazione. L'avara parola
della terra era gaia, in un rapido istante,
e morire era ancora tornarci. Ora, il corpo che attende
è un avanzo di troppi risvegli e alla terra non torna.
Non lo dicon nemmeno, le labbra indurite.

[1933]

Gelosia [1]

Ci si siede di fronte e si vuotano i primi bicchieri
lentamente, fissando il rivale con l'occhio traverso.
Poi si aspetta che il vino gorgogli. Si guarda nel vuoto
canzonando. Se i muscoli tremano ancora
treman anche al rivale. Bisogna sforzarsi
per non bere di un fiato e sbronzarsi di colpo.

Oltre il bosco, si sente il ballabile e vedon lanterne
dondolanti – non sono restate che donne
sul palchetto. Lo schiaffo piantato alla bionda
ha portato via tutti a godersi lo scontro.
I rivali sentivano in bocca un sapore di rabbia
e di sangue; ora sentono il sapore del vino.
Per riempirsi di pugni bisogna esser soli
come a fare l'amore, ma c'è sempre la notte.

Sul palchetto i lampioni di carta e le donne
non stan fermi, nel fresco. La bionda, nervosa,
siede e cerca di ridere, ma s'immagina un prato
dove i due si dibattono e perdono sangue.
Li ha sentiti vociare di là dalle piante.
Malinconica, sopra il palchetto, una coppia di donne
gira in tondo; qualcuna fa cerchio alla bionda,
e s'informano se proprio le duole la faccia.

Per riempirsi di pugni bisogna esser soli.
Tra i colleghi c'è sempre qualcuno che blatera
e fa fare commedie. La gara del vino
non è mica uno sfogo: uno sente la rabbia
gorgogliare nel rutto e bruciare la gola.
Il rivale, piú calmo, dà mano al bicchiere
e lo vuota continuo. Ha finito il suo litro
e ne attacca un secondo. Il calore del sangue
manda in secco i bicchieri, come dentro una stufa.
I colleghi d'intorno hanno facce sbiancate
e oscillanti, le voci si sentono appena.

Il bicchiere, si cerca e non c'è. Per stanotte
– anche a vincere – la bionda torna a casa da sola.

[2-3 marzo 1934]

Il vino triste [2]

La fatica è sedersi senza farsi notare.
Tutto il resto poi viene da sé. Tre sorsate
e ritorna la voglia di pensarci da solo.
Si spalanca uno sfondo di lontani ronzii,
ogni cosa si sperde, e diventa un miracolo
esser nato e guardare il bicchiere. Il lavoro
(l'uomo solo non può non pensare al lavoro)
ridiventa l'antico destino che è bello soffrire
per poterci pensare. Poi gli occhi si fissano
a mezz'aria, dolenti, come fossero ciechi.

Se quest'uomo si rialza e va a casa a dormire,
pare un cieco che ha perso la strada. Chiunque
può sbucare da un angolo e pestarlo di colpi.
Può sbucare una donna e distendersi in strada,
bella e giovane, sotto un altr'uomo, gemendo
come un tempo una donna gemeva con lui.
Ma quest'uomo non vede. Va a casa a dormire
e la vita non è che un ronzio di silenzio.

A spogliarlo, quest'uomo, si trovano membra sfinite
e del pelo brutale, qua e là. Chi direbbe
che in quest'uomo trascorrono tiepide vene
dove un tempo la vita bruciava? Nessuno
crederebbe che un tempo una donna abbia fatto carezze
su quel corpo e baciato quel corpo, che trema,
e bagnato di lacrime, adesso che l'uomo,
giunto a casa a dormire, non riesce, ma geme.

[inverno 1934 - 1935]

Creazione

Sono vivo e ho sorpreso nell'alba le stelle.
La compagna continua a dormire e non sa.
Dormon tutti, i compagni. La chiara giornata
mi sta innanzi piú netta dei volti sommersi.

Passa un vecchio in distanza, che va a lavorare
o a godere il mattino. Non siamo diversi,
tutti e due respiriamo lo stesso chiarore
e fumiamo tranquilli a ingannare la fame.
Anche il corpo del vecchio dev'essere schietto
e vibrante – dovrebbe esser nudo davanti al mattino.

Stamattina la vita ci scorre sull'acqua
e nel sole: c'è intorno il fulgore dell'acqua
sempre giovane, i corpi di tutti saranno scoperti.
Ci sarà il grande sole e l'asprezza del largo
e la rude stanchezza che abbatte nel sole
e l'immobilità. Ci sarà la compagna
– un segreto di corpi. Ciascuno darà una sua voce.

Non c'è voce che rompe il silenzio dell'acqua
sotto l'alba. E nemmeno qualcosa trasale
sotto il cielo. C'è solo un tepore che scioglie le stelle.
Fa tremare sentire il mattino che vibra
tutto vergine, quasi nessuno di noi fosse sveglio.

[gennaio 1935]

La pace che regna

Il piacere del vecchio è sorprendere le ultime stelle
sotto l'alba, poi bere una volta e girare per strada.
Uno ha sempre saputo che il mondo finisce cosí:
ci si trova fra visi di gente inaudita,
e non basta guardarli e pensarci con calma.

Il mio vecchio comincia dall'alba a girare le strade
e nessuno s'accorge che guarda e ci pensa,
lui, che un tempo era giovane, com'è giovane il mondo.
Non c'è un cane che sappia com'è il corpo del vecchio,
nudo e debole, e come il mattino trascorra per lui,
mentre lui vede i corpi di giovani e donne
e di tutti conosce il vigore. Ma gli occhi dei giovani
che non badano al vecchio, trascorrono in strada
inquieti, e hanno tutti una vita che il vecchio non sa.

Certamente, le strade son sempre le stesse
e il mattino ha lo stesso splendore. Ma un giovane
che picchiasse e piombasse sui sassi il mio vecchio
non sarebbe che giusto. E il mio vecchio non sa,
benché pensi a ogni cosa, che questa è la sorte:
pensa ai giovani e ai vecchi che son tutta la vita.

Inquieto è anche il vecchio al pensiero che un giorno
saran vecchi anche questi, e nessuno saprà
con che sguardo gli ignoti urteranno le cose.
Ma un'occhiata sul mondo la stende chiunque
e al mattino ogni cosa si sveglia. Invecchiando,
sarà ancora un piacere sorprendere l'alba
e discendere in strada tra la folla vivente.

[1935]

Altri tempi

Anche il povero scemo che ha un occhio fiaccato
sanguinante, strizzandomi l'altro, rinvanga il suo sogno.

Occhi acuti, vedevano persino di notte;
e le spose, era inutile che spegnessero il lume.
Come un gatto. Gli uccelli passavano a volo
anche sopra le nubi, ma lui li arrivava
come noci sull'albero. Nei sereni d'inverno
sulla luna vedeva le montagne di ghiaccio.

Grandi muscoli aveva: portava il quintale
prima ancora dei baffi. Prendeva la pioggia
tutto un giorno d'inverno, che la pelle fumava,
e nemmeno tossiva. Le ragazze con lui
eran piú che contente: le lasciava per morte.
Nelle risse lasciava per morto il rivale:
le ragazze tornavano, ché godevano troppo
a morire in quel modo, ma un rivale abbattuto
non tornava. Per vivere ci vuole coraggio.
E per ogni rivale buttato sui sassi
c'è un bastardo di piú sotto il sole.
Ogni volta
le figliole le pensa piú belle e i figlioli piú grandi;
tutti han occhi da gatto. Se li sogna di notte.
Quello vero, che gira con lui, fa spavento:
non si passa l'estate a grattarsi i pidocchi
senza empirsi di croste. Si direbbe che mangiano
l'uno le ossa dell'altro. Anche il piccolo è guercio
ma capisce. Raccoglie le cicche e le fuma da sé.

Anche il povero scemo fumava, ai suoi tempi
quando aveva la vista e le donne. Mangiava
tutti i giorni, servito da una bella ragazza,
che gli dava anche il vino. Fin che un giorno s'accorse
di esser scemo e d'allora il ragazzo lo guida
sulla pubblica strada, di mattino in mattino.

[settembre 1935]

Poetica

Il ragazzo s'è accorto che l'albero vive.
Se le tenere foglie si schiudono a forza
una luce, rompendo spietate, la dura corteccia
deve troppo soffrire. Pure vive in silenzio.
Tutto il mondo è coperto di piante che soffrono
nella luce, e non s'ode nemmeno un sospiro.
È una tenera luce. Il ragazzo non sa
donde venga, è già sera; ma ogni tronco rileva
sopra un magico fondo. Dopo un attimo è buio.

Il ragazzo – qualcuno rimane ragazzo
troppo tempo – che aveva paura del buio,
va per strada e non bada alle case imbrunite
nel crepuscolo. Piega la testa in ascolto
di un ricordo remoto. Nelle strade deserte
come piazze, s'accumula un grave silenzio.
Il passante potrebbe esser solo in un bosco,
dove gli alberi fossero enormi. La luce
con un brivido corre i lampioni. Le case
abbagliate traspaiono nel vapore azzurrino,
e il ragazzo alza gli occhi. Quel silenzio remoto
che stringeva il respiro al passante, è fiorito[1]
nella luce improvvisa. Sono gli alberi antichi
del ragazzo. E la luce è l'incanto d'allora.

E comincia, nel diafano cerchio, qualcuno
a passare in silenzio. Per la strada nessuno
mai rivela la pena che gli morde la vita.
Vanno svelti, ciascuno come assorto nel passo,
e grandi ombre barcollano. Hanno visi solcati
e le occhiaie dolenti, ma nessuno si lagna.
Tutta quanta la notte, nella luce azzurrina,
vanno come in un bosco, tra le case infinite[2].

[settembre 1935-1936]

[1] *è fiorito*: s'è aperto *in marg.*
[2] *infinite*: solide *in marg.*

Alter ego

Dal mattino alla sera vedevo il tatuaggio
sul suo petto setoso: una donna rossastra
fitta, come in un prato, nel pelo. Là sotto
mugge a volte un tumulto, che la donna sussulta.
La giornata passava in bestemmie e silenzî.
Se la donna non fosse un tatuaggio, ma viva
aggrappata sul petto peloso, quest'uomo
muggirebbe piú forte, nella piccola cella.

Occhi aperti, disteso sul letto taceva.
Un respiro profondo di mare saliva
dal suo corpo di grandi ossa salde: era steso
come sopra una tolda. Pesava sul letto
come chi s'è svegliato e potrebbe balzare.
Il suo corpo, salato di schiuma, grondava
un sudore solare. La piccola cella
non bastava all'ampiezza d'una sola sua occhiata.
A vedergli le mani si pensava alla donna.

[ottobre 1935]

[Abbozzo di Paesaggio]

Sulla strada camminano porci e ragazze
con un sacco sul capo; le stille di pioggia
vengon giú sbatacchiate dal vento. Sorride
ogni pozza, d'un grigio azzurrino, alle nubi.

Sulla piazza la gente non può litigare,
ma s'accolgono tutti con capre e maiali
contro i muri. Da un muro di cinta scrostato
s'erge saldo l'ammasso fiorito di un albero.

[marzo 1936]

Ritorno di Deola

Torneremo per strada a fissare i passanti
e saremo passanti anche noi. Studieremo
come alzarci al mattino deponendo il disgusto
della notte e uscir fuori col passo di un tempo.
Piegheremo la testa al lavoro di un tempo.
Torneremo laggiú, contro il vetro, a fumare
intontiti. Ma gli occhi saranno gli stessi
e anche i gesti e anche il viso. Quel vano segreto
che c'indugia nel corpo e ci sperde lo sguardo
morirà lentamente nel ritmo del sangue
dove tutto scompare.

Usciremo un mattino,
non avremo piú casa, usciremo per via;
il disgusto notturno ci avrà abbandonati;
tremeremo a star soli. Ma vorremo star soli.
Fisseremo i passanti col morto sorriso
di chi è stato battuto, ma non odia e non grida
perché sa che da tempo remoto la sorte
– tutto quanto è già stato o sarà – è dentro il sangue,
nel susurro del sangue. Piegheremo la fronte
soli, in mezzo alla strada, in ascolto di un'eco
dentro il sangue. E quest'eco non vibrerà piú.
Leveremo lo sguardo, fissando la strada.

[marzo-aprile 1936]

Abitudini

Sull'asfalto del viale la luna fa un lago
silenzioso e l'amico ricorda altri tempi.
Gli bastava in quei tempi un incontro improvviso
e non era piú solo. Guardando la luna,
respirava la notte. Ma piú fresco l'odore
della donna incontrata, della breve avventura
per le scale malcerte. La stanza tranquilla
e la rapida voglia di viverci sempre,
gli riempivano il cuore. Poi, sotto la luna,
a gran passi intontiti tornava, contento.

A quei tempi era un grande compagno di sé.
Si svegliava al mattino e saltava dal letto,
ritrovando il suo corpo e i suoi vecchi pensieri.
Gli piaceva uscir fuori prendendo la pioggia
o anche il sole, godeva a guardare le strade,
a parlare con gente improvvisa. Credeva
di saper cominciare cambiando mestiere
fino all'ultimo giorno, ogni nuovo mattino.
Dopo grandi fatiche sedeva fumando.
Il piacere piú forte era starsene solo.

È invecchiato l'amico e vorrebbe una casa
che gli fosse piú cara, e uscir fuori la notte
e fermarsi sul viale a guardare la luna,
ma trovare al ritorno una donna sommessa,
una donna tranquilla, in attesa paziente.
È invecchiato l'amico e non basta piú a sé.
I passanti son sempre gli stessi; la pioggia
e anche il sole, gli stessi; e il mattino, un deserto.
Faticare non vale la pena. E uscir fuori alla luna,
se nessuno l'aspetti, non vale la pena.

[maggio-agosto 1936]

Estate [1]

È riapparsa la donna dagli occhi socchiusi
e dal corpo raccolto, camminando per strada.
Ha guardato diritto tendendo la mano,
nell'immobile strada. Ogni cosa è riemersa.

Nell'immobile luce del giorno lontano
s'è spezzato il ricordo. La donna ha rialzato
la sua semplice fronte, e lo sguardo d'allora
è riapparso. La mano si è tesa alla mano
e la stretta angosciosa era quella d'allora.
Ogni cosa ha ripreso i colori e la vita
allo sguardo raccolto, alla bocca socchiusa.

È tornata l'angoscia dei giorni lontani
quando tutta un'immobile estate improvvisa
di colori e tepori emergeva, agli sguardi
di quegli occhi sommessi. È tornata l'angoscia
che nessuna dolcezza di labbra dischiuse
può lenire. Un immobile cielo s'accoglie
freddamente, in quegli occhi.
Era calmo il ricordo
alla luce sommessa del tempo, era un docile
moribondo cui già la finestra s'annebbia e scompare.
Si è spezzato il ricordo. La stretta angosciosa
della mano leggera ha riacceso i colori
e l'estate e i tepori sotto il vivido cielo.
Ma la bocca socchiusa e gli sguardi sommessi
non dan vita che a un duro inumano silenzio.

[7-9 ottobre 1937]

Sogno

Ride ancora il tuo corpo all'acuta carezza
della mano o dell'aria, e ritrova nell'aria
qualche volta altri corpi? Ne ritornano tanti
da un tremore del sangue, da un nulla. Anche il corpo
che si stese al tuo fianco, ti ricerca in quel nulla.

Era un gioco leggero pensare che un giorno
la carezza dell'aria sarebbe riemersa
improvviso ricordo nel nulla. Il tuo corpo
si sarebbe svegliato un mattino, amoroso
del suo stesso tepore, sotto l'alba deserta.
Un acuto ricordo ti avrebbe percorsa
e un acuto sorriso. Quell'alba non torna?

Si sarebbe premuta al tuo corpo nell'aria
quella fresca carezza, nell'intimo sangue,
e tu avresti saputo che il tiepido istante
rispondeva nell'alba a un tremore diverso,
un tremore dal nulla. L'avresti saputo
come un giorno lontano sapevi che un corpo
era steso al tuo fianco.
Dormivi leggera
sotto un'aria ridente di labili corpi,
amorosa di un nulla. E l'acuto sorriso
ti percorse sbarrandoti gli occhi stupiti.
Non è piú ritornata, dal nulla, quell'alba?

[16-22 ottobre 1937]

L'amico che dorme

Che diremo stanotte all'amico che dorme?
La parola piú tenue ci sale alle labbra
dalla pena piú atroce. Guarderemo l'amico,
le sue inutili labbra che non dicono nulla,
parleremo sommesso.
La notte avrà il volto
dell'antico dolore che riemerge ogni sera
impassibile e vivo. Il remoto silenzio
soffrirà come un'anima, muto, nel buio.
Parleremo alla notte che fiata sommessa.

Udiremo gli istanti stillare nel buio
al di là delle cose, nell'ansia dell'alba,
che verrà d'improvviso incidendo le cose
contro il morto silenzio. L'inutile luce
svelerà il volto assorto del giorno. Gli istanti
taceranno. E le cose parleranno sommesso.

[20 ottobre 1937]

Indifferenza

È sbocciato quest'odio come un vivido amore
dolorando, e contempla se stesso anelante.
Chiede un volto e una carne, come fosse un amore.

Sono morte la carne del mondo e le voci
che suonavano, un tremito ha colto le cose;
tutta quanta la vita è sospesa a una voce.
Sotto un'estasi amara trascorrono i giorni
alla triste carezza della voce che torna
scolorandoci il viso. Non senza dolcezza
questa voce al ricordo risuona spietata
e tremante: ha tremato una volta per noi.

Ma la carne non trema. Soltanto un amore
la potrebbe incendiare, e quest'odio la cerca.
Tutte quante le cose e la carne del mondo
e le voci, non valgono l'accesa carezza
di quel corpo e quegli occhi. Nell'estasi amara
che distrugge se stessa, quest'odio ritrova
ogni giorno uno sguardo, una rotta parola,
e li afferra, insaziabile, come fosse un amore.

[24 ottobre 1937]

Gelosia [2]

L'uomo vecchio ha la terra di giorno, e di notte
ha una donna ch'è sua – ch'era sua fino a ieri.
Gli piaceva scoprirla, come aprire la terra,
e guardarsela a lungo, supina nell'ombra
attendendo. La donna sorrideva occhi chiusi.

L'uomo vecchio stanotte è seduto sul ciglio
del suo campo scoperto, ma non scruta la chiazza
della siepe lontana, non distende la mano
a divellere un'erba. Contempla fra i solchi
un pensiero rovente. La terra rivela
se qualcuno vi ha messo le mani e l'ha infranta:
lo rivela anche al buio. Ma non c'è donna viva
che conservi la traccia della stretta dell'uomo.

L'uomo vecchio si è accorto che la donna sorride
solamente occhi chiusi, attendendo supina,
e comprende improvviso che sul giovane corpo
passa in sogno la stretta di un altro ricordo.
L'uomo vecchio non vede piú il campo nell'ombra.
Si è buttato in ginocchio, stringendo la terra
come fosse una donna e sapesse parlare.
Ma la donna distesa nell'ombra, non parla.

Dov'è stesa occhi chiusi la donna non parla
né sorride, stanotte, dalla bocca piegata
alla livida spalla. Rivela sul corpo
finalmente la stretta di un uomo: la sola
che potesse segnarla, e le ha spento il sorriso.

[2-3 novembre 1937]

[Risveglio]

Lo ripete anche l'aria che quel giorno non torna.
La finestra deserta s'imbeve di freddo
e di cielo. Non serve riaprire la gola
all'antico respiro, come chi si ritrovi
sbigottito ma vivo. È finita la notte
dei rimpianti e dei sogni. Ma quel giorno non torna.

Torna a vivere l'aria, con vigore inaudito,
l'aria immobile e fredda. La massa di piante
infuocata nell'oro dell'estate trascorsa
sbigottisce alla giovane forza del cielo.
Si dissolve al respiro dell'aria ogni forma
dell'estate e l'orrore notturno è svanito.
Nel ricordo notturno l'estate era un giorno
dolorante. Quel giorno è svanito, per noi.

Torna a vivere l'aria e la gola la beve
nella vaga ansietà di un sapore goduto
che non torna. E nemmeno non torna il rimpianto
ch'era nato stanotte. La breve finestra
beve il freddo sapore che ha dissolta l'estate.
Un vigore ci attende, sotto il cielo deserto.

[7-8 novembre 1937]

Paesaggio

Molte volte al mattino, sul gelo dell'acqua
una barca risale, di chiare sottane.
È ancor nuda la magra collina distesa
nella nebbia del sole e s'avvolge di verde
pubertà, come un velo. La barca inesperta
ha talvolta sussulti che schiumano bianco.

Le ragazze incrocicchiano le braccia allo sforzo
e si parlano a scatti. «Vedrai come il sole
annerisce». Hanno nude le schiene nell'aria.
La collina di ruggine sorride nel cielo.
Le ragazze la fissano a scatti. La terra
ha il colore che avranno al gran cielo d'agosto
spalle e fianchi nascosti nelle chiare sottane.

Nuvolette fiorite punteggiano i colli
sullo specchio dell'acqua. Le ragazze piegate
dànno un rapido sguardo ai capelli scomposti,
dentro l'acqua. Qualcuna sorride da sola
al suo volto. Qualcuna si terge di scatto
il sudore pungente che sa di rugiada.

A un sussulto piú forte, abbandonano i remi
e la barca gorgoglia. «Vedrai come il sole
annerisce». Ricadono le chiare sottane
dalle gambe. Qualcuna non distoglie piú gli occhi
dalla bella collina dove il sole vapora
la rugiada e tra poco empirà tutto il cielo.

[aprile 1938]

Due

Uomo e donna si guardano supini sul letto:
i due corpi si stendono grandi e spossati.
L'uomo è immobile, solo la donna respira piú a lungo
e ne palpita il molle costato. Le gambe distese
sono scarne e nodose, nell'uomo. Il bisbiglio
della strada coperta di sole è alle imposte.

L'aria pesa impalpabile nella grave penombra
e raggela le gocciole di vivo sudore
sulle labbra. Gli sguardi delle teste accostate
sono uguali, ma piú non ritrovano i corpi
come prima abbracciati. Si sfiorano appena.

Muove un poco le labbra la donna, che tace.
Il respiro che gonfia il costato si ferma
a uno sguardo piú lungo dell'uomo. La donna
volge il viso accostandogli la bocca alla bocca.
Ma lo sguardo dell'uomo non muta nell'ombra.

Gravi e immobili pesano gli occhi negli occhi
al tepore dell'alito che ravviva il sudore,
desolati. La donna non muove il suo corpo
molle e vivo. La bocca dell'uomo s'accosta.
Ma l'immobile sguardo non muta nell'ombra.

[4-6 aprile - maggio 1938]

La casa

L'uomo solo ascolta la voce calma
con lo sguardo socchiuso, quasi un respiro
gli alitasse sul volto, un respiro amico
che risale, incredibile, dal tempo andato.

L'uomo solo ascolta la voce antica
che i suoi padri, nei tempi, hanno udito, chiara
e raccolta, una voce che come il verde
degli stagni e dei colli incupisce a sera.

L'uomo solo conosce una voce d'ombra,
carezzante, che sgorga nei toni calmi
di una polla segreta: la beve intento,
occhi chiusi, e non pare che l'abbia accanto.

È la voce che un giorno ha fermato il padre
di suo padre, e ciascuno del sangue morto.
Una voce di donna che suona segreta
sulla soglia di casa, al cadere del buio.

[21 agosto - 12 settembre 1940]

Due poesie a T.

Le piante del lago
ti hanno vista un mattino.
I sassi le capre il sudore
sono fuori dei giorni,
come l'acqua del lago.
Il dolore e il tumulto dei giorni
non scalfiscono il lago.
Passeranno i mattini,
passeranno le angosce,
altri sassi e sudore
ti morderanno il sangue
– non sarà cosí sempre.
Ritroverai qualcosa.
Ritornerà un mattino
che, di là dal tumulto,
sarai sola sul lago.

[metà giugno 1946]

Anche tu sei l'amore.
Sei di sangue e di terra
come gli altri. Cammini
come chi non si stacca
dalla porta di casa.
Guardi come chi attende
e non vede. Sei terra
che dolora e che tace.
Hai sussulti e stanchezze,
hai parole – cammini
in attesa. L'amore
è il tuo sangue – non altro.

[23 giugno 1946]

Indice

Gli asterischi indicano le poesie raccolte da Italo Calvino con il titolo *Poesie del disamore*.

Le poesie

Lavorare stanca 1936-1943

Lavorare stanca 1936

Le poesie censurate

Le poesie aggiunte e Appendice

La terra e la morte

Verrà la morte e avrà i tuoi occhi

Prima di «Lavorare stanca» 1923-1930

Sfoghi

Rinascita

Blues della grande città 1929

Estravaganti scelte dicembre 1926 - agosto 1930

Attorno a «Lavorare stanca» 1931-1940

Due poesie a T.

Stampato nel gennaio 1998 per conto della Casa editrice Einaudi
presso Milanostampa s.p.a., Farigliano (Cuneo)

C.L. 14781

Einaudi Tascabili

1 Omero, *Odissea*. Versione di Rosa Calzecchi Onesti. Testo a fronte (10ª ed.).
2 Levi (Primo), *Se questo è un uomo. La tregua* (23ª ed.).
3 Least Heat-Moon, *Strade blu. Un viaggio dentro l'America* (10ª ed.).
4 Morante, *Aracoeli. Romanzo* (9ª ed.).
5 Virgilio, *Eneide*. Introduzione e traduzione di Rosa Calzecchi Onesti. Testo a fronte (8ª ed.).
6 *Storia d'Italia. I caratteri originali*. A cura di Ruggiero Romano e Corrado Vivanti (2 volumi).
7 Levi (Carlo), *L'Orologio* (3ª ed.).
8 Bloch (Marc), *I re taumaturghi. Studi sul carattere sovrannaturale attribuito alla potenza dei re particolarmente in Francia e in Inghilterra* (4ª ed.).
9 Packard, *I persuasori occulti* (6ª ed.).
10 Amado, *Teresa Batista stanca di guerra* (12ª ed.).
11 Buñuel, *Sette film* (L'età dell'oro. Nazarin. Viridiana. L'angelo sterminatore. Simone del deserto. La via lattea. Il fascino discreto della borghesia) (2ª ed.).
12 *I Vangeli apocrifi*. A cura di Marcello Craveri (8ª ed.).
13 Sciascia, *Il giorno della civetta* (5ª ed.).
14 Sciascia, *Il contesto. Una parodia* (2ª ed.).
15 Sciascia, *Todo modo* (2ª ed.).
16 Fitzgerald, *Tenera è la notte* (11ª ed.).
17 Schulberg, *I disincantati*.
18 Sartre, *La nausea* (9ª ed.).
19 Bataille, *L'azzurro del cielo* (2ª ed.).
20 Musil, *I turbamenti del giovane Törless* (6ª ed.).
21 Mann, *La morte a Venezia* (6ª ed.).
22 Shirer, *Storia del Terzo Reich* (2 volumi) (4ª ed.).
23 Frank, *Diario* (13ª ed.).
24 Rigoni Stern, *Il sergente nella neve. Ritorno sul Don* (9ª ed.).
25 Fenoglio, *Una questione privata. I ventitre giorni della città di Alba* (9ª ed.).
26 Deakin, *La brutale amicizia. Mussolini, Hitler e la caduta del fascismo italiano* (2 volumi).
27 Nerval, *Le figlie del fuoco*.
28 Rimbaud, *Opere*. Testo a fr. (3ª ed.).
29 Walser, *L'assistente* (3ª ed.).
30 Vassalli, *La notte della cometa. Il romanzo di Dino Campana* (7ª ed.).
31 Svevo, *La coscienza di Zeno e «continuazioni»* (2ª ed.).
32 Pavese, *Il carcere* (2ª ed.).
33 Pavese, *Il compagno* (8ª ed.).
34 Pavese, *La casa in collina* (12ª ed.).
35 Omero, *Iliade*. Versione di Rosa Calzecchi Onesti. Testo a fronte (7ª ed.).
36 Tolstoj, *Guerra e pace* (2 volumi) (6ª ed.).
37 Codino, *Introduzione a Omero* (2ª ed.).
38 De Roberto, *I Viceré* (5ª ed.).
39 Jovine, *Signora Ava*.
40 Levi (Carlo), *Cristo si è fermato a Eboli* (9ª ed.).
41 Rea, *Gesú, fate luce*.
42 Tornabuoni, *'90 al cinema*.
43 Gino & Michele - Molinari, *Anche le formiche nel loro piccolo s'incazzano* (18ª ed.).
44 Balzac, *Splendori e miserie delle cortigiane*.
45 Proust, *Contro Sainte-Beuve*.

Proust, *Alla ricerca del tempo perduto*:

46 *La strada di Swann* (2 volumi).
47 *All'ombra delle fanciulle in fiore* (3 volumi).
48 *I Guermantes* (3 volumi).
49 *Sodoma e Gomorra* (2 volumi).

50 *La prigioniera* (2 volumi).
51 *Albertine scomparsa.*
52 *Il tempo ritrovato* (2 volumi).
53 *I Vangeli* nella traduzione di Niccolò Tommaseo. A cura di Cesare Angelini.
54 *Atti degli Apostoli.* A cura di Cesare Angelini.
55 Holl, *Gesú in cattiva compagnia.*
56 Volponi, *Memoriale* (4ª ed.).
57 Levi (Primo), *La chiave a stella* (7ª ed.).
58 Volponi, *Le mosche del capitale* (2ª ed.).
59 Levi (Primo), *I sommersi e i salvati* (9ª ed.).
60 *I padri fondatori. Da Jahvè a Voltaire.*
61 Poe, *Auguste Dupin investigatore e altre storie.*
62 Soriano, *Triste, solitario y final* (6ª ed.).
63 Dürrenmatt, *Un requiem per il romanzo giallo. La promessa. La panne* (4ª ed.).
64 Biasion, *Sagapò* (3ª ed.).
65 Fenoglio, *Primavera di bellezza* (3ª ed.).
66 Rimanelli, *Tiro al piccione.*
67 Soavi, *Un banco di nebbia.*
68 Conte, *Gli Slavi* (4ª ed.).
69 Schulz, *Le botteghe color cannella.*
70 Serge, *L'Anno primo della rivoluzione russa.*
71 Ripellino, *Praga magica* (9ª ed.).
72 Vasari, *Le vite de' piú eccellenti architetti, pittori, et scultori italiani, da Cimabue insino a' tempi nostri.* A cura di Luciano Bellosi e Aldo Rossi (2 volumi) (4ª ed.).
73 Amado, *Gabriella garofano e cannella* (10ª ed.).
74 Lane, *Storia di Venezia* (5ª ed.).
75 *Tirature '91.* A cura di Vittorio Spinazzola.
76 Tornabuoni, *'91 al cinema.*
77 Ramondino-Müller, *Dadapolis.*
78 De Filippo, *Tre commedie* (2ª ed.).
79 Milano, *Storia degli ebrei in Italia* (4ª ed.).
80 Todorov, *La conquista dell'America* (8ª ed.).
81 Melville, *Billy Budd e altri racconti* (2ª ed.).
82 Yourcenar, *Care memorie* (8ª ed.).
83 Murasaki, *Storia di Genji. Il principe splendente* (2 volumi) (2ª ed.).
84 Jullian, *Oscar Wilde;*
85 Brontë, *Cime tempestose* (6ª ed.).
86 Andersen, *Fiabe* (6ª ed.).
87 Harris, *Buono da mangiare* (6ª ed.).
88 Mann, *I Buddenbrook* (6ª ed.).
89 Yourcenar, *Archivi del Nord* (7ª ed.).
90 Prescott, *La Conquista del Messico* (3ª ed.).
91 *Beowulf* (5ª ed.).
92 Stajano, *Il sovversivo. L'Italia nichilista.*
93 Vassalli, *La chimera* (11ª ed.).
94 *Le meraviglie del possibile. Antologia della fantascienza* (4ª ed.).
95 Vargas Llosa, *La guerra della fine del mondo* (3ª ed.).
96 Levi (Primo), *Se non ora, quando?* (6ª ed.).
97 Vaillant, *La civiltà azteca* (4ª ed.).
98 Amado, *Jubiabá* (4ª ed.).
99 Boccaccio, *Decameron* (2 volumi) (6ª ed.).
100 Ghirelli, *Storia di Napoli* (2ª ed.).
101 Volponi, *La strada per Roma* (3ª ed.).
102 McEwan, *Bambini nel tempo* (7ª ed.).
103 Cooper, *L'ultimo dei Mohicani* (4ª ed.).
104 Petrarca, *Canzoniere* (5ª ed.).
105 Yourcenar, *Quoi? L'Eternité* (4ª ed.).
106 Brecht, *Poesie* (4ª ed.).
107 Ben Jelloun, *Creatura di sabbia* (6ª ed.).
108 Pevsner, Fleming, Honour, *Dizionario di architettura* (7ª ed.).
109 James, *Racconti di fantasmi* (5ª ed.).
110 Grimm, *Fiabe* (6ª ed.).
111 *L'arte della cucina in Italia.* A cura di Emilio Faccioli.
112 Keller, *Enrico il Verde* (2ª ed.).
113 Maltese, *Storia dell'arte in Italia 1785-1943* (2ª ed.).
114 Ben Jelloun, *Notte fatale* (6ª ed.).
115 Fruttero-Lucentini, *Il quarto libro della fantascienza* (2ª ed.).

116 Ariosto, *Orlando furioso* (2 volumi) (5ª ed.).
117 Boff, *La teologia, la Chiesa, i poveri.*
118 Pirandello, *Sei personaggi in cerca d'autore* (2ª ed.).
119 James, *Ritratto di signora* (5ª ed.).
120 Abulafia, *Federico II* (6ª ed.).
121 Dostoevskij, *Delitto e castigo* (8ª ed.).
122 Masters, *Antologia di Spoon River* (6ª ed.).
123 Verga, *Mastro-don Gesualdo* (2ª ed.).
124 Ostrogorsky, *Storia dell'impero bizantino* (5ª ed.).
125 Beauvoir (de), *I Mandarini* (4ª ed.).
126 Yourcenar, *Come l'acqua che scorre* (6ª ed.).
127 Tasso, *Gerusalemme liberata* (5ª ed.).
128 Dostoevskij, *I fratelli Karamazov* (6ª ed.).
129 Honour, *Neoclassicismo* (3ª ed.).
130 De Felice, *Storia degli ebrei italiani* (4ª ed.).
131 Goldoni, *Memorie* (2ª ed.).
132 Stendhal, *Il rosso e il nero* (4ª ed.).
133 Runciman, *Storia delle crociate* (2 volumi) (4ª ed.).
134 Balzac (de), *La Fille aux yeux d'or* (Serie bilingue).
135 Mann, *Tonio Kröger* (Serie bilingue) (3ª ed.).
136 Joyce, *The Dead* (Serie bilingue) (2ª ed.).
137 *Poesia italiana del Novecento*. A cura di Edoardo Sanguineti (2 volumi) (2ª ed.).
138 Ellison, *Uomo invisibile.*
139 Rabelais, *Gargantua e Pantagruele* (4ª ed.).
140 Savigneau, *Marguerite Yourcenar* (2ª ed.).
141 Scholem, *Le grandi correnti della mistica ebraica* (3ª ed.).
142 Wittkower, *Arte e architettura in Italia, 1600-1750* (5ª ed.).
143 Revelli, *La guerra dei poveri* (3ª ed.).
144 Tolstoj, *Anna Karenina* (5ª ed.).
145 *Storie di fantasmi*. A cura di Fruttero e Lucentini (3ª ed.).
146 Foucault, *Sorvegliare e punire* (5ª ed.).
147 Truffaut, *Autoritratto* (2ª ed.).
148 Maupassant (de), *Racconti dell'incubo* (4ª ed.).
149 Dickens, *David Copperfield* (3ª ed.).
150 Pirandello, *Il fu Mattia Pascal* (5ª ed.).
151 Isherwood, *Mr Norris se ne va* (2ª ed.).
152 Zevi, *Saper vedere l'architettura* (3ª ed.).
153 Yourcenar, *Pellegrina e straniera* (3ª ed.).
154 Soriano, *Mai piú pene né oblio. Quartieri d'inverno* (3ª ed.).
155 Yates, *L'arte della memoria* (4ª ed.).
156 Pasolini, *Petrolio* (5ª ed.).
157 Conrad, *The Shadow-Line* (Serie bilingue) (4ª ed.).
158 Stendhal, *L'Abbesse de Castro* (Serie bilingue) (2ª ed.).
159 Monelli, *Roma 1943* (2ª ed.).
160 Mila, *Breve storia della musica* (4ª ed.).
161 Whitman, *Foglie d'erba* (6ª ed.).
162 Rigoni Stern, *Storia di Tönle. L'anno della vittoria* (4ª ed.).
163 Partner, *I Templari* (7ª ed.).
164 Kawabata, *Bellezza e tristezza* (2ª ed.).
165 Carpi, *Diario di Gusen* (2ª ed.).
166 Perodi, *Fiabe fantastiche* (2ª ed.).
167 *La scultura raccontata da Rudolf Wittkower* (2ª ed.).
168 N. Ginzburg, *Cinque romanzi brevi* (4ª ed.).
169 Leopardi, *Canti* (4ª ed.).
170 Fellini, *Fare un film* (2ª ed.).
171 Pirandello, *Novelle* (3ª ed.).
172 Publio Ovidio Nasone, *Metamorfosi* (5ª ed.).
173 *Il sogno della Camera Rossa. Romanzo cinese del secolo XVIII* (2ª ed.).
174 Dostoevskij, *I demoni* (5ª ed.).
175 Yourcenar, *Il Tempo, grande scultore* (3ª ed.).
176 Vassalli, *Marco e Mattio* (5ª ed.).
177 Barthes, *Miti d'oggi* (3ª ed.).
178 Hoffmann, *Racconti notturni* (3ª ed.).
179 Fenoglio, *Il partigiano Johnny* (6ª ed.).

180 Ishiguro, *Quel che resta del giorno* (11ª ed.).
181 Cervantes, *Don Chisciotte della Mancia* (4ª ed.).
182 O'Connor, *Il cielo è dei violenti* (2ª ed.).
183 Gambetta, *La mafia siciliana*.
184 Brecht, *Leben des Galilei* (Serie bilingue) (4ª ed.).
185 Melville, *Bartleby, the Scrivener* (Serie bilingue) (2ª ed.).
186 Vercors, *Le silence de la mer* (Serie bilingue) (3ª ed.).
187 *«Una frase, un rigo appena». Racconti brevi e brevissimi*.
188 Queneau, *Zazie nel metró* (6ª ed.).
189 Tournier, *Venerdí o il limbo del Pacifico* (2ª ed.).
190 Viganò, *L'Agnese va a morire* (3ª ed.).
191 Dostoevskij, *L'idiota* (7ª ed.).
192 Shakespeare, *I capolavori*. Vol. I° (2ª ed.)
193 Shakespeare, *I capolavori*. Vol. II° (2ª ed.)
194 Allen, *Come si diventa nazisti* (3ª ed.).
195 Gramsci, *Vita attraverso le lettere* (2ª ed.).
196 Gogol', *Le anime morte* (2ª ed.).
197 Wright, *Ragazzo negro* (4ª ed.).
198 Maupassant, *Racconti del crimine* (2ª ed.).
199 *Lettere di condannati a morte della Resistenza italiana* (3ª ed.).
200 Mila, *Brahms e Wagner*.
201 Renard, *Pel di Carota* (2ª ed.).
202 Beccaria, *Dei delitti e delle pene*.
203 Levi P., *Il sistema periodico* (3ª ed.).
204 Ginzburg (Natalia), *La famiglia Manzoni* (3ª ed.).
205 Paumgartner, *Mozart*.
206 Adorno, *Minima moralia* (3ª ed.).
207 Zola, *Germinale* (2ª ed.).
208 Kieślowski-Piesiewicz, *Decalogo* (2ª ed.).
209 Beauvoir (de), *Memorie d'una ragazza perbene* (4ª ed.).
210 Leopardi, *Memorie e pensieri d'amore*.
211 McEwan, *Il giardino di cemento* (6ª ed.).
212 Pavese, *Racconti* (3ª ed.).
213 Sanvitale, *Madre e figlia* (3ª ed.).
214 Jovine, *Le terre del Sacramento* (2ª ed.).
215 Ben Jelloun, *Giorno di silenzio a Tangeri* (4ª ed.).
216 Volponi, *Il pianeta irritabile*.
217 Hayes, *La ragazza della Via Flaminia*.
218 Malamud, *Il commesso*.
219 Defoe, *Fortune e sfortune della famosa Moll Flanders*.
220 Böll, *Foto di gruppo con signora* (3ª ed.).
221 Biamonti, *Vento largo*.
222 Lovercraft, *L'orrendo richiamo*.
223 Malerba, *Storiette e Storiette tascabili*.
224 Mainardi, *Lo zoo aperto*.
225 Verne, *Il giro del mondo in ottanta giorni* (2ª ed.).
226 Mastronardi, *Il maestro di Vigevano* (2ª ed.).
227 Vargas Llosa, *La zia Julia e lo scribacchino* (3ª ed.).
228 Rousseau, *Il contratto sociale* (3ª ed.).
229 Mark Twain, *Le avventure di Tom Sawyer* (2ª ed.).
230 Jung, *Il problema dell'inconscio nella psicologia moderna*.
231 Mancinelli, *Il fantasma di Mozart e altri racconti* (2ª ed.).
232 West, *Il giorno della locusta* (2ª ed.).
233 Mark Twain, *Le avventure di Huckleberry Finn* (2ª ed.).
234 Lodoli, *I principianti* (2ª ed.).
235 Voltaire, *Il secolo di Luigi XIV*.
236 Thompson, *La civiltà Maja* (3ª ed.)
237 Tolstoj, *I quattro libri di lettura* (2ª ed.)
238 Morante, *Menzogna e sortilegio* (2ª ed.)
239 Wittkower, *Principi architettonici nell'età dell'Umanesimo* (3ª ed.).
240 Somerset Maugham, *Storie di spionaggio e di finzioni*.
241 *Fiabe africane* (2ª ed.).
242 Pasolini, *Vita attraverso le lettere*.
243 Romano, *La penombra che abbiamo attraversato*.
244 Della Casa, *Galateo* (2ª ed.).
245 Byatt, *Possessione. Una storia romantica* (5ª ed.).

246 Strassburg, *Tristano*.
247 Ben Jelloun, *A occhi bassi* (4ª ed.).
248 Morante, *Lo scialle andaluso* (2ª ed.).
249 Pirandello, *Uno, nessuno e centomila* (2ª ed.).
250 Soriano, *Un'ombra ben presto sarai* (4ª ed.).
251 McEwan, *Cani neri* (5ª ed.).
252 Cerami, *Un borghese piccolo piccolo* (2ª ed.).
253 Morante, *Il mondo salvato dai ragazzini e altri poemi* (2ª ed.).
254 Fallada, *Ognuno muore solo* (2ª ed.).
255 Beauvoir (de), *L'età forte* (2ª ed.).
256 Alighieri, *Rime* (2ª ed.).
257 Macchia, *Il mito di Parigi. Saggi e motivi francesi* (2ª ed.).
258 De Filippo, *Cantata dei giorni dispari I*.
259 Ben Jelloun, *L'amicizia* (5ª ed.).
260 *Lettere dei condannati a morte della Resistenza europea*.
261 Stajano, *Un eroe borghese* (3ª ed.).
262 Spinella, *Memoria della Resistenza* (2ª ed.).
263 Foscolo, *Ultime lettere di Jacopo Ortis* (2ª ed.).
264 Schliemann, *La scoperta di Troia* (3ª ed.).
265 Dostoevskij, *Umiliati e offesi* (3ª ed.).
266 Ishiguro, *Un pallido orizzonte di colline* (2ª ed.).
267 Morante, *La Storia* (5ª ed.).
268 Romano (Lalla), *Maria* (2ª ed.).
269 Levi Pisetzky, *Il costume e la moda nella società italiana*.
270 Salmon, *Il Sannio e i Sanniti* (2ª ed.).
271 Benjamin, *Angelus Novus. Saggi e frammenti* (3ª ed.).
272 Bolis, *Il mio granello di sabbia* (2ª ed.).
273 Matthiae, *Ebla. Un impero ritrovato* (2ª ed.).
274 Sanvitale, *Il figlio dell'Impero*.
275 Maupassant, *Racconti d'amore* (3ª ed.).
276 Céline, *Casse-pipe* (Serie bilingue) (2ª ed.).
277 *Racconti del sabato sera*.
278 Boiardo, *Orlando innamorato* (2 voll.)
279 Woolf, *A Room of One's Own* (Serie bilingue) (3ª ed.).
280 Hoffmann, *Il vaso d'oro*.
281 Bobbio, *Il futuro della democrazia* (2ª ed.).
282 Mancinelli, *I dodici abati di Challant. Il miracolo di santa Odilia. Gli occhi dell'imperatore* (4ª ed.).
283 Soriano, *La resa del leone* (2ª ed.).
284 De Filippo, *Cantata dei giorni dispari II*.
285 Gobetti, *La Rivoluzione Liberale* (3ª ed.).
286 Wittkower, *Palladio e il palladianesimo*.
287 Sartre, *Il muro* (3ª ed.).
288 D'Annunzio, *Versi d'amore*.
289 D'Annunzio, *Alcione*.
290 Caldwell, *La via del tabacco*.
291 Tadini, *La tempesta*.
292 Morante, *L'isola di Arturo* (4ª ed.).
293 Pirandello, *L'esclusa*.
294 Voltaire, *Dizionario filosofico* (2ª ed.).
295 Fenoglio, *Diciotto racconti*.
296 Hardy, *Tess dei d'Uberville* (2ª ed.).
297 N. Ginzburg, *Famiglia* (2ª ed.).
298 Stendhal, *La Certosa di Parma* (2ª ed.).
299 Yehoshua, *L'amante* (6ª ed.).
300 Beauvoir, *La forza delle cose*.
301 Ceram, *Civiltà sepolte* (4ª ed.).
302 Loy, *Le strade di polvere* (4ª ed.).
303 Piumini, *Lo stralisco*.
304 Rigoni, *Amore di confine* (2ª ed.).
305 Rodinson, *Maometto*.
306 Biamonti, *L'angelo di Avrigue*.
307 Antonioni, *Quel bowling sul Tevere* (2ª ed.).
308 Lodi, *Il paese sbagliato. Diario di un'esperienza didattica*.
309 Machiavelli, *Il Principe* (2ª ed.).
310 Seneca, *Dialoghi morali* (2ª ed.).
311 Dickens, *Casa Desolata* (4ª ed.).
312 Saba, *Ernesto* (2ª ed.).
313 Lawrence, *Donne innamorate*.
314 Pirro, *Celluloide*.
315 Ramondino, *Althénopis*.
316 Rodari, *I cinque libri* (3ª ed.).
317 *I Nibelunghi* (2ª ed.).
318 Bobbio, *Stato, governo, società* (2ª ed.).
319 La Fontaine, *Favole*.
320 Artusi, *La scienza in cucina e l'arte di mangiar bene*.

321 Romano (Lalla), *Una giovinezza inventata* (2ª ed.).
322 De Filippo, *Cantata dei giorni dispari III*.
323 Hilberg, *La distruzione degli Ebrei d'Europa* (2 vol.)
324 Kafka, *Il processo* (Serie Scrittori tradotti da scrittori).
325 Queneau, *I fiori blu* (Serie Scrittori tradotti da scrittori) (4ª ed.).
326 Gogol', *Racconti di Pietroburgo* (Serie Scrittori tradotti da scrittori).
327 James, *Giro di vite* (Serie Scrittori tradotti da scrittori).
328 Borges, *Finzioni* (1935-1944) (Serie Scrittori tradotti da scrittori) (4ª ed.).
329 Radiguet, *Il diavolo in corpo* (Serie Scrittori tradotti da scrittori).
330 De Felice, *Mussolini il rivoluzionario 1883-1920*.
331 De Felice, *Mussolini il fascista*
I. *La conquista del potere 1921-1925*.
332 De Felice, *Mussolini il fascista*
II. *L'organizzazione dello stato fascista 1925-1929*.
333 Hawthorne, *La lettera scarlatta* (5ª ed.).
334 Orengo, *Dogana d'amore*.
335 Vassalli, *Il Cigno*.
336 Böll, *Vai troppo spesso a Heidelberg*.
337 Maiello, *Storia del calendario*.
338 Cesare, *La guerra gallica*.
339 McEwan, *Lettera a Berlino*.
340 Schneider, *Le voci del mondo* (4ª ed.).
341 De Felice, *Mussolini il duce*
I. *Gli anni del consenso 1929-1936*.
342 De Felice, *Mussolini il fascista*
II. *Lo Stato totalitario 1936-1940*.
343 Cervantes, *La gitanilla* (Serie bilingue).
344 Dostoevskij, *Notti bianche* (Serie bilingue) (2ª ed.).
345 N. Ginzburg, *Tutti i nostri ieri* (2ª ed.).
346 Breton, *Antologia dello humor nero*.
347 Maupassant, *Una vita* (Serie Scrittori tradotti da scrittori).
348 Pessoa, *Il marinaio* (Serie Scrittori tradotti da scrittori) (2ª ed.).
349 Stevenson, *Lo strano caso del Dr. Jekyll e del Sig. Hyde* (Serie Scrittori tradotti da scrittori).
350 London, *Il richiamo della foresta* (Serie Scrittori tradotti da scrittori).
351 Burgess, *Arancia meccanica* (4ª ed.).
352 Byatt, *Angeli e insetti*.
353 Wittkower, *Nati sotto Saturno* (2ª ed.).
354 Least Heat-Moon, *Prateria. Una mappa in profondità* (2ª ed.).
355 Soriano, *Artisti, pazzi e criminali* (2ª ed.).
356 Saramago, *L'anno della morte di Ricardo Reis* (2ª ed.).
357 Le Goff, *La nascita del Purgatorio* (2ª ed.).
358 Del Giudice, *Lo stadio di Wimbledon* (2ª ed.).
359 Flaubert, *Bouvard e Pécuchet*.
360 Pinter, *Teatro* (Volume primo).
361 *Lettere al primo amore*.
362 Yehoshua, *Il signor Mani* (4ª ed.).
363 Goethe, *Le affinità elettive* (3ª ed.).
364 Maraini, *L'età del malessere* (5ª ed.).
365 Maugham, *Racconti dei Mari del Sud* (2ª ed.).
366 McCarthy, *Cavalli selvaggi* (4ª ed.).
367 Antonelli, Delogu, De Luca, *Fuori tutti* (Stile libero).
368 Kerouac, Dylan, Ginsberg, Burroughs, Ferlinghetti e altri, *Battuti & Beati. I Beat raccontati dai Beat* (Stile libero) (2ª ed.).
369 Norman X e Monique Z, *Norman e Monique. La storia segreta di un amore nato nel cyberspazio* (Stile libero).
370 Cerami, *Consigli a un giovane scrittore* (Stile libero) (6ª ed.).
371 Puig, *Il bacio della donna ragno*.
372 Purdy, *Rose e cenere*.
373 Benjamin, *Sull'hascisch* (2ª ed.).
374 Levi (Primo), *I racconti* (3ª ed.).
375 De Carlo, *Yucatan* (4ª ed.).
376 Gandhi, *Teoria e pratica della nonviolenza*.
377 Ellis, *Meno di zero* (3ª ed.).

378 Ben Jelloun, *Lo scrivano* (2ª ed.).
379 Hugo, *Notre-Dame de Paris* (4ª ed.).
380 Bardo Thödol, *Libro dei morti tibetano* (2ª ed.).
381 Mancinelli, *I tre cavalieri del Graal* (2ª ed.).
382 Roberto Benigni, *E l'alluce fu* (Stile libero) (6ª ed.).
383 Gibson, Ferret, Cadigan, Di Filippo, Sterling, Swanwick, Rucker e altri, *Cuori elettrici. Antologia essenziale del cyberpunk* (Stile libero).
384 Cortázar, *Bestiario*.
385 Frame, *Un angelo alla mia tavola* (3ª ed.).
386 L. Romano, *Le parole tra noi leggere* (2ª ed.).
387 Fenoglio, *La paga del sabato* (2ª ed.).
388 Maupassant, *Racconti di vita parigina* (2ª ed.).
389 aa.vv., *Fantasmi di Terra, Aria, Fuoco e Acqua*. A cura di Malcolm Skey.
390 Queneau, *Pierrot amico mio*.
391 Magris, *Il mito absburgico* (2ª ed.).
392 Briggs, *Fiabe popolari inglesi*.
393 Bulgakov, *Il Maestro e Margherita* (2ª ed.).
394 A. Gobetti, *Diario partigiano*.
395 De Felice, *Mussolini l'alleato 1940-43*
I. *Dalla guerra «breve» alla guerra lunga*.
396 De Felice, *Mussolini l'alleato 1940-43*
II. *Crisi e agonia del regime*.
397 James, *Racconti italiani*.
398 Lane, *I mercanti di Venezia*.
399 McEwan, *Primo amore, ultimi riti. Fra le lenzuola e altri racconti* (2ª ed.).
400 aa.vv., *Gioventú cannibale* (Stile libero) (4ª ed.).
401 Verga, *I Malavoglia*.
402 O'Connor, *I veri credenti* (Stile libero) (3ª ed.).
403 Mutis, La *Neve dell'Ammiraglio* (2ª ed.).
404 De Carlo, *Treno di panna* (4ª ed.).
405 Mutis, *Ilona arriva con la pioggia* (2ª ed.).
406 Rigoni Stern, *Arboreto salvatico* (2ª ed.).
407 Poe, *I racconti*. Vol. I (Serie Scrittori tradotti da scrittori).
408 Poe, *I racconti*. Vol. II (Serie Scrittori tradotti da scrittori).
409 Poe, *I racconti*. Vol. III (Serie Scrittori tradotti da scrittori).
410 Pinter, *Teatro*. Vol. II.
411 Grahame, *Il vento nei salici*.
412 Ghosh, *Le linee d'ombra*.
413 Vojnovič, *Vita e straordinarie avventure del soldato Ivan Čonkin*.
414 Cerami, *La lepre*.
415 Cantarella, *I monaci di Cluny*.
416 Auster, *Moon Palace*.
417 Antelme, *La specie umana*.
418 Yehoshua, *Cinque stagioni*.
419 Mutis, *Un bel morir*.
420 Fenoglio, *La malora*.
421 Gawronski, *Guida al volontariato* (Stile libero).
422 Banks, *La legge di Bone*.
423 Kafka, *Punizioni* (Serie bilingue).
424 Melville, *Benito Cereno* (Serie bilingue).
425 P. Levi, *La tregua* (2ª ed.).
426 Revelli, *Il mondo dei vinti*.
427 aa.vv., *Saggezza stellare* (Stile libero).
428 McEwan, *Cortesie per gli ospiti*.
429 Grasso, *Il bastardo di Mautàna*.
430 Soriano, *Pensare con i piedi*.
431 Ben Jelloun, *Le pareti della solitudine*.
432 Albertino, *Benissimo!* (Stile libero).
433 *Il libro delle preghiere* (2ª ed.).
434 L. Romano, *Tetto murato*.
435 Saramago, *La zattera di pietra*.
436 N. Ginzburg, *La città e la casa*.
437 De Carlo, *Uccelli da gabbia e da voliera* (2ª ed.).
438 Cooper, *Frisk* (Stile libero) (3ª ed.).
439 Barnes, *Una storia del mondo in 10 capitoli e ½*.
440 Mo Yan, *Sorgo rosso*.
441 Catullo, *Le poesie*.
442 Rigoni Stern, *Le stagioni di Giacomo*.
443 Mancinelli, *I casi del capitano Flores. Il mistero della sedia a rotelle* (2ª ed.).

444 Ammaniti, *Branchie* (Stile libero) (2ª ed.).

445 Lodoli, *Diario di un millennio che fugge*.

446 McCarthy, *Oltre il confine*.

447 Gardiner, *La civiltà egizia* (2ª ed.).

448 Voltaire, *Zadig* (Serie bilingue).

449 Poe, *The Fall of the House of Usher and other Tales* (Serie bilingue).

450 Arena, Decaro, Troisi, *La smorfia* (Stile libero).

451 Rosselli, *Socialismo liberale*.

452 Byatt, *Tre storie fantastiche*.

453 Dostoevskij, *L'adolescente*.

454 Carver, *Il mestiere di scrivere* (Stile libero).

455 Ellis, *Le regole dell'attrazione*.

456 Loy, *La bicicletta*.

457 Lucarelli, *Almost Blue* (Stile libero) (3ª ed.).

458 Pavese, *Il diavolo sulle colline*.

459 Hume, *Dialoghi sulla religione naturale*.

460 *Le mille e una notte*. Edizione a cura di Francesco Gabrieli (4 volumi in cofanetto).

461 Arguedas, *I fiumi profondi*.

462 Queneau, *La domenica della vita*.

463 Leonzio, *Il volo magico*.

464 Pazienza, *Paz* (Stile libero) (3ª ed.).

465 Musil, *L'uomo senza qualità* (2 volumi).

466 Dick, *Cronache del dopobomba* (Vertigo).

467 Royle, *Smembramenti* (Vertigo).

468 Skipp-Spector, *In fondo al tunnel* (Vertigo).

469 McDonald, *Forbici vince carta vince pietra* (Vertigo).

470 Maupassant, *Racconti di vita militare*.

471 P. Levi, *La ricerca delle radici*.

472 Davidson, *La civiltà africana*.

473 Duras, *Il pomeriggio del signor Andesmas. Alle dieci e mezzo di sera, d'estate*.

474 Vargas Llosa, *La Casa Verde*.

475 Grass, *La Ratta*.

476 Yu Hua, *Torture* (Stile libero).

477 Vinci, *Dei bambini non si sa niente* (Stile libero).

478 Bobbio, *L'età dei diritti*.

479 Cortázar, *Storie di cronopios e di famas*.

480 Revelli, *Il disperso di Marburg*.

481 Faulkner, *L'urlo e il furore*.

482 McCoy, *Un bacio e addio* (Vertigo).

483 Cerami, *Fattacci* (Stile libero).

484 Dickens, *Da leggersi all'imbrunire*.

485 Auster, *L'invenzione della solitudine*.

486 Nove, *Puerto Plata Market* (Stile libero).

487 Fo, *Mistero buffo* (Stile libero).

488 Höss, *Comandante ad Auschwitz*.

489 Amado, *Terre del finimondo*.

490 Benigni-Cerami, *La vita è bella* (Stile libero).

491 *Lunario dei giorni di quiete*. A cura di Guido Davico Bonino.

492 Fo, *Manuale minimo dell'attore* (Stile libero).

493 O'Connor, *Cowboys & Indians* (Stile libero).

494 *L'agenda di Mr Bean* (Stile libero).

495 P. Levi, *L'altrui mestiere*.

496 Manchette, *Posizione di tiro* (Vertigo).

497 Rucher, *Su e giú per lo spazio* (Vertigo).

498 Vargas Llosa, *La città e i cani*.

499 Zoderer, *L'«italiana»*.

500 Pavese, *Le poesie*.

501 Goethe, *I dolori del giovane Werther*.

502 Yehoshua, *Un divorzio tardivo*.

503 Vassalli, *Cuore di pietra*.

504 Lucarelli, *Il giorno del lupo* (Stile libero).

505 *Quel che ho da dirvi. Autoritratto delle ragazze e dei ragazzi italiani*. A cura di Caliceti e Mozzi (Stile libero).

506 Dickens, *Grandi speranze*.
507 Boncinelli, *I nostri geni*.
508 Brecht, *I capolavori* (2 volumi).